보육정책론

강 용 규

형지사

머리말

지금부터 30여 년 전 '저출산 고령화 사회'가 도래할 것이라는 추계는 막연한 우리의 미래에 대한 상상 정도로만 간주하였다. 그러나 2021년 현재 소멸될 지방자치단체 수가 향후 90여 개에 이를 것이라는 인구학자들의 전망은 우리의 미래를 어둡게 하고 있다. 영유아인구의 급감은 학령인구의 감소로 이어져 초·중등학교 및 대학에까지 영향을 줄 뿐만 아니라 산업생태계와 국가 발전에도 지장을 초래하고 있다.

지난 수년간 150조원 이상의 자원을 저출산 대책에 투입했음에도 불구하고 한 번 감소하기 시작한 출산율은 회복되지 못하면서 더 낮아지고 있다. 비단 시대의 변화에 따라 출산율이 낮아지는 것이 문제가 아니라 사회경제적 정책의 미비로 아이를 출산하고 양육할 수 있는 환경이 조성되지 못한다는 것이다. 프랑스는 사회정책을 획기적으로 변경하면서 출산율이 증가하였다. 동남아시아 국가들의 경우 많은 아이들로 밝은 미래 청사진을 보여주고 있다. 정책이란 국가가 추진하고자 하는 일의 기본적인 방향이다. 그 방향이 방위각에서 1도만 틀어져도 우리는 상상할 수 없는 심각한 결과를 가져오게 된다는 사실을 경험하였다. 그러므로 정책은 투입과 다양한 아젠다의 논의 속에서 합리적인 선택을 도모할 수 있는 과정, 생산적인 결과와 사회 전체의 바람직한 변화를 양산할 수 있어야 한다.

한국의 보육제도는 서구의 보육제도와 비교했을 때 제도적으로 과거보다 진일보하였다. 그러나 상세한 정책의 이면들을 보면 형식적이며 선언적인 내용들이 많이 있다. 그만큼 정책적 전문성이 떨어지기 때문이다. 누가 정책을 수립하느냐에 따라 그 정책의 효과성 및 재정의 건전성을 유지할 수 있다.

그러므로 보육정책을 학습하는 많은 보육학도들은 생산적이고 합리적인 비판정신을 바탕으로 한국의 보육제도를 발전시키기 위한 다양한 노력을 전개해 나가야 한다. 이를 위해서 영유아보육법을 비롯하여 보육 관련 법령과 제도들을 이해하고 현장에서 적용하며, 개선할 수 있는 경험적 판단과 이해가 필요하다. 현장전문가의 노력이 정책 및 제도와 연결된다면 영유아 및 가족의 복리 증진과 더 나은 보육환경을 구축할 수 있을 것이다.

보육정책론 교재가 드문 현실 속에서 다년간 보육정책론을 강의하면서 강조해야 할 부분과 보완되어야 할 부분을 교재 속에 전부 담으려고 했으나 부족한 부분이 많아 추후 다양한 조언을 바탕으로 개정하고자 한다.

어려운 출판 환경 속에서 보육정책론 교재를 출판해 주신 유성열 사장님과 관계자 분들께 감사드린다.

2021년 1월 25일

저자

차 례

머리말/3

제1장 우리나라 보육의 현실과 보육정책의 필요성 — 11
1. 우리나라 보육의 현실 …… 11
1) 인구구조의 변화 …… 11
2) 사회구조의 변화 …… 19
3) 경제구조의 변화 …… 22
2. 우리나라 보육정책의 필요성 …… 24
1) 국가의 존립 유지 …… 24
2) 가정의 일・가사의 양립 …… 25
3) 교육비 부담 완화 …… 26
4) 가족의 복지 증진 …… 26
5) 영・유아의 전인격적 발달 …… 28

제2장 보육정책의 개념 — 31
1. 정책의 개념 …… 31
2. 보육정책의 이념 …… 32
1) 건강한 생활의 보장 …… 32
2) 자유의 확대 …… 32
3) 사회적 형평성 추구 …… 33
4) 삶의 질 향상 …… 33
3. 보육정책의 특징 …… 34
1) 역동적인 정책 …… 34
2) 인간의 존엄성을 구현하는 가치개입적 정책 …… 35
3) 인간지향적 정책 …… 35
4) 소득재분배 정책 …… 36
4. 보육정책의 기능 …… 37

제3장 우리나라 보육정책의 전개과정 — 39
1. 근대 이전(삼국시대 ~ 1921) …… 40
2. 태동기: 아동복리법 제정 이전(1921~1960) …… 43

3. 전환기: 아동복리법 제정(1961~1981) ···45
4. 정비기(1981~1992) ···47
1) 유아교육진흥법의 제정 ···47
2) 보육정책의 준비 ···49
5. 발전기(1993~현재) ···50
1) 보육정책의 양적 확대 ···50
2) 보육정책의 질적 성장 ···54
3) 보육정책의 도약 ···56
4) 신자유주의적 보육정책의 출현(2008~2012) ···59

제4장 선진국의 보육정책 — 61
1. 스웨덴의 보육정책 ···62
1) 보육의 개념 ···62
2) 보육체계 ···64
3) 시사점 ···68
2. 영국의 보육정책 ···71
1) 보육의 개념 ···72
2) 보육체계 ···74
3) 시사점 ···78
3. 프랑스의 보육정책 ···80
1) 보육의 개념 ···80
2) 보육체계 ···81
3) 시사점 ···87
4. 독일의 보육정책 ···87
1) 보육의 개념 ···87
2) 보육체계 ···88
3) 시사점 ···95

제5장 보육정책의 대상 — 97
1. 대상인구의 감소 ···98
2. 보육대상 ···101
1) 개념 ···101
2) 보육의 이념 ···101
3) 책임 ···102
3. 보육대상의 유형 ···103

1) 보육아동 현황 ······104
2) 다문화 아동 보육현황 ······106
3) 장애아동 보육현황 ······109

제6장 보육정책의 내용 ―― 113

1. 어린이집의 유형 ······114
1) 국공립어린이집 ······115
2) 사회복지법인어린이집, 법인・단체 등 어린이집, 민간어린이집 설치 ······116
3) 직장어린이집 ······117
4) 가정어린이집 ······118
5) 협동어린이집 ······119
6) 어린이집의 설치기준 ······120
2. 보육의 유형 ······128
1) 우선보육 ······128
2) 취약보육 ······129
3) 시간제보육 ······130
4) 일시보육 ······131
3. 보육료 지원 ······132
4. 양육수당 ······135
1) 양육수당의 목적 ······135
2) 양육수당의 지원대상 및 기준 ······135
3) 양육수당의 제한 ······136
5. 무상보육 ······136
6. 보육서비스 이용권 ······137

제7장 보육정책의 재원 ―― 139

제8장 보육정책의 전달체계 ―― 147

1. 공공전달체계 ······147
1) 보건복지부 ······147
2) 보육정책위원회 ······148
3) 한국보육진흥원 ······150
4) 육아종합지원센터 ······151
2. 민간전달체계 ······154
1) 어린이집 ······154

2) 어린이집운영위원회 ······164
3) 부모 모니터링단 ······165

제9장 보육과정 ―― 169

1. 표준보육과정 ······169
1) 표준보육과정 도입의 필요성 ······169
2) 표준보육과정의 기본전제와 구성방향 ······170
3) 표준보육과정의 목적과 목표 ······172
4) 편성과 운영 ······174
2. 0-1세 보육과정 ······176
3. 2세 보육과정 ······178
4. 3~5세 누리과정 ······179
1) 개요 ······179
2) 소요재원 및 관리체계 ······180
3) 3~5세 연령별 누리과정 담당교사의 자격 ······180
4) 누리과정 재정 지원 ······181
5) 3-5세 보육과정(누리과정)의 영역별 목표 ······182
5. 특별활동 프로그램 ······184
1) 개념 ······184
2) 특별활동 프로그램의 내용 ······184
3) 문제점 ······185
4) 특별활동 적정관리방안(지침) ······185
5) 특별활동 프로그램 현황 ······186

제10장 보육서비스 인력 ―― 189

1. 보육교직원의 배치 ······189
1) 보육교직원의 배치 ······189
2) 보육교직원의 직무 ······189
3) 보육교직원의 책무 ······190
2. 보육교직원의 자격 ······190
1) 어린이집 원장의 자격기준 ······190
2) 보육교사의 자격기준 ······193
3) 치료사의 자격기준 ······201
3. 보육교직원 관리 ······202
1) 보육교직원 임면 ······202
2) 보육교직원 임면 보고 ······207

3) 보육교직원 자격의 적격성 확인 ··· 208
4) 보육교직원 결격 사유 확인 ··· 209
5) 보육교직원 배치기준 ··· 214
4. 보육교사 훈련기관 ··· 216
1) 보육교사교육원의 정의 ··· 216
2) 교육훈련시설의 운영기준 ··· 216
3) 보육교사 양성교육의 실시 ··· 219

제11장 어린이집 평가인증제도 ··· 227
1. 신청단계 ··· 227
1) 1단계: 참여확정 ··· 228
2) 2단계: 현장평가 ··· 233
3) 3단계: 종합평가 ··· 235
4) 결과공표 ··· 238
2. 재평가관리 ··· 242
3. 평가인증 어린이집 사후관리 ··· 243
1) 연차별 자체점검 ··· 243
2) 평가인증 관련 보육교직원 교육, 정보 제공 ··· 243
3) 확인점검 ··· 244
4) 인증이 취소되는 경우 ··· 245

제12장 한국형 일·가정 양립지원 ··· 249
1. 일·가정 양립의 개념 ··· 249
2. 일·가정 양립 정책 추진 현황 ··· 250
3. 일·가정 양립지원제도의 유형과 체계 ··· 253
1) 임신 및 출산지원제도 ··· 254
2) 돌봄지원제도 ··· 256
3) 유연근로제도 ··· 260
4) 일하는 문화 ··· 262
5) 평등기회 ··· 263
4. 여성 경제활동과 출산 결정요인 ··· 264
1) 출산휴가 및 육아휴직의 효과 ··· 264
2) 시간제 근로의 효과 ··· 267
3) 남성의 가사·양육 참여 효과 ··· 267
5. 선진국의 일·가정 양립 지원정책 ··· 270
1) 독일의 일·가정 양립 지원정책 및 효과 ··· 270

2) 스웨덴의 일·가정 양립 지원정책 ······ 272
3) 핀란드의 일·가정 양립 지원정책 ······ 273

제13장 지방자치와 보육정책 ——— 277

1. 지방자치의 개념과 특징 ······ 277
   1) 지방자치의 개념 ······ 277
   2) 지방자치의 특징 ······ 277
   3) 지방자치단체의 재정자립도 ······ 279
2. 지방자치단체의 보육 행정 ······ 283
3. 선진국의 지방자치 ······ 285
   1) 스웨덴의 분권형 지방자치 ······ 285
   2) 독일의 지방자치 ······ 290
   3) 프랑스의 지방분권형 지방자치 ······ 295
   4) 영국의 지방자치 ······ 301

✣ 찾아보기 ······ 305

제 1 장
우리나라 보육의 현실과 보육정책의 필요성

1. 우리나라 보육의 현실

1) 인구구조의 변화

인구구조 변화 중의 하나는 첫째, 결혼관의 변화이다. 통계청 '2018 한국의 사회지표'에 따르면 미혼 여성 5명 중 1명 정도만이 "결혼을 해야 한다"고 생각하는 것으로 조사됐다. 또 "결혼을 하지 않더라도 같이 살 수 있다"고 생각하는 국민의 비율이 절반을 넘어서는 등 결혼 제도에 대한 인식이 빠르게 달라지고 있는 것으로 나타났다. 조사에 따르면 우선 결혼에 대해서 '해야 한다'고 생각하는 사람의 비율은 2018년 48.1%로 절반 이하로 감소했는데, 특히 미혼남성 36.3%는 결혼에 찬성하는 반면, 미혼여성이 결혼을 원하는 비율은 22.4%에 불과했다. 결혼을 해야 한다는 미혼여성의 비율이 낮아지면서 가임기 여성 1명이 평생 출산할 것으로 예상되는 합계출산률이 0.98명으로 0명대로 떨어졌고, 이러한 저출산 추세에 따라 초등학교 학급당 학생수도 10년 전보다 6.9명 감소했다.

출산율의 하락은 기혼여성의 출산 기피와 결혼 자체가 감소했기 때문이다. 확대된 정부의 출산장려정책에도 불구하고 계속되는 출산율의 저하는 여성이 출산 및 육아과정에서 직장을 그만두어야 하는 상황이 발생한다면 소득은 급감할 것이고, 재취업시에도 비정규직, 시간제 파트타임 등 이전보다 더 낮은 소득의 일자리를 얻을 가능성이 높아 결국 결혼·출산으로 여성의 생애소득은 감소하는 결과를 가져오게 된다. 이러한 문제의 해결책은 정부의 적극적인 재정지출 확대정책인데 20·30대 취업난을 해소하고, 직원의 출산·육아를 지원하는 가족친화적 기업에 대해 세제 감면 등 다양한 혜택을 제공하는 것이 출산율을 증가시키는 대책이 될 수 있다. 그러나 '2018년 전국 출산력 및 가족보건·복지 실태조사'에 의하면 결혼하면 임신해서 출산해야 한다는 전통적 인식이 점차 줄어들고 있다는 점이다.

〈표 1-1〉 연령별 미혼 남녀(20~44세) 자녀 필요성에 대한 태도

연령	꼭 있어야 함	있는 것이 없는 것보다 나을 것임	없어도 무관함	모르겠음	계	(명)
미혼 남성(2015)	39.9	40.6	17.5	1.9	100.0	1,096
미혼 남성(2018)	33.6	34.2	28.9	3.3	100.0	1,140
미혼 여성(2015)	28.4	40.0	29.5	2.2	100.0	1,287
미혼 여성(2018)	19.5	28.8	48.0	3.7	100.0	1,324
20~24세	16.4	28.9	51.2	3.5	100.0	477
25~29세	23.8	26.7	45.9	3.6	100.0	399
30~34세	23.7	27.3	44.9	4.0	100.0	205
35~39세	16.0	32.3	48.2	3.5	100.0	149
40~44세	12.5	35.1	47.4	5.0	100.0	95

자료: 한국보건사회연구원, 2015년 전국 출산력 및 가족보건·복지 실태조사.
한국보건사회연구원, 2018년 전국 출산력 및 가족보건·복지 실태조사.

미혼 남녀가 자녀가 꼭 있어야 한다고 생각하는지 그 필요성에 대한 '2018년 전국 출산력 및 가족보건·복지 실태조사'에 따르면 남성은 "있는 것이 없는 것보다 나을 것이다"라고 응답한 비율이 34.2%로, 2015년 조사와 비교 시 6.4%P 감소하였다. 여성의 경우도 "무관하다"는 비율이 지난 2015년 보다 18.5%P 낮아진 48.0%로 매우 높게 나타났으며, 자녀의 필요성에 대한 태도에서 남성과 여성의 분명한 차이를 확인할 수 있다.

〈표 1-2〉 미혼 남녀(20~44세)가 자녀도 없어도 무관하다고 생각하는 이유

연 령		경제적으로 여유롭게 생활하기 위해	부부만의 생활을 즐기고 싶어서	자녀가 있으면 자유롭지 못할 것이기 때문에	아이가 행복하게 살기 힘든 사회여서	직장생활을 계혹하고 싶어서 및 기타	계	(명)
미혼 남성 전체		26.1	24.1	19.7	27.7	2.4	100.0	329
미혼 여성 전체		18.3	15.4	32.0	28.6	5.8	100.0	636
20~24세	남성	34.2	18.0	23.0	23.8	1.0	100.0	86
	여성	14.1	17.0	33.2	28.5	7.2	100.0	244
25~29세	남성	30.5	18.4	23.4	26.4	1.3	100.0	89
	여성	19.7	15.0	32.5	28.3	4.5	100.0	183
30~34세	남성	17.6	33.7	14.5	29.9	4.4	100.0	57
	여성	22.1	6.6	34.6	29.1	7.6	100.0	92
35~39세	남성	15.6	28.7	13.9	40.7	1.2	100.0	58
	여성	22.9	21.0	27.8	24.4	4.0	100.0	72
40~44세	남성	26.5	29.7	20.0	16.5	7.2	100.0	38
	여성	19.5	16.7	24.7	36.2	2.9	100.0	45

자료: 한국보건사회연구원, 2018년 전국 출산력 및 가족보건·복지 실태조사.

자녀에 대한 태도에서 자녀가 없어도 무관하다고 응답한 미혼 남녀를 대상으로 그 이유에 대해 알아본 결과, 미혼 남성이 자녀가 없어도 무관하다고 생각하는 이유는 "아이가 행복하게 살기 힘든 사회여서" 27.7%, "경제적으로 여유롭게 생활하기 위해" 26.1%, "부부만의 생활을 즐기고 싶어서" 24.1%, "자녀가 있으면 자유롭지 못할 것이기 때문에" 19.7%, "직장생활을 계속하고 싶어서 및 기타" 2.4%로 나타났다. 미혼 여성의 경우 자녀가 없어도 무관하다고 응답한 636명 중 32.0%가 "자녀가 있으면 자유롭지 못할 것이기 때문에", 28.6%는 "아이가 행복하게 살기 힘든 사회여서"라고 응답했다.[1] 결국 경쟁적 사회 구조 속에서 학업과 취업에 대한 경쟁과 경제 문제에서 자유롭지 못함을 유추할 수 있다.

결혼 정보회사 ㈜듀오의 '2019 출산 인식 보고서'에 따르면 미혼남녀의 저출산 문제 인식은 매년 하락하는 것으로 나타났는데, 2019년 조사에서 저출산 문제를 심각하게 생각하는 사람은 63.7%, 2018년 65.5%, 2017년 68.3%로 감소하는 추세를 보여, 사회 일반적인 생각과는 다른 양상을 보여주고 있다. 이 보고서에 따르면 저출산 원인으로 "일과 가정 양립의 어려움(32.5%)", "육아로 인한 경제적 부담(25.8%)",

[1] 한국보건사회연구원, 2018년 전국 출산력 및 가족보건·복지 실태조사, p. 334.

"결혼의 지연과 기피 의식(15.4%)", "실효성 없는 국가 출산 정책(8.5%)" 등 앞으로 다가올 미래 사회에 대한 막막함과 두려움을 꼽고 있다. 저출산 문제 해결을 위한 정책은 "보육 지원(25.1%)", "출산 지원(23.3%)", "주거 지원(20.4%)" 순으로 도움을 원했다. 특히 여성의 경우 경력단절 예방 지원 정책의 수요는 여성(17.0%)이 남성(7.8%)보다 약 2배가량 높아 지속적으로 직업에 종사하고자 하는 경향이 증가하고 있음을 엿볼 수 있다.

〈표 1-3〉 출산에 도움 되는 정책

남 성	순 위	여 성
출산 지원(24.7%)	1	보육 지원(29.0%)
주거 지원(23.1%)	2	출산 지원(21.9%)
보육 지원(21.1%)	3	주거 지원(17.8%)

자료: ㈜듀오, 2019 출산 인식 보고서

출산율이 낮아지면서 영유아 숫자의 감소와 함께 문을 닫는 민간·가정어린이집이 증가하고 있다. 2018년 1월부터 6월 현재까지 폐원한 전국의 민간·가정어린이집은 모두 1,320개소로, 이는 지난 2017년 말 기준 3만 3,701곳의 민간·가정어린이집의 약 4%에 해당하는 수치다. 지역별로 보면 서울의 민간·가정어린이집이 4,531개소 중 288개소 문을 닫아 폐원율이 6.3%로 가장 높았고, 다음으로 대구 5.8%(1,204개소 중 71개소), 대전 5.3%(1,356개소 중 72개소), 전북 4.8%(1,174개소 중 57개소) 순이었다.

정부는 우수한 민간·가정어린이집을 선정해 매월 운영비를 지원하고, 자격을 갖춘 민간어린이집을 10년 이상 장기 임차해 국공립으로 전환해 운영할 수 있는 제도를 시행하고 있다. 그러나 정부 어린이집 정책의 초점이 국공립 어린이집에 주로 맞춰져 있어 폐업률이 늘고 있는 민간·가정어린이집에 대한 추가 지원이 필요하다는 지적이 제기되고 있다.

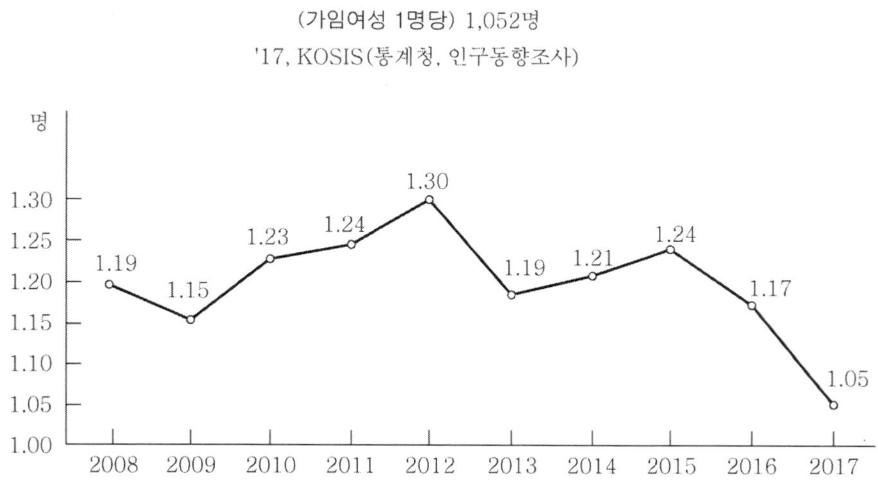

〈그림 1-1〉 출산율 현황

인구구조의 변화 중 둘째는 기혼 여성의 자녀 출산에 대한 생각의 변화이다. 이소영의 연구[2]에 의하면 현재 배우자가 있는 유배우 여성(15~49세)의 향후 출산 계획을 질문한 결과, "계획 없음(84.8%)", "계획 있음(10.4%)", "모르겠음(4.8%)" 순으로 나타났다. 계획이 있는 경우는 2015년 조사 결과(12.0%)와 비교해 1.6%P 감소한 수준이다. 구체적으로 유배우 여성의 연령에 따른 향후 출산 계획 여부를 살펴보면, 35세 이상이 되면 80% 이상의 여성이 향후 출산 계획이 없음을 알 수 있다. 즉 대부분의 출산이 35세 이전에 이루어지고 있다는 것으로, 이는 '만혼화(晩婚化)' 현상을 고려할 때, 실질적으로 자녀 출산 계획을 가지고 있는 기간이 짧다는 의미이며, 출생아수의 감소로 이어질 수 있음을 시사한다.

2) 이소영, 자녀 출산 실태와 정책 함의, 보건복지 포럼 2019년 2월호, 한국보건사회연구원, pp. 41-42.

〈표 1-4〉 유배우 여성(15~49세)의 향후 출산 계획

(단위: %)

구 분		향후 출산 계획 있음	향후 출산 계획 없음	생각 중(모름)	계	명
전체(2015)		12.0	84.0	4.0	100.0	10,324
전체(2018)		10.4	84.8	4.8	100.0	10,630
거주지	대도시	11.8	83.5	5.0	100.0	4,565
	중소도시	9.6	85.7	4.8	100.0	4,535
	농촌	9.7	86.0	4.3	100.0	1,529
연령	25세 미만	44.2	45.8	10.0	100	77
	25-29세	41.8	46.3	11.9	100.0	483
	30-34세	30.2	55.9	13.9	100.0	1,515
	35-39세	11.9	82.3	5.9	100.0	2,573
	40-44세	3.4	94.4	2.2	100.0	2,714
	45-49세	0.5	98.7	0.7	100.0	3,268
취업 여부	취업	10.0	85.7	4.3	100.0	6,095
	비취업	11.0	83.6	5.4	100.0	4,535
가구소득	60% 미만	16.0	76.7	7.3	100.0	770
	60-80% 미만	13.3	80.8	5.9	100.0	1,720
	80-100% 미만	12.1	83.5	4.4	100.0	2,011
	100-120% 미만	9.1	85.8	5.1	100.0	1,852
	120-140% 미만	9.2	86.6	4.1	100.0	1,456
	140-160% 미만	7.6	88.8	3.6	100.0	988
	160% 이상	7.4	88.6	4.0	100.0	1,832
교육수준	중졸 이하	13.8	83.9	2.3	100.0	181
	고졸	6.7	90.4	2.9	100.0	3,615
	대학	12.2	81.9	6.0	100.0	6,312
	대학원졸	13.9	81.2	4.9	100.0	522
출생아수	0명	54.6	28.9	16.5	100.0	752
	1명	20.7	69.7	9.6	100.0	2,760
	2명	2.0	96.2	1.8	100.0	5,694
	3명 이상	0.9	98.0	1.0	100.0	1,423

자료: 한국보건사회연구원, 2018년 전국 출산력 및 가족보건·복지 실태조사.

〈표 1-4〉에서 보는 바와 같이 농촌지역 거주(86.0%), 고연령층(45-49세) 그리고 취업 중인 경우(85.7%), 가구소득이 높은 경우, 고졸 이상(90.4%), 출생아수가 2명 이상인 여성일수록 향후 출산계획이 없다고 응답하였다.

향후 자녀를 출산할 계획이 없는 유배우 여성(15~49세)의 출산 중단 이유의 1순위로는 현재 자녀수가 충분하다고 느끼는 경우와 본인의 고연령(20.1%)의 비율이

가장 높게 나타났다. 그 다음으로 자녀교육비 부담(16.8%), 자녀 양육비 부담(14.2%), 소득·고용불안정(7.9%), 일·가정양립 곤란(6.9%) 등의 순으로 나타났다.[3]

출산은 정부가 강제할 수 없는 개인의 선택이다. 따라서 자녀를 출산하고 양육하는 데 있어서 부담이 되는 사회적 및 경제적 장애물을 정부가 제거해 주어야 한다. 앞서 〈표 1-3〉에서 출산에 도움이 되는 정책으로 남녀 공통으로 지적하고 있는 출산, 주거, 보육정책이 정부의 구호성 정책이나 계획이 아닌 실제 적용되기 위해서는 보다 세밀한 제도 수립과 운영이 필요하다. 그러므로 자녀수에 따른 출산장려금과 양육수당, 일자리에 근접한 임대형 공공주택의 건설과 공급, 지역적 수요에 기반한 공공형 어린이집의 설치와 육아휴직제도 이행 준수여부에 대한 정부의 근로감독 강화, 여성 일자리 창출과 여성 일자리 유지 측면에서 제도 운영이 이루어져야 한다.

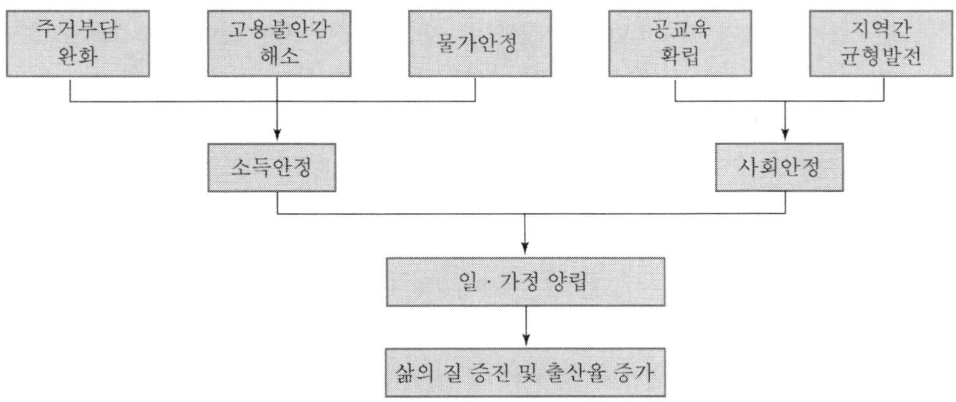

〈그림 1-2〉 삶의 질 증진 프로세스

인구구조의 변화 중 셋째는 가임여성 인구수의 감소이다. 가임여성(15~49세) 인구까지 감소하면서 2019년 출생아 수 전망은 더 암울할 것으로 보인다. 통계청의 '2018년 주민등록인구현황'에 따르면 가임여성 인구는 1,231만1,997명으로, 2017년(1,252만68명) 대비 20만 8,071명 감소한 수치로, 2014년 1,290만 9,337명에서 지난 5년간 59만 7,340명 감소하였다. 다른 연령대보다 안정적으로 출산할 수 있는 결혼적령기(25~34세) 여성 인구는 2018년 기준 315만1,683명으로 5년 사이 30여만 명

[3] 한국보건사회연구원, 2018년 전국 출산력 및 가족보건·복지 실태조사, p. 156.

감소했다. 인구가 전반적으로 감소하는 데다, 출산을 하지 않는 사회적 분위기가 보편화되면서 가임여성 1명이 평생 출산할 기대되는 자녀수인 합계출산율은 지난해 3분기(7~9월) 기준 0.95명 수준이다. 가임여성 수와 비례하여 동반적으로 출생아 수도 감소하고 있는 상황이다. 2018년 1~11월까지 출생아 수는 30만 3,900명으로 2017년 동기(33만2,600명) 대비 8.6% 감소했고, 2018년 11월 한 달간 태어난 아이는 2만 5,300명으로 동월 기준 역대 최저치를 기록했다.

정확한 타이밍에 맞춰 인구 정책을 실시하는 것은 쉽지 않다. 그러나 잘못된 예측은 국가 전체적으로 참사 수준의 결과를 불러온다는 점이다. 싱가포르의 실패한 인구 정책의 사례를 살펴보도록 하자.

싱가포르 정부는 1972년부터 두 자녀 갖기 정책을 적극적으로 폈고, 세 자녀 이상을 가질 경우 불이익을 주는 조치를 동원했다. 심지어 낙태법을 완화하고 셋째 아이를 낙태하는 것을 권장하기까지 했다. 정도가 심한 느낌이 들기는 하지만, 빈곤 탈출의 초기 단계에서는 인구증가 억제가 필수적인 것은 분명한 사실이다. 문제는 산아제한 정책의 효과가 '너무 좋았다'는 것이다. 그리고 산아제한 정책이 목적으로 했던 빈곤 탈출은 예상보다 훨씬 빨리 이루어졌다. 1980년대 중반이 되자 출산율은 대체출산율(총인구를 유지하는 데 필요한 출산율, 여성 1명당 2.1명) 이하로 떨어졌다. 1986년의 출산율은 1.44명이었고, 현재 싱가포르의 출산율은 전 세계 최하위를 기록하고 있다.

위기감을 느낀 싱가포르 정부는 인구 정책을 전환했다. 1987년 제1부총리 고촉동(Goh Chok Tong)은 두 자녀 정책의 폐기를 공식적으로 선언한다. 다자녀 가구에 가해지던 불이익은 철회되었고, 오히려 세 자녀 이상을 낳으면 다각적인 혜택을 주었다.

그러나 결과적으로 산아제한에서 출산장려로 넘어가는 적절한 타이밍을 놓치고 만 셈이었다. 뒤늦게 도입한 출산장려책은 별다른 효과가 없었고, 한번 떨어지기 시작한 출산율은 좀처럼 올라갈 기미를 보이지 않았다. 필요 이상으로 과하게, 그리고 너무 오래 지속된 산아제한 정책은 두고두고 싱가포르 사회에 큰 문제를 야기하게 된다. 낮은 출산율은 필연적으로 고령화 문제를 가져왔고, 2000년대에 들자 싱가포르의 고령화는 상당히 빠른 속도로 진행되었다. 고령화는 현재와 미래의 싱가포르가 해결해야 할 가장 어려운 과제로 꼽히고 있다.

물론 정확한 타이밍에 맞춰 인구 정책을 실시하는 것이 말처럼 쉬운 일은 아니지만, 인구 정책은 리콴유 정권이 저지른 거의 유일한, 그리고 아주 중대한 실수였다고 해도 과언이 아니다.

출산율 저하 외에도 또 다른 심각한 문제가 내재되어 있었다. 고등교육을 받은 여성들의 결혼과 출산이 급격히 감소했던 것이다. 이런 현상이 일어나게 된 원인에는 크게 두 가지가 있었다. 먼저 전통적으로 인력 부족 문제에 시달려온 싱가포르가 산업화를 추진하기 위해서는 여성 인력의 활용이 필수적이었는데, 여성들의 소득이 높아지면서 그 부작용으로 결혼과 출산을 기피하는 풍조가 퍼졌다.

다음으로는 남성들이 동등하거나 더 높은 학력을 가진 여성과 결혼하는 것을 기피하는 풍조가 널리 퍼져있는 것이었다. 과거 우리나라에서도 그런 풍조가 없지는 않았지만, 싱가포르에서는 그 정도가 더 심해서 대학을 나온 여자는 좀처럼 결혼하기가 어려울 정도였다고 한다.

리콴유는 우수한 유전형질을 가진 여성들이 후손을 남기지 않음으로써 인구의 질이 저하될 것을 염려했다. 고민 끝에 리콴유는 1983년 엄청난 정치적 부담을 안고 폭탄선언을 날린다. "대졸 남성들이 자신들만큼 우수한 아이를 원한다면 교육수준이 낮은 아내를 택하는 것은 어리석은 일이다"는 내용이었다. 이 폭탄선언은 그 유명한 '결혼논쟁'(The Great Marriage Debate)을 불러왔고, 싱가포르 사회에 엄청난 파장을 일으켰다. 리콴유는 대졸 여부를 불문하고 거의 모든 여성들에게 욕을 먹었고, 이듬해에 있었던 총선거에서 인민행동당의 지지율은 급락했다.

싱가포르 정부는 대학교육을 받은 여성들에게 여러 자녀를 가질 것을 권장하면서 각종 혜택을 제공했으며, 지금의 결혼정보회사가 하는 일까지 도맡고 나서 대졸 여성들을 위한 맞선 자리를 주선하기도 했다. 결과적으로 대졸 여성들이 결혼을 못하는 풍토는 서서히 사라져갔고, 이 부분에서는 리콴유의 폭탄선언이 나름 성과를 거두었다. 그러나 출산율 저하를 막는 측면에서의 효과는 미미했다.

경제가 발전하고 출산율이 낮아지면서 외국인 노동력에 대한 의존도가 계속 높아지고 전체 인구에서 외국인이 차지하는 비율이 늘어나게 되었다. 현재 싱가포르의 전체 인구 약 560만 명 중에는 약 220만 명의 외국인 장기체류자가 포함되어 있으며, 싱가포르 국적자의 수는 약 340만 명 정도에 불과하다.

인력 부족 해소 차원에서 필리핀, 태국, 인도 등지에서 온 저임금 노동자들을 어쩔 수 없이 받아들였고, 싱가포르 정부는 고급 인력의 유입을 유도하기 위해 여러 가지 혜택을 제공해왔다. 그 예로, 홍콩이 중국에 반환될 시기가 임박하자 홍콩으로부터 부유한 사업가와 전문가들을 끌어들이려는 노력을 기울였다.

2) 사회구조의 변화

현재 우리나라는 출산율이 급감하는 상황으로, 통계청 '2018 사회조사 보고서'에 따르면 연령대별 출산율은 30대 초반(91.4명), 30대 후반(46.1명), 20대 후반(41.0명) 순이며, 20대 후반 출산율이 처음으로 30대 후반 출산율보다 낮아졌다. 이와 함께 상대적으로 노인인구와 청년층의 실업이 증가하는 양상과 도처에서 불어 닥치고 있는 '4차 산업혁명'[4]과 결혼 연령이 늦어지고, 싱글 및 'DINK족'이 일반화되어지는 경향을 보이고 있다. 사회경제적 환경이 과소비적·과소모적 사회와 개인의 행복을 중시하는 경향이 강조되면서 가정의 주부양자인 남성 또는 여성의 경제활동으로 인한 수입만으로는 지출을 감당할 수 없어 남성과 더불어 여성도 적극적인 경제활동을 수행할 수밖에 없는 상황에 직면하고 있다. 과거와는 달리 여성에 대한 고등교육이 이루어지고 그에 따른 사회경제적 진출이 활발해지고, '만혼'과 '싱글족'이 증가하면서 노후의 소득 부분에 대한 보장과 경제적 안정을 위해서 종래의 핵가족인 '4인 가족'에서 '3인 가족', '1인 가족'으로 빠르게 변화하고 있다.

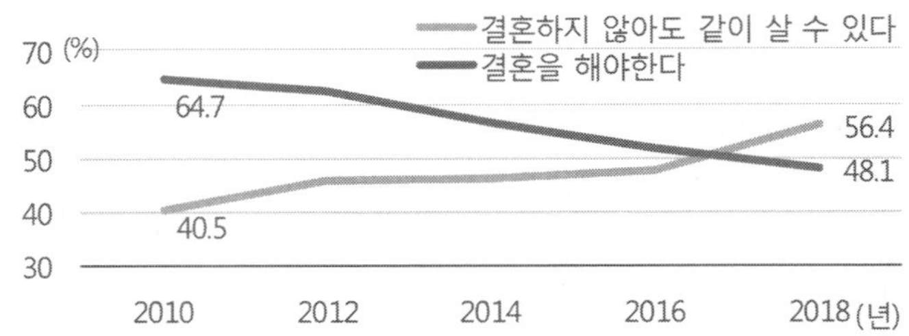

자료 : 통계청, 「사회조사보고서」

〈그림 1-3〉 결혼에 대한 견해

결혼관도 변화를 보여주고 있는데, 결혼을 '해야 한다'고 생각하는 사람의 비율은 2018년 48.1%로 절반 이하로 떨어졌으며, 특히 미혼남성 36.3%는 결혼에 찬성하는 반면, 미혼여성이 결혼을 원하는 비율은 22.4%에 불과하다. 결혼을 해야 한다는 미혼여성의 비율은 2010년 46.8%에서 2012년 43.3%, 2014년 38.7%, 2016년 31.0% 등으로 해마다 낮아지고 있다. 이와는 반대로 동거에 대해서는 "결혼을 하지 않더라도 같이 살 수 있다"고 생각하는 사람의 비율이 56.4%로 증가하고 있어 맹목적인 결혼관이 사회경제적 영향을 받고 있음을 반증한다.

---

4) 4차 산업혁명은 정보통신기술과 인터넷 기반의 네트워크를 바탕으로 서로 다른 분야의 연결과 융합을 통한 새로운 부가가치의 생산을 의미하고, 축적된 빅데이터에 대한 분석은 미래의 인간 행동에 대한 예측으로 활용되어 인간 요구에 적합한 새로운 상품과 서비스가 기획되고 생산된다. 또한 3차 산업혁명 시대에 수집된 방대한 정보와 데이터(빅데이터)를 기반으로 패턴을 분석하고, 새로운 패턴을 구축하는 인공지능의 발달을 기반으로 한다.

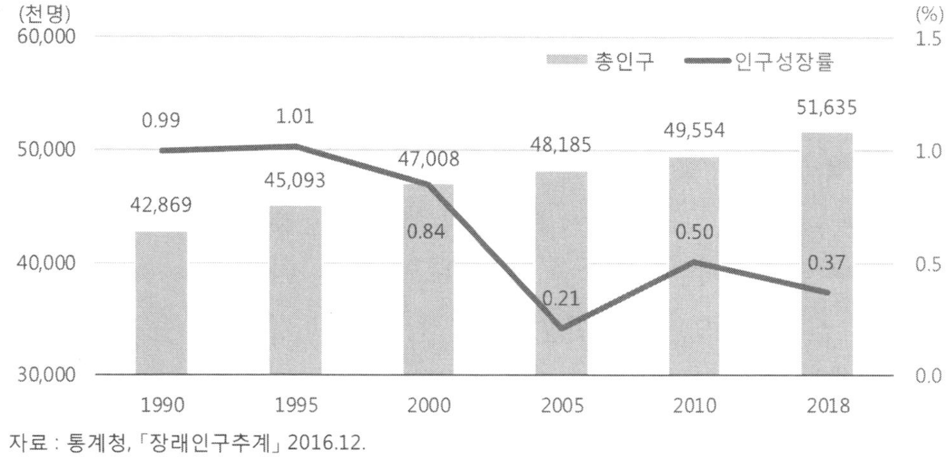

자료 : 통계청, 「장래인구추계」 2016.12.

〈그림 1-4〉 총인구와 인구 성장률

뿐만 아니라 가족 간 관계에 있어서 2018년 우리나라 가구 중 직장, 학업 등의 이유로 배우자나 미혼자녀와 따로 떨어져 사는 가구는 20.1%로 2016년 보다 0.7%p 증가하였는데, 특히, 가족 간 불화(2.5%p), 학업(0.5%p), 건강(0.3%p)을 이유로 따로 사는 가족이 2년 전보다 증가한 것으로 나타나 가족 간의 연계가 약화되고 있음을 보여 준다.

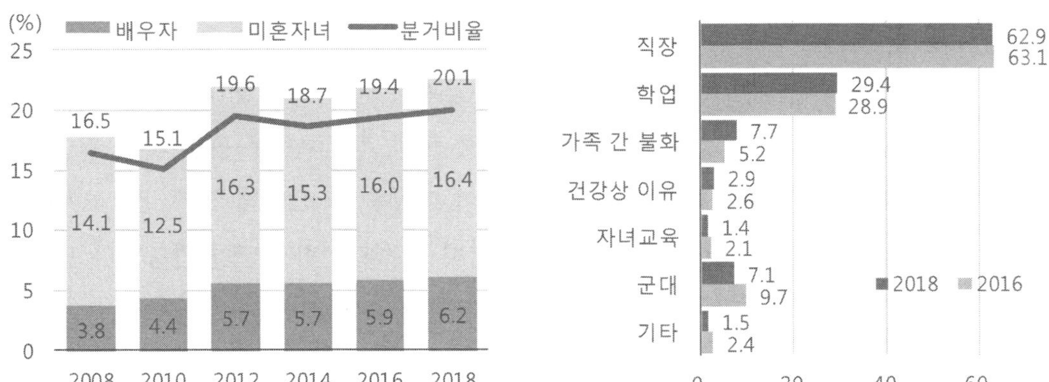

자료 : 통계청, 「사회조사보고서」

〈그림 1-5〉 분거 비율 및 분거 이유

3) 경제구조의 변화

개인의 행복과 '삶의 질(QOL)'을 중시하는 "웰빙(well-being)"이 확산되면서 전통적인 가족보다는 '1인 가구' 또는 '부부중심 가구'의 건강과 여가 중심의 새로운 트렌드를 형성하여 경제구조를 변화시키고 있다.

또한 최근 심각한 취업난으로 인한 취업률의 하락 및 실업률의 증가도 사회구조에 영향을 주고 있는데 대표적인 것이 결혼 기피와 '1인 가구'의 증가이다. 특히 '1인 가구'의 급증은 산업의 지형도를 바꾸며, 새로운 신조어 '소확행'[5], '미니멀리즘(minimalism)'[6] 등의 용어와 더불어 사회에 많은 영향을 미치고 있다.

경제적으로 2018년 우리나라 국내총생산(GDP)은 1,782조원으로 전년보다 3.0% 성장하였고, 국민의 생활수준을 파악할 수 있는 1인당 국민총소득(GNI)은 2018년 31,349달러로 전년보다 5.4% 증가하는 등 국가 전체적으로 또는 개인적인 소득은 크게 증가하였으나, 이와는 상반되는 계층 간의 소득분배율은 더욱 악화되는 결과를 보여주고 있다. 국민 대다수는 '최저임금'의 인상, 주당 52시간 근로시간의 강화 등으로 개인의 행복과 가족과 함께 여가를 활용하여 '국민행복도'를 높일 것이라는 당초의 기대와는 다르게 '소득감소', '일자리의 감소'라는 상반적인 결과로 이어져 국가 전체적인 경제성장과는 다르게 경제성장의 효과를 체감하지 못하고 있다.

경기 침체가 심화되면서 그 결과, 2018년 고용률은 60.7%로 전년(60.8%)보다 0.1%p 감소하였으며, 2010년 이후 계속 증가 추세를 보이다가 2018년 감소로 돌아섰다. 고용률은 70.8%로 전년보다 0.4%p 감소하였으나 여자는 50.9%로 전년보다 0.1%p 증가하여 남녀 고용률 차이는 2012년 이후 계속 감소하고 있다. 2018년 실업률은 3.8%로 전년보다 0.1%p 증가하는 등 경제구조의 변화도 결혼연령층의 만혼과 비혼(非婚), 결혼 포기 등의 결과로 이어지는 경향을 보여준다.

---

5) 일상에서 느낄 수 있는 작지만 확실하게 실현 가능한 행복. 또는 그러한 행복을 추구하는 삶의 경향
6) 생존에 필요한 최소한의 소유만을 주장하며 개인의 행복과 여유를 주장

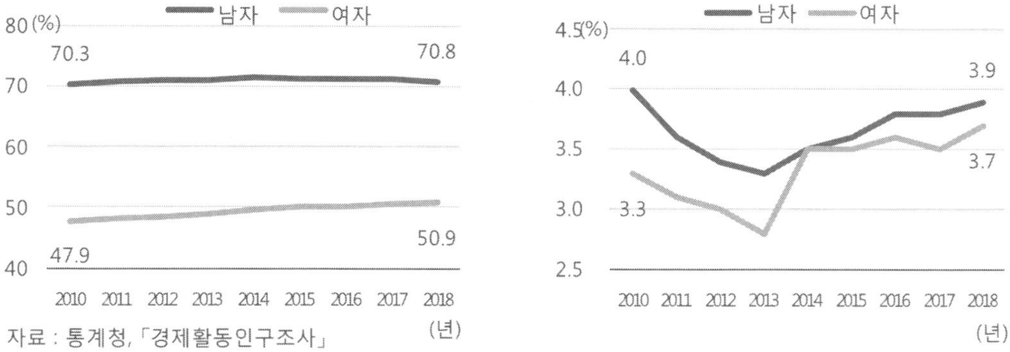

자료 : 통계청, 「경제활동인구조사」

〈그림 1-6〉 고용률과 실업률

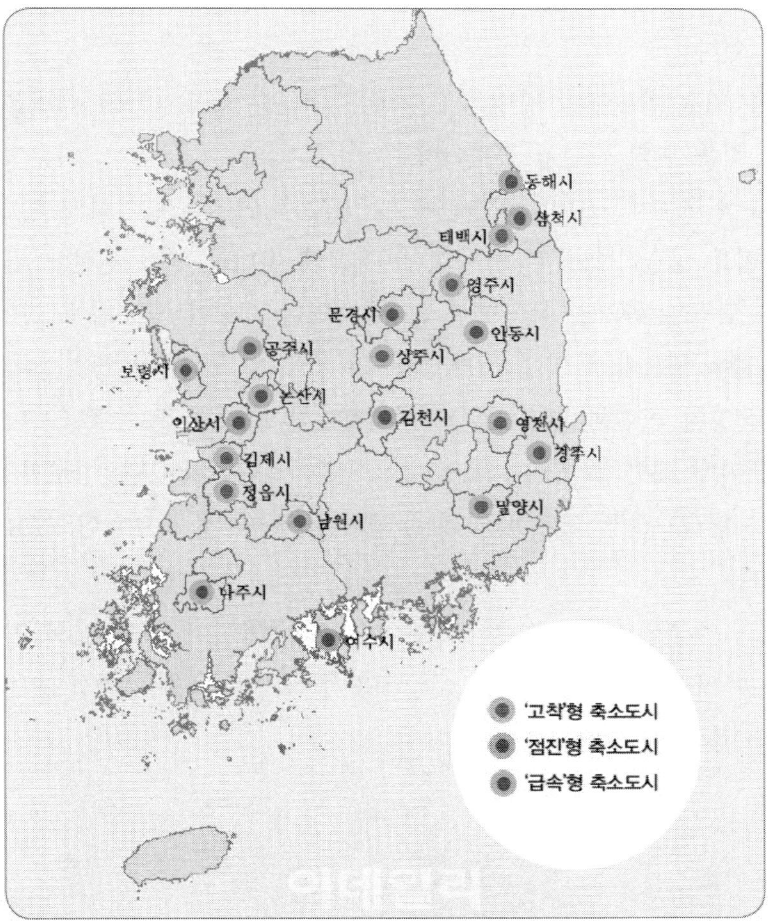

〈그림1-7〉 한국의 축소도시 현황[7)]

---

7) 고착형 축소도시: 공주시, 김제시, 남원시, 밀양시, 상주시, 영천시, 영주시, 정읍시, 태백시

2. 우리나라 보육정책의 필요성

1) 국가의 존립 유지

인구감소는 경제의 후퇴 및 기업의 위축, 세수부족 및 재정불균형, 수도권 인구유입에 따라 국토불균형 문제, 젊은 층의 결혼 및 임신 포기, 여성의 사회경제적 활동과 양육문제로 인한 일·가정 양립문제, 더 나아가 공공정책문제와 고용 및 국가 존립과 맞물려 있다.

인구감소를 막을 수 있는 방법은 2가지로, 하나는 해외로부터 이민을 받는 방법, 다른 하나는 젊은 층의 출산율 증가이다.

국가존립과 인구문제는 어떤 상관관계가 있을까? 인구가 증가하게 되면 기업을 유입시켜 일자리를 창출하게 된다는 사실이다. 뿐만 아니라 도시 전반에 다양한 파급효과를 가져와 도시에 활력을 불어넣게 된다. 그러나 인구가 감소하게 되면 더 이상의 각종 개발사업이 필요하지 않게 된다. 인구의 감소는 세수입의 감소로 국가 및 지방자치단체의 운영이 곤란해지고, 인구가 감소했다고 하여 기존의 공공서비스를 포기할 수 없으므로 이에 대한 1인당 서비스 비용은 증가하나 다른 부문으로의 예산 투입이 어려워지게 되면서, 결국 국가와 사회는 성장할 수 있는 동력원이 없어지는 결과를 가져오게 된다.

중요한 점은 저출산의 직접적인 원인은 미혼의 증가이며, 또한 삶의 질을 중시하며 경제적 활동을 지속적으로 희망하는 여성들을 출산과 육아를 위해서 직업을 포기하게 할 수 없다는 점이다.

점진형 축소도시: 경주시, 동해시, 여수시, 익산시
급속형 축소도시: 김천시, 나주시, 논산시, 문경시, 보령시, 안동시, 삼척시

2) 가정의 일 · 가사의 양립

지금까지 가정 내 출산, 육아, 가사는 전적으로 여성의 몫이었으나, 여성들의 교육 기회가 많아지고, 직장 여성이 증가하면서 사회 내 인식이 변화하는 가운데 '전통적인 여성의 역할'이 여성 고유의 몫이 아니라 남성도 함께 분담해야 하는 것으로 정착되기 시작하였다. 우리나라 노인들의 빈곤을 가속화시키는 요인 중 하나인 경제적 부분에 있어서 가장 많은 지출이 자녀의 주택 마련, 결혼, 교육 등이다. 그러므로 고소득, 과지출, 과소비 사회에 있어 남성 부양자만의 소득으로는 가정의 지출을 유지할 수 없게 되어 여성도 직업을 가져야만 가정 내 재정적 균형을 이루게 된다. 그러나 아직도 남성과 여성의 급여 면에 있어서 점차 개선되고는 있지만 차등을 두는 직종과 직업이 존재하고 있다.

급여 부분에 대한 소득만족도는 남자(13.9%)가 여자(12.6%)보다 1.3%p 높으며, 불만족도는 여자가 남자보다 1.8%p 높았고, 연령별로는 20대의 만족도14.2%, 30대 14.7%, 40대 16.8%로 나타났다.

〈표 1-5〉 소득만족도

		계	만족			보통	불만족		
				매우	약간			약간	매우
소득 만족도	2015	100.0	11.4	1.6	9.8	42.3	46.3	33.7	12.6
	2017	100.0	13.3	1.8	11.5	40.7	46.0	32.8	13.2
	남 자	100.0	13.9	1.7	12.2	41.0	45.2	32.0	13.1
	여 자	100.0	12.6	2.0	10.6	40.5	47.0	33.6	13.3
	19~29세	100.0	14.2	1.9	12.3	41.8	43.9	31.6	12.3
	30~39세	100.0	14.7	1.4	13.3	42.2	43.1	31.8	11.3
	40~49세	100.0	16.8	2.2	14.5	42.0	41.2	29.4	11.8
	50~59세	100.0	13.2	2.0	11.2	40.6	46.2	31.2	15.0
	60세 이상	100.0	9.2	1.5	7.6	38.2	52.7	37.9	14.8

자료: 통계청, 2018 사회조사보고서.

그러므로 가정 내에서 일과 가사가 양립되기 위해서는 근로조건 부분에 있어서 여성차등적이고 불평등한 관행이 제거되고, 남녀 간 차별이 없어져야 하며, 양육과 가사에 대한 사회의 인식이 변화되어 남성들도 '육아휴직제'를 적극적으로 활용하여 가정 내 일에 대한 분담의식을 가져야 한다.

3) 교육비 부담 완화

2018년 사교육비 총액은 약 19조 5천억 원으로 2017년 18조 7천억 원에 비해 8천억 원(4.4%) 증가하였다. 또한 사교육 참여율 및 참여시간은 전년보다 증가한 것으로 나타났다. 사교육의 증가는 가족의 심리적 압박감과 경제적 부담을 가중시킨다는 점에서 결코 바람직하지 않다. 사교육의 증가는 가족 내 다양한 유형의 지출을 막아 가족구성원의 욕구를 충족시키지 못하는 등 소득분배의 약화와 노후 준비를 하지 못하는 등 예외적 지출을 가져와 미래에 대한 준비부족에서 기인하는 불안감, 사회 내 계층 간 소득불평등의 세대 간 전승, 출산율 하락, 결혼관에도 상당히 부정적 영향을 미치게 된다.

그러므로 교육비 완화라는 대전제는 "아이들을 키우기 힘들다", "아이들이 경쟁적인 사회 속에서 살아가게 하기 싫다"는 등의 문제를 일정 부분 소거할 수 있다는 점에서 출산율과 직접적인 연관이 있다.

〈표 1-6〉 사교육 현황

[사교육비 총액 및 전체 학생수]

구 분	2017년	2018년	증감률
사교육비 총액 (조원,%)	18.7	19.5	4.4
학생수 (만명,%)	573	558	- 2.5

[참여율 및 참여시간]

구 분	2017년	2018년	증감률
참여율 (%,%p)	71.2	72.8	1.7
참여시간 (시간)	6.1	6.2	0.1

자료: 통계청, 2018 사회조사보고서.

4) 가족의 복지 증진

보육정책은 보육이 필요한 영유아 및 그 가족을 위해 다양한 보육시책을 통하여 영유아 및 보호자의 생활을 보장함과 동시에 영유아 심신의 건전한 성장발달을 도모하는 것이 목표이다. 보육정책이 국민의 영유아 보육에 대한 욕구에 올바르게 대응하고 구현하기 위해서는 합리적이고 현실적인 보육정책의 수립, 국가 및 지방자치단체의 보육계획의 수립 및 시행, 시·도별 영유아보육 수요에 알맞은 어린이집의 설치와 전문 보육교사의 양성, 적정한 재정지원이 이루어져야 한다.

그러나 출산율의 감소로 가족의 복지를 증진하기 위한 지역사회 내 민간 및 가정 어린이집은 2015년 4.9%, 2016년 6.2%, 2017년 5.6%, 2018년 6월 현재 4.0%의 폐원율로, 2015년 이후 약 7,205개의 민간 및 가정어린이집이 문을 닫았다. 지역별로 서울 6.3%, 대구 5.8%, 대전 5.3%, 전북 4.8% 순이었다. 민간 및 가정어린이집의 폐원율이 높게 나타나는 이유는 저출산과 양육수당[8]의 도입, 국공립어린이집 및 직장어린이집의 증가 등이 복합적으로 기인한다.

〈표 1-7〉 폐원 어린이집 현황

시·도	2015		2016		2017		2018. 6	
	민간·가정	폐원	민간·가정	폐원	민간·가정	폐원	민간·가정	폐원
계	36,700	1,811	34,914	2,174	33,701	1,900	32,705	1,320
서울	5,279	239	4,878	388	4,531	369	4,231	288
부산	1,644	32	1,599	57	1,573	56	1,546	37
대구	1,314	55	1,247	74	1,204	81	1,138	71
인천	2,050	49	1,989	79	1,932	79	1,899	64
광주	1,068	5	1,039	21	1,039	28	1,015	25
대전	1,540	42	1,441	94	1,356	105	1,288	72
울산	853	35	807	44	784	36	765	20
세종	182	2	212	4	247	6	280	4
경기	11,651	721	11,007	773	10,662	584	10,502	326
강원	947	41	894	73	861	52	826	33
충북	996	17	973	36	951	40	922	32
충남	1,699	91	1,676	80	1,651	70	1,604	69
전북	1,309	44	1,244	65	1,174	77	1,116	57
전남	894	15	896	31	880	37	851	36
경북	1,835	98	1,799	99	1,752	82	1,699	64
경남	3,020	286	2,826	225	2,736	171	2,670	108
제주	419	39	387	31	368	27	353	14

자료: 보건복지부, 2018.

8) 어린이집이나 유치원을 다니지 않는 아동에게 지급하는 복지 수당으로, 아동에 대한 부모의 양육비용 부담 경감을 위해 2013년 3월부터 시행된 영유아보육법에 따라 실시되는 제도.

따라서 최근 인구감소로 민간·가정어린이집의 폐원이 증가하면서 발생하는 어린이집의 접근성 저하라는 문제를 완화하기 위해서는 재정 문제에 영향을 받지 않고 공공재정에 의해 운영되는 양질의 공공형 어린이집의 증설이 요구된다. 이와 더불어 육아휴직제도의 확충, 육아휴직기간 중의 급여 보전 등이 선결되어야 한다. 보육정책은 궁극적으로 영유아 및 그 가족의 복지를 증진하는 것이므로 가족생활의 보호 및 강화, 가족 내 상호관계 그리고 사회적응상의 문제를 가진 가족을 지원하며, 가족의 사회적 기능을 향상시키기 위한 목적을 달성할 수 있도록 운영되어야 한다.

5) 영·유아의 전인격적 발달

생후 첫 1년간은 인지적, 사회적, 정서적, 신체적 및 인성 발달에 결정적 시기이다. 그리고 생후 첫 2~3년 동안은 인간의 두뇌가 크게 발달할 수 있는 시기이며, 이 시기의 경험과 학습 환경은 아동의 창의성과 사고력 등 인지 발달에 큰 영향을 미치게 된다. 따라서 생후 3년 동안 제공되는 보호와 교육의 질이 유아의 인지적, 언어적 발달과 긍정적이고 사회적인 상호작용에 중요한 경험을 미친다. 인간은 이 기간 동안 다양한 경험을 통하여 타인과의 의사소통 기술을 습득하고, 외부세계를 이해할 수 있는 기본적 인지력을 획득하며, 타인과 함께 살아갈 수 있는 사회성의 기틀을 마련하게 되는 것이다.[9)]

소득 및 기회의 부족에서 오는 빈곤은 부모의 양육태도와 영유아 발달에 부정적인 영향을 주고, 아동의 낮은 학업수행, 학업 중퇴, 건강 및 행동 문제와 관련이 높으며, 언어 및 인지기능 발달에도 영향을 미칠 수 있다. 결정적 발달 시기인 초기 영유아기의 빈곤은 지속적으로 발달에 영향을 주기 때문에, 이 시기 가족들에게 도움을 주는 것은 장·단기적으로 영유아 및 아동의 학업 수행, 도덕성과 사회성, 적응 그리고 정신 건강에도 긍정적 영향을 줄 수 있다. 특히 영유아기에 조기개입을 하게 될 경우 빈곤으로 야기되는 문제를 예방하여 투자대비 산출효과가 높고, 일반 아동에 비해 문제행동을 지닌 아동에게 열 배 넘게 지출되는 사회적 비용을 줄일 수 있다.[10)]

9) 서문희, "외국의 보육정책", 국제사회보장동향, 한국보건사회연구원, 2006, p. 35.
10) 이연정 외, "영국의 영유아 보육정책 및 한국의 유사정책 현황-Sure Start Children's Centres와 Dream Start 비교", 소아청년정신의학 26(1), 대한소아청소년정신의학회, 2015, p. 15.

영유아를 누가 양육하는가보다는 어떻게 양육되느냐가 중요하고, 현대 사회의 영유아는 가정뿐 아니라 지역사회와 거시환경의 영향 속에서 성장해야 한다. 따라서 정책적 관점에서 영유아보육은 국가의 자산을 키우는 일로, 영유아기의 재정 투자는 학령기나 청소년기, 성인기 등 다른 어떤 시기의 투자와 비교했을 때 보다 효율적이라고 할 수 있다. 또한 영유아보육에 대한 투자는 아동의 발달지원은 물론, 아동 빈곤을 완화하는 효과도 크고, 영유아보육서비스는 빈곤가족이 이용하는 비율이 높고, 경제활동과 사회참여를 증진시키는 경향이 있어 영유아보육 지원과 양육수당 등 정부의 소득이전정책은 영유아의 빈곤 완화에 긍정적 영향을 미쳐 건강하게 성장하게 한다.

따라서 국가의 보육정책 수립과 지방자치단체의 보육계획의 이행은 영유아의 전인격적 발달을 도모하여 사회에 필요한 인력으로 성장할 수 있게 된다.

참고문헌

듀오, 2019 출산 인식 보고서.
마강래, 지방도시 살생부, 개마고원, 2017.
머니투데이 2019년 3월 22일 보도자료.
보건복지부. 어린이집 폐원 통계자료.
서문희, "외국의 보육정책", 국제사회보장동향, 한국보건사회연구원, 2006.
이소영, 자녀 출산 실태와 정책 함의, 보건복지 포럼 2019년 2월호, 한국보건사회연구원.
이연정 외, "영국의 영유아 보육정책 및 한국의 유사정책 현황-Sure Start Children's Centres와 Dream Start 비교", 소아청년정신의학 26(1), 대한소아청소년정신의학회, 2015.
통계청, 경제활동인구조사.
통계청, 장래인구추계, 2016.
통계청, 2018 사회조사 보고서.
한국보건사회연구원, 2015년 전국 출산력 및 가족보건·복지 실태조사.
한국보건사회연구원, 2018년 전국 출산력 및 가족보건·복지 실태조사.

제 2 장

보육정책의 개념

1. 정책의 개념

정책은 국가와 시대적 배경에 따라 다양하게 규정되고 있으며, 정책은 특히 사회적으로 해소되지 못한 욕구들의 총합인 사회문제를 제도적으로 해결하기 위한 고도의 정책적이고 의도적인 과정으로, 지역사회 주민들의 잠재능력을 개발시켜, 스스로의 삶을 개선해 나갈 수 있도록 필요한 도움을 제공하는 사회적 서비스이다. J. E. Andersen은 정책을 "미래지향적인 권위적인 공공기관이 내리는 방침"이라고 정의하고 있다.[1)]

보육정책은 보육과 정책의 합성어로써, 보육정책이란 정부가 보육의 목표를 달성하기 위하여 의도적으로 선택한 행동원칙, 지침, 일정한 계획 제도[2)] 혹은 조직화된 노력이라 할 수 있다. 뿐만 아니라 보육정책은 영유아 및 그 가족의 삶의 질(QOL)수준을 향상시키는 정부의 활동이다.

보육정책의 특징은 첫째, 정책의 주체는 공공기관이라는 점이다. 영유아보육법상 보육서비스의 주체는 국가 및 지방자치단체로서 "영유아의 심신을 보호하고 건전하게 교육하여 건강한 사회 구성원으로 육성함과 아울러 보호자의 경제적 · 사회적 활동이 원활하게 이루어지도록 함으로써 영유아 및 가정의 복지 증진에 이바지함을 목적"으

1) 강용규, 『사회복지정책론』, 청목출판사, 2016.
2) 제도: 정책을 구체적으로 수행하기 위한 방법, 절차

로 보호자와 더불어 영유아를 건전하게 보육할 책임을 지며, 이에 필요한 재원을 안정적으로 확보하도록 노력하고 있다.

한 국가의 보육정책은 해당 국가의 가족문화와 영유아를 바라보는 관점에 따라 달라진다. 특히 보육정책이 잘 구축된 국가일수록 여성의 사회참여 및 노동시장 진입을 적극적으로 유도하였다. 스웨덴의 경우 국내 노동인력의 부족 문제를 해결하기 위하여 여성이 지속적으로 직장생활을 할 수 있도록 제도를 만들어 온 것에 대하여 눈여겨 볼 필요가 있다. 정책은 시대의 변화를 반영하고 제도화하는 것이므로 출산율 저하에 따른 노동인력의 부족 탓으로 전가하지 말고 남성과 더불어 여성이 출산, 양육, 가사활동을 하면서 적극적으로 직장생활을 영위할 수 있도록 법령의 정비, 제도의 개선, 사회 및 기업의 인식 변화가 이루어질 수 있도록 해야 한다.

2. 보육정책의 이념

1) 건강한 생활의 보장

건강한 생활이 보장되기 위해서는 남녀간 근로조건의 차등, 급여의 차별 등이 제거되어 결혼한 남성과 여성이 일과 가사, 육아가 양립될 수 있을 때 가능하다. 그러므로 육아와 가사활동을 위해서는 탄력적인 노동시간의 확대와 고용보장, 최저임금 이상의 급여가 유지되어야 한다. 육아휴직제도를 최대한 활용하여 육아 및 가사활동에서 오는 심리적 압박감을 최소화할 수 있도록 법과 제도가 이를 지원해야 하며 유지되어야 한다.

가정이 건강하고 그 구성원이 원활한 사회 및 경제활동을 영위할 수 있을 때 국가 및 지방자치단체, 지역사회, 기업이 발전할 수 있다.

2) 자유의 확대

자유는 사회적 구속으로부터 자유로울 때 가능하다. 특히 여성을 가정에 고착시키려는 인습과 전통에서 과감하게 벗어날 때 자유의 확대와 더불어 사회의 양대 구성 존재로 정착할 수 있게 된다.

육아, 가사, 성차별로부터 각 개인이 자유를 회복하고 유지할 때 사회 내 계층 간, 성별 간 불평등을 완화할 수 있다. 20세기 중엽의 페미니즘(feminism)[3]을 통하여 여성이 적극적인 자유를 획득하는 토대를 마련했으나, 여전히 성별 불평등이 존재하는 것이 사실이다. 그러므로 향후 성(sex)보다는 남성과 동등한 사회의 구성원으로서의 성(gender)이 중시되어야 한다.

3) 사회적 형평성 추구

한국 사회의 남성은 종래의 '평생직장'이라는 개념을 통하여 퇴직할 때까지 직장에 종속되는 구조 속에 존재하고, 반면에 여성은 '남성 부양자'의 틀 속에서 안주하는 의존적인 존재로 각인되어 왔다. 이러한 이분법적인 가정 내 구조 속에서 영유아는 각각 모방과 학습이라는 측면에서 획일적인 모습을 답습해 왔다. 남성은 '직장', 여성은 '가사와 육아'라는 당연시되는 경향은 소득계층 간 차별적인 인식을 불러왔고, 이러한 문제를 제거하고 소득과 관계없이 전 계층이 영유아 보육에서 동등한 처우를 받을 때 사회적 형평성이 유지될 수 있다.

4) 삶의 질 향상

'삶의 질'(QOL)을 향상시키기 위해서는 소득보장과 건강보장이 전제되어야 하며, 삶의 질은 복지국가가 추구하는 궁극적인 목표이다. 물론 삶의 물질적 풍요도 중요하지만 이와 더불어 심리적 충족감도 삶의 질 향상을 위한 기본적 도구이기도 하다. 출산을 하고 아이가 성장하여 집 근처 '어린이집'에 등록하려고 하나, 남은 자리가 없다든지, 가까운 곳에 어린이집이 없어 최소 1～2시간씩 통학을 해야 어린이집 이용이 가능하다면 영유아의 등원 문제를 제외하더라도 항상 퇴원 문제를 위해서 사회 및 경제활동을 하는 부모는 여러 고민을 할 수 밖에 없다. 이러한 상황은 "둘째 아이"에

3) 여성의 권리 및 기회의 평등을 핵심으로 하는 여러 형태의 사회적·정치적 운동과 이론

대한 심각한 고민을 하게 되어 출산포기와 결혼 적령층의 결혼에 대한 환상에서 벗어나 현실적인 문제로 결혼을 기피하게 된다. 결국 개인적으로 "둘째 아이의 포기", 사회적으로 출산율의 저하, 경제적으로 노동인구의 감소라는 문제를 가져오게 된다.

인간은 사회적 동물이면서 문화적 동물이다. 인간은 '문화적 삶'을 영위하면서 자기계발과 자기반성, 자기훈련을 하고, 타고난 잠재능력을 개발하여 독특한 인간의 기능을 수행하는 존재이다. 그러므로 보육에 대한 부모의 부담은 인간의 문화성을 파괴하고 결국은 사회발전을 가로막는 것이므로 보육정책을 통하여 이러한 부담을 완화·제거하여 자신의 삶의 질을 높이고 사회발전을 이룰 수 있도록 해야 한다.

3. 보육정책의 특징

1) 역동적인 정책

정책은 사회적인 문제를 정치적으로 해결하는데, 특히 강제력을 행사하거나 대화와 타협을 통한 조정을 시도하기도 한다. 또한 정책을 통하여 새로운 사회구조를 구성하여 발생한 사회문제 해결을 위한 지속적인 노력을 반복함으로써 사회를 발전시켜 나가게 된다.

현재 우리나라의 출산율은 OECD 국가 중 최하위이며, 지난해 한 언론에서 우리나라 262개 기초지방자치단체 중 80곳 이상이 30년 후에는 인구가 소멸돼 사라질 것이며, 일본의 경우 1억 인구를 유지하기 위한 정부부처까지 신설했다고 보도했다. 이 언론에서 광주·전남 지역을 예로 들었는데, 광주광역시, 목포-무안, 순천-광양-여수 등 3개 권역을 제외한 나머지 시·군은 사라질 것이라는 예측이다. 지방자치단체 소멸의 직접적인 원인은 인구감소, 즉 출산율이 현저하게 낮기 때문이다. 이를 위하여 정부와 지방자치단체는 출산율을 높이기 위한 조치로서, 양육수당의 증액, 출산장려금 지급, 다둥이 안전보험, 양육수당, 귀농귀촌지원, 장학사업 등 다양한 시책을 펴고 있다.

그러므로 위와 같은 정책들을 보면 보육정책은 사회적 문제를 적극적으로 해결하기 위한 역동적인 정책이자 생존을 위한 정책이다.

2) 인간의 존엄성을 구현하는 가치개입적 정책

인간존중사상은 보육정책의 본질적 가치를 이루고 있는데, 보육정책을 통하여 정서적으로 안정되고 우애적인 인간관계를 형성하여 만족스러운 삶을 살아갈 수 있는 능력을 배양해 준다.

인간의 존엄성은 근대사회에서 인정된 가치로, 태어나면서 모든 인간은 존중받아야 한다는 것으로, 인종, 경제적·정치적·사회적 지위, 종교, 국적, 육체적 조건 등과 같은 차이로 인해 무시되거나 차별받아서는 안 된다고 보며, 인간의 기본적 인권과 생명권 보장은 인간의 존엄성을 실현하는 방법이며, 세계인권선언, 헌법, 국가인권위원회법 등을 통해 현실적으로 규정되고 있다.

가치(價値)는 인간에게 선호(選好)의 의미를 가지고 좋은 것과 바람직한 것에 대한 가정(假定)으로, 주관적이어서 개인에 따라 차이가 있을 뿐만 아니라 정치적, 경제적, 사회적 상황에 따라 변화한다.

보육정책에 반영된 가치는 정책이 궁극적으로 추구하는 목표가 되는데, 보육정책은 인간지향적인 정책으로 인간의 존엄성을 기본 가치로 하며, 영유아가 보육관련 문제들로 인하여 인간의 존엄성을 훼손당하거나 위협받는 경우에 이 문제들을 해결하도록 도와주는 정책이다.

3) 인간지향적 정책

인간의 존엄성을 보장받기 위해서는 적정한 환경 및 생활이 보장되어야 한다. 즉, 영유아가 그의 성장 발달단계에 적합한 어린이집에서 전문적인 교육훈련을 받는 보육교사와 체계화된 보육과정을 통하여 교육·보호·양육되어야 한다는 것을 의미한다. 뿐만 아니라 사회 및 경제생활을 영위하고 있는 영유아의 부모가 안심하고 그들이 위치하고 있는 환경에서 최상의 활동을 할 수 있도록 제반 여건이 조성되어야 한다.

지역별 영유아의 규모에 맞춰 적정한 어린이집이 설치되고 이에 대한 국가 및 지방자치단체의 지원과 감독이 이루어질 때 영유아와 보호자의 생활을 보장함과 동시에 영유아의 심신의 건전한 성장발달을 도모할 수 있게 된다. 따라서 보육정책을 통하여 영유아 및 보호자는 삶의 질을 높일 수 있게 되는 것이다.

4) 소득재분배 정책

보육정책에 의해 소득유무와 장애유무, 지역 간 차이에 따라 제공되는 양육수당 및 아동수당은 한정적인 사회적 자원을 제도적인 방법인 정책을 통하여 소득을 사회적 형평에 맞게 분배하는 정책이다. 즉, 누진세제에 의해 부과된 세금을 소득이전(income transfer) 방식으로 영유아의 보호자에게 주어지는 것이므로 소득재분배의 효과를 가져온다.

소득재분배 정책의 하나인 취학전 만 86개월 미만 아동에게 지급되는 '양육수당'은 어린이집 및 유치원을 이용하지 않는 아동에 대한 부모의 양육비용 부담 경감을 통해 정부지원의 형평성 문제 해소 및 재가 아동의 건강한 성장발달 지원을 목적으로 하는 서비스이다.

〈표 2-1〉 아동양육수당

구분	지원금액		
	양육수당	농어촌양육수당	장애아동양육수당
12개월 미만	월 200,000원	월 200,000원	월 200,000원
24개월 미만	월 150,000원	월 177,000원	
36개월 미만	월 100,000원	월 156,000원	
48개월 미만	월 100,000원	월 129,000원	월 100,000원
48개월 이상~86개월 미만	월 100,000원	월 100,000원	

자료: bokjiro.or.kr

2018년 9월에는 아동양육에 따른 경제적 부담을 경감하고 아동의 건강한 성장 환경을 조성하여 아동의 기본적 권리와 복지 증진에 기여하기 위해 만 6세 미만(0~71개월)의 모든 아동에게 매월 10만원을 지급하는 '아동수당제도'가 도입되었다.

경제생활 중 예외적인 지출은 생계비의 부족으로 인한 기본 생활을 충실하지 못하게 하거나 욕구의 결핍을 가져오는 대표적인 소득부족의 하나이다.

이와 같은 양육수당과 아동수당은 영유아 및 아동을 양육하면서 발생하는 예외적인 지출에 대한 재정적인 지원을 함으로써 가계의 부담을 완화시켜주는 직접적인 소득보장정책의 하나이다.

4. 보육정책의 기능

정책은 사회문제를 공동으로 해결하기 위한 노력의 산물이자 일관성 있는 행동지침을 제시한다. 예를 들어 농업사회에서 산업사회로, 대가족제도에서 핵가족 및 '1인가구'시대로, 남성 중심의 부양에서 일·가정 양립을 중시하며 여성의 노동력을 중시하는 사회로 바뀌는 것은 사회경제적 구조와 산업생태계가 변화를 필요로 하기 때문이다. 그러므로 정책은 사회구조적 모순으로 발생하는 영유아 및 가족의 문제를 해결하여 출산율 저하 및 결혼 기피 등으로 인구감소에 따른 지역사회의 소멸 등 사회변동을 방지하기 위함이다.

결론적으로, 보육정책은 인구감소 및 출산율 저하로 인한 사회문제를 해결하기 위한 처방적 기능을 가진 정책을 구성하고 있다. 또한 사회의 다양한 이익집단(공공어린이집 vs 민간·가정어린이집)의 이해관계 조정 및 갈등을 봉합하기도 한다. 결국 정책은 사회를 안정시키는 기능을 수행한다.

참고문헌

강용규 외, 『사회복지정책론』, 청목출판사.
강용규 외, 『사회복지정책론』, 공동체.

제 3 장

우리나라 보육정책의 전개과정

역사학자 E. H. Carr[1]는 역사란 "과거와 현재의 대화"라고 하였다. 역사적으로 단순한 사실도 새로운 생각과 상상력으로 재구성될 때 현 사회에 필요한 역동적인 역사가 되는 것이다. 결국 우리가 역사를 배우는 이유는 과거의 사실을 반추하여 현재의 상황을 이해하고 보다 진보적이고 발전적인 미래를 준비하는 것이기 대문에 과거와 현재 및 미래는 시간적으로 구분되는 것이 아니라 역사 속에서 연속적인 과정 중의 일부라고 볼 수도 있다. 이 장에서는 우리나라 보육의 역사와 제도의 변천을 고찰하며 사회구조적 변화 속에서 다가올 '인구 오너스(demographic onus)[2]' 시대를 맞이하여 제도적인 보육제도의 수립을 모색하도록 한다.

우리나라 보육 사업은 과거부터 다양한 요소가 융합되어 교육 영역에 또는 보호와 교육이 이원화되는 정책상의 혼재 속에서 발전되어 왔다. 이러한 발전과 정책의 변화 및 사회경제적 구조의 변화 등으로 한국적 보육 사업의 특징이 형성되어졌다.

우리나라 보육 사업의 특징은 이전의 빈민구호적 성격에서 맞벌이 부부의 경제·사회활동을 지원하기 위한 가족지원정책으로, 2005년 영유아보육법 개정 이후 다시 보편적 보육서비스를 지향하는 내용으로 변화된 과정을 볼 수 있다. 최근 급격한 인구 감소에 대한 우려 차원에서 출산율 증가와 일·가정 양립을 위한 인구·사회적

---

1) 영국의 역사학자 E. H. CARR(1892 - 1982)는 역사는 역사가에 의해 항상 다시 기술된다는 점을 밝히면서 역사는 역사가와 사실 사이의 상호작용의 계속적인 과정이며 현재와 과거 사이의 끊임없는 대화(history is a continuous process of interaction between the historian and facts, an unending dialogue between the present and the past)라고 정의하고 있다.

2) 인구오너스(demographic onus)는 생산연령 인구의 비중이 하락하면서 경제성장이 지체되는 것을 의미한다.

정책으로 '삶의 질'을 향상시키기 위한 정책으로 발전하고 있다.

따라서 보육정책은 사회복지정책이나 여성 및 가족정책의 연장선이 아닌 독립적인 보육정책으로 정착되어야 할 시기에 도래했다.

이 장에서는 우리나라 보육의 역사적 전개과정을 크게 근대이전, 태동기, 전환기, 정비기, 발전기 5단계로 나누어 살펴보겠다.

1. 근대 이전(삼국시대 ~ 1921)

역사 속에 등장하는 국가차원의 구휼정책이 원시적인 형태의 보육사업의 전신이라고 할 때 우리나라의 국가 보육사업 형태의 시초는 매우 오래되었다.

삼국사기 신라본기 권1 유리이사금 조(條)에 환과고독(鰥寡孤獨)에게 급식과 양육사업이 있었으며 그 가운데 아동에 해당하는 것이 최초의 국가 차원에서의 고아 양육 사업이었다.

"신라 유리 이사금(24~57) 5년(서기 28년) 겨울 11월에 왕이 나라 안을 순행하다가 한 할멈이 굶주리고 얼어서 죽어가고 있는 것을 보고 왕이 옷을 벗어서 덮어주고 밥을 줘 먹게 하였다. 그리고 담당 관청에 명하여 곳곳에 있는 홀아비(鰥)와 홀어미(寡), 부모 없는 아이(孤), 자식 없는 늙은이(獨)와 늙고 병들어 스스로 살아갈 수 없는 사람을 위문하고 양식을 나누어 주어 부양하게 하였다. 이에 이웃 나라의 백성들이 소문을 듣고 옮겨 오는 자가 많았다. 이 해에 백성의 풍속이 즐겁고 편안하여 비로소 도솔가(兜率歌)를 지었다. 이것이 가악(歌樂)의 시초이다."[3] 여기서 담당 관

---

3) 오경희, 한국보육사의 고찰, 성균관대학교 생활과학대학원 석사학위논문, 2005, p. 22.
도솔가: 760년(경덕왕19) 4월 초하루, 해가 둘 나타나서 열흘 동안 없어지지 않으므로, 왕명에 따라 연승(緣僧)으로 뽑힌 월명사(月明師)가 산화공양(散華供養)을 하면서 〈산화가(散花歌)〉도 부르고 이 노래도 지어 부르자, 괴변이 곧 사라졌다는 유래가 《삼국유사(三國遺事)》 권5에 전한다. 《삼국유사》를 지은 일연(一然)은 이 노래를 〈산화가〉가 아니라 〈도솔가〉로 보는 것이 옳다고 하였는데, 《삼국유사》에 이두(吏讀)로 된 4구체(四句體)의 원가(原歌)와 한역시(漢譯詩)가 함께 실려 있어, 향가의 해독(解讀)과 연구에 많은 도움이 되고 있다. 《조선고가연구》(양주동)의 해독문을 보면 "오도솔가 본문 이미지 1이에 散花 블어/도솔가 본문 이미지 2고자 너는/고도솔가 본문 이미지 3 도솔가 본문 이미지 4 命ㅅ브리도솔가 본문 이미지 5디/彌勒座主 뫼셔라"이다. 도솔은 미륵을 지칭한 말로서, 미래불로서의 미륵불을 모시는 단을 모아놓고 이 노래를 불러 미륵불을 맞이하려고 한 것이다. 떨기꽃을 통하여 미륵불을 모시겠다는 뜻이다.

청이 고아에게 구휼을 제공하고 부양하게 했다는 내용은 국가 차원의 구호가 이루어졌음을 의미한다.

백제 본기에는 다루왕(28～77) 11년(서기 38년) 10월 왕이 동서부 지방을 순무(여러 곳을 돌아다니며 백성을 위로하고 달래는 것)하면서 가난하고 자활할 수 없는 사람에게 곡식 2섬씩을 주었다는 기록이 있는데, 이 같은 예는 후대의 비류왕(304～344), 의자왕(641～660) 때에도 있었다.

또 고구려에서는 "태조 56년(108년) 봄에 크게 가물었고, 여름이 되자 땅이 벌거숭이가 되어 백성들이 굶주렸다. 왕은 사신을 보내 진휼하였다", "가을 7월에 누리와 우박이 곡식을 해쳤다. 8월에 담당 관청에 명하여 어질고 착한 사람과 효성이 있어 부모에게 순종하는 사람을 천거하게 하고, 홀아비, 과부, 고아, 자식 없는 자 및 늙어서 스스로 살 수 없는 자들을 위문하고 옷과 먹을 것을 주었다".

고려시대에도 아동에 관한 구호정책은 구휼의 한 부분으로 명맥을 유지해 왔는데, 충목왕 3년(1347)에 설치된 구빈기관인 '해아도감(孩兒都監)'은 주로 젖먹이와 같은 어린아이를 보호 양육하는 일을 맡아보던 기관으로 최초의 국립 영아원이었다. 고려 전기에는 동서대비원, 제위보 등의 기관에서도 고아를 보호 양육하였으나 후기에 이러한 기관들의 운영이 유명무실해지면서 고아를 돌보기 위하여 별도로 설치된 것이다.

조선시대에도 아동 구호는 지속적으로 이루어지고 있는데, 성종 16년(1485년)에 경국대전 예전(禮典) 혜민조(惠民條)에 경로, 혼비보조(婚費補助), 노인과 고아에 대한 수양 및 의류관급, 의약구제 등의 규정을 두어 고아를 국가에서 부양했음을 알 수 있다. 현종 2년(1661년) 이후로는 한성 명부의 유기아(遺棄兒)에 대하여 관부의 허가제에 의한 민가 수양이 실시되고 이들에 대해서 의료도 관급하였다.

임진왜란(1592년)과 병자호란(1636년) 이후 기존 사회질서와 토지제도가 무너지고, 국가재정이 붕괴되면서 사회제도의 부패와 조세의 수탈 및 정조 6～7년(1782～1783)의 대흉년이라는 자연재해까지 겹치면서 식량난을 견디지 못한 백성들은 자식을 버리는 사례가 증가하고, 떠돌며 구걸하는 아동의 수가 증가하자 국왕의 책임과 관심을 유발하게 되었다. 이에 정조 7년(1783년) 자휼전칙[4](字恤典則)의 전

4) 흉년을 당해 10세 이하의 어린이들이 걸식하거나 버림받아 굶주리므로, 이들이 부모 및 친척 등 의지할 곳을 찾을 때까지 구호하고, 자녀나 심부름꾼이 없는 사람들로 하여금 수양(收養 : 남의 자식을

교가 내려지게 되었다.

자휼전칙의 규정 중 주목할 부분은 아동의 연령에 따라 차등을 두어 구휼한 점으로 유아(乳兒)에 더 중점을 두었다는 사실이다. 0~3세, 4~6세, 7~10세를 구분하여 유양의 정도를 달리하였다는 사실은 아동의 성장과 보호유형에 대한 국가 차원의 인식이 있었음을 의미한다. 이에 3세 이하의 '유기아(遺棄兒)'와 10세까지의 '행걸아(行乞兒)'로 구분하여 '행걸아'는 관청인 진휼청에서 구제하고 '유기아'는 유모를 정하여 보살피게 하였다. 또한 '행걸아' 구제에 있어서 친족의 1차적 책임을 강조하여 국가적 구제는 부모, 친족, 주인이 없는 자로 제한하고, 고의로 구걸하거나 유기하지 못하게 한 점도 주목할 만하다.

근대적인 고아구제사업의 시작은 고종 25년(1888년) 3월 '명동천주교회' 고아원이 설치된 것에서 찾을 수 있다. 당시 프랑스 신부가 기아, 고아, 빈곤아를 수용 양육하였는데 수용한 아동들에게 글과 기술을 가르치며 천주교 보육원으로 발전하였다.

1905년에는 독지가 이필화가 '경성고아원'을 세웠는데, 조선총독부는 이 고아원을 고아와 맹아(盲兒)의 수용과 교육 및 정신질환자의 치료를 위해 수용하였기에 '제생원(濟生院)'이란 명칭을 부여했고, 초기에는 총독부에서 운영·관리하였지만 곧 재단법인으로 변경하여 운영비 일부만을 보조하였다. 이후 정신질환자 치료는 총독부의원에서 전담하고, 제생원은 고아와 맹아만을 교육하였다.

근대적인 아동보호와 교육의 개념은 서울 종로구 인사동에 있는 '중앙교회'에서 1916년 '중앙유치원'을 설립하면서 시작되었다. 한일합방 이후 무장독립 투쟁은 열세로 몰리게 되면서 유치원 교육을 통하여 원아들에게 민족의식을 고취하고, 원아를 매개로 그 교육을 학부모에게까지 확산시킬 수 있다는 판단 아래 유치원을 설립하였다. '중앙유치원'은 원래 1916년 정동교회의 유치원 분원으로 출발하였다가 1918년 독립하여 민족교육의 새로운 방향을 제시해 가는 선구적 역할을 하였다.

기름)하게 하기 위한 구휼법(救恤法).

2. 태동기: 아동복리법 제정 이전(1921~1960)

구휼정책을 바탕으로 국가 차원의 아동보호 개념이 존재하던 시기로, 구호 및 구빈적 성격으로의 보육 및 탁아소가 설치·운영되었다. 1921년 서울 '태화기독교 사회복지관'에서 빈민아동을 위한 탁아프로그램이 개설되었던 것이 최초이며, 1926년 부산의 '공생탁아소'와 대구의 탁아소가 설립되었다. 이후 한국전쟁으로 전국의 전쟁고아 및 요구호 아동이 급증하게 되어 1953년 부산에 시립탁아소를 설치하였다. 이 시기의 보육체제는 임시 구호적 기능에서 탈피하지 못하고 본연의 보육 기능을 제대로 수행하지 못하던 시기였다.

일반적으로 한국 보육사업의 근대적 역사의 시초는 일제 식민지 시절인 1921년 기독교 민간단체인 태화사회관에서 빈민아동을 돕기 위한 구제 사업으로 서양 감리교 선교사들에 의해 개관한 이래 태화진료소를 중심으로 아동보건사업을 전개하였다. 아동의 건강진단을 실시하고 빈곤아동을 위한 탁아사업, 우유급식 사업 등을 수행하였는데, 탁아사업이라는 부분으로 한정해서 본다면 태화사회관이 보육사업의 시초라고 할 수 있다.

본격적인 탁아소는 1926년 '부산공생탁아소'와 '대구탁아소' 등 2개소의 시설이 설치·운영되면서 부터이다. 1934년 말까지 전국에 22개의 육아시설이 설치되었고, 그 수용인원은 2,192명에 이르렀다. 1939년 조선총독부 사회과 통계에 의하면 전국에 11개소의 탁아소(관립 1개소, 공립 2개소, 재단설립 2개소)가 설치되었고, 435명의 아동이 탁아서비스를 받았다. 평양에는 직장 보육시설 형태인 '전매국 탁아소'가 설치되어 당시에도 다양한 형태의 보육시설이 존재했음을 보여주고 있다.[5)]

1941년에는 여러 곳에 보호시설이 설립되어 세계 경제대공황과 제2차 세계대전으로 경제가 악화되면서 요보호 아동을 위한 구제 사업이 본격적으로 제공되었다. 이 시기에 관·민 종교단체들의 다양한 관심 속에 탁아소가 설치되었는데, 1944년에는 조선천주교회 설립 영아보육원 3곳이 개소되었고, 1948년에는 광복 당시 10개소에

5) 오경희, 한국보육사의 고찰, 성균관대학교 생활과학대학원 석사학위논문, 2005. pp. 29-30.

불과하던 육아시설이 23개로 증가하며, 수용된 아동 수는 2,289명으로 광복 당시에 비해 약 2.8배가 증가하였다.

한국전쟁(1950~1953)으로 아동보호수용시설이 설치되었는데 이 당시의 보육사업도 이전과 마찬가지로 전쟁고아 및 유기아, 빈곤아동에 대한 사후처리와 구호차원에서 이루어졌다.

아동후생시설은 한국전쟁 직전에 다소 감소하는 경향이었으나, 전쟁 후에 크게 증가하여 다양한 유형의 아동보호시설이 설치되고, 시설 수와 수용인원도 점차 증가하였다. 1960년대 초반까지 아동보호시설은 증가하였고, 시설운영에 관한 재정은 국고와 외국 원조에 의존하였다. 시급히 해결해야 할 문제 가운데 하나로 대두된 것은 각 보호시설에 있는 연장아동의 사회진출이었다.

국내의 민간단체들은 고아, 기아, 부랑아동을 위한 아동보호시설을 설립하여 이들을 보호하였다. 뿐만 아니라 탁아소가 증가하면서 이 시설들을 합리적으로 지도·감독할 행정적 필요가 발생하여 1952년 10월 '후생시설요강'이 마련되었다. 후생시설은 직장을 가진 부모들의 자녀를 일시적 또는 일정기간 동안 위탁, 보호할 수 있다고 보호내용을 정의하였는데, 이런 정의는 '낮 시간 동안의 보호'라는 개념을 넘어 현재 24시간 보육과 유사한 '위탁'의 개념으로 볼 수 있다. 그러나 이 시기의 탁아설립 목적의 취지를 제대로 달성하지 못하고 미분화된 시설보호에 그쳤다.

1945년 해방 이후 한국전쟁에 이르기까지 사회는 정치적으로 매우 혼란하고 경제적으로 최빈국의 신세를 면하지 못했다. 전쟁은 수많은 고아와 기아를 양산함으로써 보육사업은 예방적 기능이 아닌 응급구호적 기능을 수행하는 등 제한적 역할에 한정되었으나, 아동에 대한 복리가 사회적 책임이라는 인식이 본격화된 시기이기도 하다.

1952년 '후생시설요강'에서 빈민 아동의 탁아나 고아들의 구호를 위한 사업 규정이 마련되었고, 이후 1960년대 정부의 경제개발정책에 따른 여성 노동력의 필요와 더불어 탁아시설의 증설과 체계적인 정비의 요청에 따라 1961년 제정된 '아동복리법'과 아동복지 증진과 보장을 명시한 1962년의 '아동복리시설설치기준령'이 제정되면서 우리나라의 보육사업은 관계 법령의 마련으로 후진적 형태에서 발전적 형태로 진일보하게 된다.

정리하면, 이 시기에는 부분적으로 실행된 탁아프로그램이 소극적으로 이어져 오다 1961년 아동복리법의 제정과 함께 비로소 국가차원의 보육정책이 시작되었다는 것이 가장 큰 특징이다. 이 시기 동안 탁아시설의 설치기준, 보호내용, 탁아기간, 직원 등에 대한 규정이 마련되면서 보육사업이 시작되는 단초가 되었다. 그러나 이시기의 보육은 구호차원의 보육의 특성이 강하였다.

3. 전환기: 아동복리법 제정(1961~1981)

1950년대까지 임시구호적이고 구빈적인 성격을 벗어나지 못한 보육시설은 1961년 '아동복리법' 제정을 계기로 법정시설로 정부의 지도·감독을 받게 되어 예방적 차원의 보육이 전개되기 시작하였다.

당시 탁아시설의 수는 1960년대 24개소, 1966년에는 116개소, 1968년에는 292개소에 달했고, 수용 아동수는 25,443명에 이르렀다. '아동복리법'에서는 탁아 시설의 설치 기준, 직원 배치 기준, 탁아기간, 보호내용 등을 구체적으로 규정하였으며 1962년 '아동복리시설기준령'에는 아동 복지 증진과 보장을 위한 내용이 명시되었다.

1960년대에는 '경제개발 5개년계획'에 의하여 급속도로 산업화가 진행되어 취업여성이 증가하고 보육문제가 사회문제로 대두되기 시작하여 1968년 3월에는 아동복지법 시행령 제2조 제9항에 근거한 '미인가 탁아시설 임시조치령'을 공포하였다. 이 조치는 민간 탁아시설의 설치를 적극 권장하여 1960년 24개소이던 시설이 1970년대에는 600여개에 달하는 양적 확대를 가져왔다.

'탁아소'라는 명칭이 일제 식민지 치하에서 만들어진 명칭으로 아이를 단순히 맡겨놓는 곳으로의 오해의 소지가 있어 명칭을 '어린이집(children's house)'으로 변경하게 되었는데 '어린이집'이라는 명칭은 어린이가 집에서처럼 놀고 배우고 사랑받는 곳이라는 의미가 내포되어 있다는 측면에서 바람직한 용어 선택이라고 하겠다. 또한 어린이집 운영에 따른 인건비·운영비 등을 지원하여 양적 확대를 유도함으로써 보육시설이 대거 설치되면서 경제개발로 인한 여성 근로자가 늘고 있는 상황에서 보호의 공백이 발생할 수 있는 아동을 탁아·보호하기 위한 아동복지 향상을 도모한 결과이다. 그러나 '어린이집'에 관한 법적 규정에 '보호위주의 시설'이라는 점은 학부모의 교육적 기대에 불충분하였고, 중산층 맞벌이 부부들이 이용을 감소시킨 원인이기도 하였다.

1969년에는 사단법인 '어린이집협회'가 조직되고, 1970년에 잡지 '어린이집'을 창간하여 어린이집이 단순히 아동을 보호하는 것만이 아닌 아동의 건전한 성장과 발달을 위하여 유아교육적인 차원에서 접근한다는 설립목적을 지속적으로 홍보하기 시작하였다.

'미인가 탁아시설 임시조치령'으로 많은 어린이집이 설립되기는 하였으나, 시설환경, 교사자격 및 프로그램 등 운영전반에 걸쳐 발생한 질적 문제는 해소되지 못하였다. 이 결과 보육시설의 질적 향상을 위하여 1977년 '사회복지사업법' 제6조 제2항을 개정하여 탁아시설의 법인화를 강조하면서 '미인가 탁아시설 임시 조치령'이 폐지되었다. 이 조치로 어린이집의 설립이 주춤하면서 맞벌이 부부 자녀들의 증가 추세에 맞춰 정부는 아동을 보호하기 위한 다목적 어린이집을 개방하면서 수탁료를 받을 수 있는 '탁아시설 운영 개선방안'을 마련하였다. 그러나 어린이집이 탁아시설의 기능과 교육이 포함된 관점으로 출발한 것은 바람직하였지만 홍보와 인식의 부족으로 부모들이 유치원의 대체물로 활용했다는 점이다.

〈표 3-1〉 보육 연혁(1921~1982)

연도	정책내용	비고
1921	■ 태화기독교사회관에서 저소득층 자녀 위주의 탁아사업 실시	구빈적 성격
1961~1982	■ 아동복리법 제정 -아동복리법에 의거 보건사회부가 탁아관리 -어린이집 691개소 설치 및 운영	아동복리적 성격
1981	■ 아동복리법을 아동복지법으로 전문 개정	사회복지적 성격
1982	■ 유아교육진흥법 제정 -어린이집, 새마을협동유아원 및 농번기탁아소를 새마을유아원으로 흡수·통합	여성복지적 성격

정리하면, 이 시기는 아동복지서비스로서의 보육으로 어린이집이 시작하는 시기이다. 본격적으로 보육사업이 실시된 것은 1961년 '아동복리법'이 제정되면서부터 1981년 어린이집이 '유아교육진흥법'에 따라 유아교육기관으로 흡수되기 이전까지이며, 보육사업에 있어 일대 전환기의 시점이기도 하다. 아동복리법에서는 탁아소를 처음으로

법적 아동복지시설로 인정하고 보육시설의 설치기준이나 직원의 배치기준, 보육기간, 보호내용 등이 구체적으로 명시되면서 구빈사업적인 성격에서 벗어나 아동 복지를 증진시키기 위한 시설로서 정착하게 되었다. 이때부터 아동을 차후 성장할 미래의 인력으로 인식하면서 1968년부터는 탁아소를 '어린이집'으로 명칭을 변경하여 현재에 이르고 있다.

4. 정비기(1981~1992)

1) 유아교육진흥법의 제정

제5공화국은 "복지사회 건설"을 국정지표로 삼고 1981년 4월 '아동복리법'의 전문개정 및 개칭으로 '아동복지법'을 시행하였다. 이 법은 국가와 지방자치단체가 아동의 건강과 복지증진을 위하여 노력해야 하고, 그 시책을 시행해야 하며 아동의 보호자는 아동을 성장 시기에 맞춰 건강하고 안전하게 양육해야 함을 취지로 삼고 아동복지의 이념에 따른 실천의지를 나타낸 법률이다.

〈표 3-2〉 보육 연혁(1981~1987)

연도	정책내용	비고
1982	■ 유아교육진흥종합계획 발표 ■ 유아교육진흥법 제정	여성복지적 성격
1987	■ 노동부에서 남녀고용평등법에 따라 직장탁아제 도입	산업복지적 성격

1982년 '유아교육진흥법'의 제정과 함께 보육 사업은 일대 변화를 경험하게 되는데, 그동안 보건사회부(어린이집 691개소), 내무부(새마을 협동 유아원 263개소), 농촌진흥청(농번기 탁아소 382개소) 등 여러 부처에서 관장하던 탁아기관을 '새마을 유아원'으로 통합하고 주무부서로 내무부가 관장하도록 하였다. 즉, 보육시설들을 일원화하여 체계적으로 정비・관리하고 유아교육을 발전시킬 수 있는 법적 근거를 마련하게 된 것이다. 그러나 문교부(현 교육부) 관할의 '유치원'과 내무부(현 행정자치부) 관할

의 '새마을 유아원'으로 이원화하여 '유치원'은 교육기능을, '새마을 유아원'은 보육기능을 담당하게 하면서 행정력 중심으로 새로운 전환을 도모했다는 점에서 기능적 의의는 있으나, 종전의 탁아시설로서 지니는 서비스 성격은 퇴색하고 교육의 기능이 강화된 '유치원'과 '새마을 유아원'만이 유아교육기관으로 존재하게 되었다는 점은 취업모 아동에 대한 보호 및 보육 기능 대신 교육 기능만을 강조하여 영유아보육의 사회복지적 성격 측면에서 바람직하지 못하다고 할 수 있다.

'유아교육진흥법'은 질적 수준의 향상, 교육적 기능 수행 등 교육을 강조하면서 영유아 복지의 약화, 증가되는 보육수요의 미충족, 취업모 아동에 대한 보호·보육적 기능의 제거로 실질적 수요자의 욕구 파악이 배제되는 등 부정적인 정책으로 평가되고 있다. 이 법에 따라 설치된 '새마을 유아원'의 문제점은 짧은 운영시간에서 기인하는 취업모의 근로시간이 배려되지 못하고, 시설의 설치 목적이 맞벌이 부부 및 저소득층 자녀를 보호하고 교육하는 기능을 병행하는 것이었으나 실제 대부분이 반일제로 운영되는 등 유치원의 운영과 유사하여 시설의 양적 확대에도 불구하고 저소득층 맞벌이 부모의 보육부담을 완화시켜 주지 못하는 문제가 발생하게 되었다. 이에 보건사회부에서는 대대적인 보육사업의 확충을 수립·추진하게 되었다.

〈표 3-3〉 유아교육진흥법 시행으로 변화된 사항

구분	기존 체제	개편 체제
관계 법령	아동복지법	유아교육진흥법
주무 부서	보건사회부	내무부
시설 명칭	어린이집	새마을유아원
성격	보호시설	교육시설
용어	탁아	유아교육
기능	보호·보육	교육
대상	0~6세 저소득층 및 취업모 아동	4~6세 저소득층 및 일반 아동
보육시간	종일제(8시간 기준), 방학 ×	종일제 원칙(주로 반일제), 방학 ×
비용	국가 보조 및 사용자 일부 부담	국가 보조 및 사용자 일부 부담
종사자	시설장	원장, 교사, 보육사 등

출처: 이소희(2005), p. 95 재인용.

정리하면, 이 시기는 복지서비스와 인지적 발달을 중시한 교육서비스로 확대되면서

'새마을유아원'이 설립되기 시작하였다. 정부는 1982년 '유아교육 진흥 5개년 계획'을 확정 발표하고 유치원을 제외한 모든 유아교육 시설을 '새마을 유아원'으로 명칭을 변경하였다. 또한 1987년 '남녀고용평등법'을 제정・시행하면서 직장 탁아에 대한 법적 근거를 마련하고 공단 근로자의 자녀를 우선적으로 보육하도록 하였으며 '직장 탁아제'를 도입하여 현대 아동복지에 근접한 형태를 띠기 시작하였다.

2) 보육정책의 준비

노태우 정부(1988~1992)는 당시 국민들의 민주주의에 대한 열망과 국회에서 '여소야대' 정국의 형성 및 국제적인 상황에 발맞추기 위하여 보육정책의 정착을 위한 많은 준비를 시작하였다. 우선 1987년 노동부에서 '남녀고용평등법'을 제정・공포하였는데, 이 법의 제정 사유는 여성노동력을 경제시장에 활발하게 참여하도록 하는데 있었으며, 그 결과 1987년 15세 이상 여성 인구 가운데 약 45%가 경제활동에 참여하게 된다. 여성들의 경제활동을 촉진하기 위하여 탁아시설들이 다수 설치되는 등 현대사회의 여성 노동시장 형성과 더불어 보육서비스 정착을 위한 준비가 시작되었다.

1989년 9월 '아동복지법 시행령'을 개정하여 아동의 바른 육성과 저소득층 맞벌이 부부에 대한 지원 조항이 마련되었고, 1990년 '아동복지법 시행규칙'의 개정으로 탁아시설의 설치기준과 운영방법 등을 규정하여 대대적인 탁아사업의 확충계획을 마련하였다. 1990년 12월에는 '영유아보육법'이 국회에서 통과되고 1991년 제정되었다.

영유아보육법의 제1조 보육의 목적을 "보호자의 근로 또는 질병, 기타의 사정으로 인하여 보호하기 어려운 영아 및 유아를 대상으로 영유아의 심신의 보호와 교육 및 보호자의 사회, 경제적 활동을 돕는 것"으로 정의하면서 '보육'이 국가적 책임임을 명시하고 있다.

또한 보육의 대상을 전통적인 아동의 가정양육 원칙과 자유민주주의 이념에 따라 맞벌이로 인하여 보호자가 보육하기 어려운 영유아(12세까지)로 확대하여 불필요한 국가 개입을 최소화하고, 교육법에 따른 유치원과 그 구분을 분명하게 하였다.

〈표 3-4〉 보육 연혁(1988~1992)

연도	정책내용	비고
1989	■ 아동복지법시행령에 탁아사업 실시 근거 부활	여성·아동복지적 성격 법·제도 및 보육인프라 구축
1991	■ 영유아보육법 제정·공포 -보육사업 주관부처를 보건사회부로 일원화 -보육시설의 인가제(가정어린이집은 신고제) 도입 -저소득층 밀집지역을 중심으로 보육시설 충원 -일반지역의 민간 보육시설 육성 -보육 프로그램, 교재 개발 및 보육 종사자의 교육 강화 ■ 영유아보육법 시행령 제정·공포 -탁아시설의 설치·운영규정 폐지	
1992	■ 영유아보육법 시행규칙 개정 -시설 및 종사자 기준 완화	

이 시기는 보육정책의 준비기로서, '탁아'에서 '보육'으로의 발전기이기도 하다. 영유아의 보호를 넘어서 보육이 보호와 교육의 결합으로 그 역할이 확대되었다. 관장부서를 보건사회부로 일원화하여 체계적인 사업추진의 토대를 구축하였다. 그러나 탁아시설의 설치기준과 운영방법 등을 규정하여 대대적인 탁아사업의 확충계획을 마련하였으나 탁아시설은 법인으로 자격을 한정하였고, 사업의 주관부서가 일원화되지 않는 등 사업추진의 효율성이 높지 않다는 문제점이 드러났다.

5. 발전기(1993~현재)

1) 보육정책의 양적 확대

제6공화국(1988～현재)의 초기에는 기혼 여성의 취업률이 급격히 증가하고 탁아 요구가 크게 증가하였다. 이에 정부는 증가하는 보육 수요에 대처하고 건전한 맞벌이 가정의 사회경제적 활동을 지원하기 위해 보육시설 확충을 위한 대책을 마련하게 되었다. 이에 1990년 12월 각계각층의 의견을 수렴하여 '영유아보육법안'이 국회에서 통과되고 1991년 1월 '영유아보육법'이 제정·공포되면서 보육사업의 질적 향상을 위한 토대가 구축되었다. 그동안 문교부, 보건사회부, 농촌진흥청 등 3개 부처로 분산되었던 탁아사업이 보건사회부로 일원화되고 '탁아'라는 용어가 '보육'으로 변경되었고, 보육은 보건사회부에서 관장하게 되면서, 내용도 종전의 탁아에서 보호와 교육을 통합한 보육으로 기능이 확대되었다.

'영유아보육법'의 제정으로 어린이집과 유치원이 이원화되면서 민간 보육시설은 유치원과 경쟁해야 하는 상황이 되었고, 어린이집 이용 학부모의 교육 기능 강화에 대한 요구로 민간 보육시설은 여러 면에서 운영상의 어려움이 가중되었다.

〈표 3-5〉 어린이집과 유치원의 비교

	어린이집	유치원
목적	▪ 가정을 대신하는 보호·교육기관 ▪ 보호자가 노동, 질병, 기타 사정으로 보호하기 어려운 영유아의 심신의 보호·교육을 통하여 건전한 사회성원으로 육성 ▪ 보호자의 경제적 사회적 활동을 원활하게 하여 가정복지 증진에 기여 ▪ 사회적 필요에서 설치	▪ 유아담당 교육기관 ▪ 유아에게 알맞은 교육환경을 제공함으로써 심신의 조화로운 발달 조장 ▪ 교육적 필요에서 설치
기능	▪ 자녀의 보호양육이 불가능한 부모를 대신하여 아동을 보육함으로 아동 및 가정복지 증진에 기여 ▪ 여성의 노동시장 참여를 가능하게 하여 간접적으로 소득지원 ▪ 바람직한 양육환경 및 집단생활의 경험을 제공함으로써 아동발달에 기여 ▪ 신체적 안전 및 보호, 교육적 기능을 담당함으로써 총체적 서비스 제공	▪ 조기 교육을 통한 교육 기초 확립 ▪ 잠재능력 조기 개발
대상연령	▪ 0~6세 미만의 취학전 아동 ▪ 6~12세(방과후 프로그램)	▪ 만3~6세 미만
보육(교육) 일수	▪ 연간 300일(법정공휴일 제외한 전일)	▪ 연간 180일
보육(교육) 형태	▪ 주로 전일제 ▪ 반일제, 시간제, 야간보육, 24시간 보육	▪ 주로 반일제 ▪ 종일제
종사자 자격	▪ 보육교사	▪ 유치원 교사

출처: 공인숙 외(2005), p. 247 재인용.

그러나 법 제정으로 보육 사업은 '아동복지법'(보건사회부), '유아교육진흥법'(내무부, 교육부), '남녀고용평등법'(노동부)으로 분산되어 있던 법 체계나 주무 부서를 독립법(영유아보육법) 체계 아래 '보건사회부'로 일원화하여 본격적인 제도적 기반을 구축하고 보호와 교육을 통합한 사업으로 확대, 발전하게 되었다.

그 결과 1990년 말에 1,010개소이던 보육시설의 수가 2017년 12월 현재 40,238개소에 이르고 있고, 이용 아동의 수도 1990년 48,000명에서 전년 기준 0.1% 감소하였으나 2017년 12월 현재 145만 여명의 아동이 이용하면서, 1991년 '영유아보육법' 제정된 이후 보육 사업은 양적 발전을 이루었다.

'영유아보육법'에 따라 모호했던 보호와 교육을 통합하여 '보육'이라는 발전된 개념으로 전환하였고, 보육내용도 아동교육, 영양, 건강, 안전 등의 보호와 교육 또는 부모교육, 지역사회와의 연계까지 포괄하는 종합적인 서비스를 제공하도록 하였다. 저소득계층 및 맞벌이 가정 중심에서 중위 계층 이상의 아동을 포함하도록 함으로써 모든 가정의 아동이 동일한 서비스를 받도록 하여 보편적인 성격을 띠게 되었다. 주목할 만한 점은 0~12세까지 아동의 연령을 연장하여 보호조치한 점이다. 이는 여성노동력 및 가정의 경제적 활동을 도모하기 위한 조치로 풀이된다.

김영삼 정부(1993~1997)는 국가경쟁력 강화의 일환으로 경제발전을 위한 제반 정책들 가운데 보육서비스의 확충을 추구하였다. 정부는 '세계화', 특히 '삶의 질 세계화'를 추구하였는데, 복지 부분의 세계화란 복지국가들이 경쟁력을 유지하기 위하여 사회복지에 대한 국가의 역할을 축소하고 '잔여적 복지모델[6]'을 추구하는 것이었다. 김영삼 정부의 보육정책은 15세 이상 여성 경제활동 참여율이 높아지자 지속적인 보육수요 확대에 대처하기 위해 획기적인 '보육시설 확충 3개년 계획'을 수립하면서 이 계획에 따라 보육시설은 양적으로 팽창하였다. 1995년부터 1997년까지 보육시설 확충 3개년으로 설정하고 약 1조 3천억 원의 국민연금융자제도를 마련하여 토지나 재산을 소유한 무자격자들에게 보육시설 설치비를 저리로 대여하여 시설을 설치하게 하고 단기 보육시설장 양성과정을 수료하게 하여 시설장이 될 수 있도록 함으로써 보육시설의 양적 확충에도 불구하고 질적 저하를 초래하는 결과를 가져왔다.

6) 가족 또는 시장과 같은 정상적인 공급구조가 제 기능을 하지 못하는 경우에만 활동하는 것으로 초기 산업사회와 자유방임주의 국가에서 나타났다. 사회복지 제공에 있어서 정부의 역할은 최소화하고, 빈민과 같은 한정된 취약계층을 대상으로 하여 사회적으로 최저한의 급부를 주는 역할만을 수행한다. 사회복지의 급여수준은 낮고, 수급을 받기 위해서는 까다롭고 치욕감(stigma)을 주는 자산조사에 의존해야만 한다. 개인주의, 개인의 책임, 경쟁 등의 이념이 강조되는데, 개인의 욕구를 비정상적인 것으로 간주하며, 선별주의 선호한다. 대표적인 예로 소수 빈곤층을 대상으로 하는 공공부조가 있다.

〈표 3-7〉 보육연혁(1993~1997)

연도	정책내용	비고
1994~1996	▪ 영유아보육법 시행령 개정 -각종 시설설치기준과 종사자 기준의 완화 및 보육교사의 전문성 향상 -보육교사 양성교육 시간을 800시간에서 1,000 시간으로 강화 -직장보육시설 설치의무대상 확대 ▪ 영유아보육법 시행규칙 개정 -보육시설 규모 조정 -종사자 기준 자율화 -보육시설 설치 신청서류 간소화 -보육교사 교육훈련제도 강화	신자유주의적 복지를 추구한 양적성장 위주의 보육정책
1994~1997	▪ 근로여성복지기본계획 -직장보육시설 설치지원 강화	
1995~1997	▪ 보육시설 확충 3개년 계획	
1997	▪ 영유아보육법 개정	

정리하면, 이 시기는 우리나라 보육정책이 획기적으로 발전하는 전기가 마련된 시기이다. 1991년 '영유아보육법'이 제정되어 보육정책의 확실한 법적 근거가 마련되었고, 1995~1997년까지 실시된 '보육시설 확충 3개년 계획'에 따라 보육시설 및 보육아동 수가 대폭 증가하였다.

〈표 3-8〉 보육시설 확충목표(1995~1997년)

1995년(개소)	1996년(개소)	1997년(개소)	1995~1997년(개소)
▪ 보육시설 확충(2,246) -공공보육시설(1,000) -직장보육시설(446) -민간보육시설(800)	▪ 보육시설 확충(2,696) -공공보육시설(1,050) -직장보육시설(446) -민간보육시설(1,200)	▪ 보육시설 확충(2,648) -공공보육시설(1,100) -직장보육시설(548) -민간보육시설(1,000)	▪ 보육시설 확충(7,590) -공공보육시설(3,150) -직장보육시설(1,440) -민간보육시설(3,000)

자료: 한국여성개발원, 1999.

당초 정부는 1995년부터 1997년까지 확충하고자 했던 보육시설은 7,590개소로 공공보육시설 3,150개소(41.5%) 직장보육시설 1,440개소(19.0%), 민간보육시설 3,000개소(39.5%)였다. 사업수행 결과 전체적으로 목표 7,590개소 확충 대비 실적 8,928개소 확충으로 목표 대비 117.6% 초과 달성한 것으로 나타났다. 그러나 실적을 보육시설 유형별로 살펴보면 공공보육시설은 계획대비 53.1%, 직장보육시설은 계획대비

8.4%, 민간보육시설은 계획대비 237.8% 목표를 달성하여 보육시설의 확충이 주로 민간에 의존하여 이루어졌음을 분명하게 알 수 있다. 정부가 추진해 왔던 보육시설 확충계획은 전체적으로는 목표를 달성했다고 할 수 있으나 세부 유형별에서는 민간보육시설의 확충실적을 제외하고는 공공보육시설, 직장보육시설 모두 정책의 실적이 미흡하다고 평가된다.

그러나 당시 보육 사업에 대한 지원과 관리는 주로 공공보육시설에 준하여 이루어졌고 민간보육시설에 대한 지원 및 관리는 거의 이루어지지 않은 상황 속에서 보육시설들이 민간보육시설을 중심으로 확대되고 있다는 것은 우리나라 보육사업이 보육시설 확충계획으로 인한 보육사업의 체계화 및 보육서비스의 수준 향상에 역효과를 초래할 소지가 있어 이에 대한 대책마련이 시급한 상황이었다. '보육시설 확충 3개년 계획'에 따라 보육시설들이 증가하여 부모들이 보육시설들에 대한 접근성이 용이해진 효과가 있었으나 시설 확충을 민간에 의존했던 점은 실제적으로 많은 문제를 발생시켰다.

정리하면, 김영삼 정부는 보육에 대하여 국가가 보다 적극적으로 책임을 져야 한다는 공공성이 주장되면서 보육시설의 양적 팽창이라는 결과를 가져왔지만 질적인 부분은 고려되지 못했다는 평가를 받는다.

2) 보육정책의 질적 성장

우리나라 아동보육은 현재까지 육아에 대한 의무를 모(母)와 가족에게 전가하는 경향이 있었으나, 출산율 저하와 여성의 사회경제적 진출이 활발해 지고, 사회 내 일·가정 양립을 위한 육아휴직제의 도입, 남성의 가정 내 역할 변화 등이 이루어지면서 보육은 가정의 일이 아닌 국가 및 사회의 책무로 인식하기에 이르렀다.

김대중 정부(1998~2002)의 출범과 함께 대두된 가장 큰 당면과제는 'IMF 구제금융'에서 벗어나는 것이었다. 이를 위해 시장경제와 생산적 복지가 국정지표로 도입되면서 근로연계 복지사업은 생산적 복지의 성격을 가장 잘 보여주는 정책으로 부각되었고, 여성의 생산적 활동을 지원하는 정책인 보육정책은 여성의 일과, 가사, 육아의 양립을 지원하면서 여성 인력을 노동시장으로 적극적으로 유입시켜 경제발전의 원동력으로 삼고자 하였다.

김영삼 정부 시절 보육정책의 양적 확대에서 나타난 문제점을 보완하고 질적 수준을 높이는 방향으로 보육정책이 선회하면서 보육서비스 향상을 위한 다양한 노력을 전개하였다. 1995년부터 1997년까지 보육시설 확충 3개년 계획에 따라 보육사업 전반적인 양적 확대에는 성공하였으나 영아보육시설의 부족, 지역별 불균등 분포, 서비스의 다양성 부재 등 노출된 많은 문제점이 발생하였고, 문제해결을 위하여 보육사업의 질적 개선을 위한 방안으로 장애아 전담 보육시설의 강화, 민간 보육시설의 교재·교구비 지원, 보육료 특별 소득공제 신설, 저소득층 보육료 추가지원 등을 시도하였다.

1998년에는 지난 김영삼 정부의 3개년 계획에 대한 평가를 실시하여 이 결과를 바탕으로 2001년 '보육발전위원회 기획단'을 구성하여 보육정책 전반에 걸친 보육 과제에 대한 연구를 실시하였고, 2001년 말에는 '보육사업 중·장기 종합발전계획'을 수립하였다. 이 계획에 따르면 정책과제로 국공립보육시설의 확충, 보육아동분담률 제고, 보육료 지원수준과 지원아동 수 확대, 만5세아 무상보육 단계적 확대, 영아보육시설의 확충, 장애아보육의 확충 및 내실화, 방과후보육의 확충, 직장보육시설의 확충 및 내실화를 위한 '아동 및 보호자가 만족하는 질 높은 공보육 기반 구축', 보육인력의 자격기준 강화, 보육교사 양성체계의 재정립, 보육교사 보수교육체계의 확립, 보육교사의 처우 개선 등의 '보육인력의 전문성 제고 및 처우 개선', 표준보육과정의 개발 및 보급, 물리적·인적 보육환경의 개선, 편리하고 다양한 보육서비스 제공(시간제보육, 24시간 보육, 휴일보육시설의 확충) 등 '안전한 보육환경 및 체계적이고 다양한 프로그램 제고', 보육전담공무원 배치의 의무화, 보육행정업무의 표준화 및 전산화, 보육정보센터 설치의 의무화, 보육행정 및 지원체계의 확충 및 정비 등 '편리하고 효율적인 보육행정지원체계의 구축'을 제시하였다.

2002년 상반기에는 '보육사업 활성화 방안'을 제시하였으나, 처음에 계획했던 대로 보육정책의 질적 성장은 심도 있게 추진되지 못했고 오히려 보육료 상한선을 폐지하는 등 '보육의 시장화' 논란만 발생하였다.

정리하면, 김대중 정부는 이전 정부의 양적 확대에 따르는 부가적인 조치들을 시도했으나 가시적인 상과를 보여주지 못했고, 그럼에도 불구하고 노무현 정부의 보육정책 발전의 토대를 구축하는데 기여했다.

〈표 3-9〉 보육연혁(1998~2002)

연도	정책내용	비고
1998	▪ 영유아보육법 시행령 개정 -무상보육실시 대상지역 설정 -직장보육시설 및 종사자 기준 완화 -장애아 전담 보육시설 종사자 기준 변경 -종교단체의 장이 부설 보육시설장 겸임 가능 규정 신설 -외국에서 취득한 시설장 및 보육교사 1급 자격 인정 근거 마련 ▪ 여성인력 촉진과제 마련 ▪ 보육기관 설치 신고제로 전환	보육정책의 질적 성장 시도
1998~2002	▪ 제1차 여성정책 기본계획 수립	
1999	▪ 영유아보육법 시행규칙 제정 -보육시설 종사자 교육훈련 시설규정 조항 삭제 -비용수납한도액을 보건복지부장관이 정하는 표준보육단가로 정하도록 하는 조항 삭제 -직장보육시설의 시설장을 시설장 자격이 있는 사업주 또는 임직원이 겸임할 수 있도록 허용	
2001	▪ 보육사업 중·장기 종합발전계획 수립 -보육수요의 완전 충족 -정부 보육재정 분담률 확대	
2002	▪ 보육사업활성화 방안 마련	

3) 보육정책의 도약

김대중 정부에 이어 진보적인 노무현 정부(2003~2007)는 많은 정책들이 연계성을 갖게 되는데, 보육정책 역시 전 정부와 마찬가지로 질적인 성장을 추구하였다. 노무현 정부는 가시적인 보육정책의 질적 수준 향상과 수요자 중심의 보육 정책으로의 전환이라는 두 가지 특징을 보여 주고 있는데 '선별주의적 보육'에서 '보편주의적 보육'으로 전환을 모색하였다. 질적 성장을 위한 시도로 2004년 1월 '영유아보육법'을 전면적으로 개정하게 되면서 담당 부서를 보건복지부 영유아보육과에서 보육정책국으로 개편하게 되었다.

영유아보육법 전문 개정안을 살펴보면 "여성의 사회참여 확대, 가족구조의 변화 등으로 인해 영유아 보육에 대한 수요가 증가함에 따라 보육시설 종사자의 자격기준을 강화하고, 영유아 보육시설 설치·운영을 종전 신고제에서 인가제로 전환하는 등 영유아 보육에 대한 공공성을 강화하도록 하는 한편, 영유아보육제도의 운영상 나타난 일부 미비점을 개선·보완"하기 위한 조치였다. 그 주요 내용을 살펴보면 다음과 같다.

첫째, 보육정책의 기본방향에 관한 심의와 관계부처간의 의견을 조정을 위하여 국무총리 소속하에 보육정책조정위원회를 두고, 보육에 관한 각종 정책·사업·보육지도 등을 심의하기 위하여 보건복지부에 중앙보육정책위원회를, 시·도 및 시·군·구에 지방보육정책위원회를 두도록 하였다.

둘째, 국·공립보육시설 외의 보육시설을 설치·운영하고자 하는 자는 시장·군수·구청장에게 신고하도록 하였으나, 앞으로는 시장·군수·구청장의 인가를 받도록 하여 질적인 제고를 고려하게 되었다.

셋째, 보육교사는 대학에서 일정한 보육관련 교과목 및 학점을 이수하거나 일정한 교육훈련시설(보육교사교육원)에서 소정의 교육을 받은 자로서 보건복지부장관이 검정·수여하는 자격증을 받은 자로 하되, 보육교사 자격의 등급은 1급 내지 3급으로 구분하였다.

넷째, 국가 또는 지방자치단체와 사회복지법인 그 밖의 비영리법인이 설치한 보육시설과 대통령령이 정하는 보육시설의 장은 영아·장애아 등에 대한 보육을 우선적으로 실시하도록 하고, 국민기초생활보장법에 의한 수급자와 보건복지부령이 정하는 저소득층의 자녀가 우선적으로 보육시설을 이용할 수 있도록 하면서 취약계층 보육을 강화하게 되었다.

다섯째, 영유아의 발달 등을 종합적으로 관찰·평가하여 영유아의 생활지도 및 초등학교 교육과의 연계지도에 활용할 수 있도록 하기 위하여 보육시설의 장으로 하여금 생활기록부를 작성·관리하도록 하였다.

여섯째, 보건복지부장관은 자격이 없는 자를 채용한 보육시설의 장등에 대하여 업무를 정지시키거나, 허위 또는 부정한 방법으로 자격증을 취득한 보육교사의 자격을 취소할 수 있도록 하는 등 영유아 보육 종사자 등에 대한 감독을 강화하였다.

뿐만 아니라 2004년 6월에는 '제1차 육아지원 정책방안'이 마련되고, 2005년 5월에는 여성가족부 신설과 함께 '제2차 육아지원 정책방안' 마련과 보육시설평가인증제가 도입된다. '제2차 육아지원 정책방안'은 고령화 및 미래사회위원회에서 "출산율 제고 및 여성경제활동 참가"에 대한 대책을 발표하고 '보육시설 표준보육료' 산정을 하게 되었다.

노무현 정부는 '제1차 중장기보육계획(2006~2010) '새싹플랜'을 발표하였는데, 보육의 공공성 강화와 양질의 보육서비스 제공을 정책목표로 공교육 기반조성, 부모 육아 부담 경감, 다양한 보육서비스 제공, 아동중심의 보육환경 조성, 보육서비스 관리체계 등의 정책과제를 제시하였다. 노무현 정부는 보육정책의 질적 발전을 위하여 정부 차원에서 적극적으로 계획을 수립하고 구체적인 방안을 마련하여 실천하기 위해 노력했고, 그 성과도 나타났다는 점에서 이전까지의 정부들과의 차별점이라 할 수 있다. 그러나 지역별 접근성, 비용부담의 적절성 등의 요건을 만족시키지 못하는 등의 문제가 표출되었다.

〈표 3-10〉 보육연혁(2003~2007)

연 도	정책내용	비 고
2002~2007	▪ 제2차 여성정책 기본계획에 따른 양질의 보육서비스를 위한 제도적 기반 마련	보편주의적 보육정책 강화
2004	▪ 보육시설의 인가제 ▪ 보육업무 여성부로 이관 ▪ 영유아보육법 전면 개정 ▪ 제1차 육아지원정책 발표 -육아부담을 소득에 따라 50% 경감 -1년간 육아휴직 -평가인증제 도입 -보육국가자격제도 시행	
2005	▪ 제2차 육아지원정책 발표 -표준보육료·교육비 산정 -영아기본보조금 시범사업 도입	
2008	▪ 새싹플랜 발표 -국·공립어린이집 2010년까지 2배로 확충 -기본보조금 확대 지원 -차등보육료를 평균소득 130% 이하까지 확대 ▪ 새로마지 플랜 발표 -국·공립어린이집 시설 30% 확충 -영아기본보조금 도입 -차등보육료 확대, 만5세 무상보육 확대, 아동수당 도입 검토	

정리하면, 이 시기의 특징은 저출산 및 고령화 사회로의 진입과 함께 보육이 국정

과제로 인식되어 국가적 차원에서 접근하기 시작하였다는 점이다. 또한 무상보육, 보육비용의 국가부담, 우선보육의 실시 등을 통한 보육의 공공성 확보와 평가인증제 실시, 보육교사 국가자격증제도의 도입, 보육시설 인가제 등을 통한 보육의 질 향상 정책 등을 추진하였다.

4) 신자유주의적 보육정책의 출현(2008~2012)

김대중 정부가 보육 및 가족, 여성을 위한 복지정책을 확충했다면, 노무현 정부는 여성가족부를 출범시키면서 저출산 대책, 고령화 문제 등의 시급함을 인식하고 2006년 모든 주체가 참여하는 사회적 협약기구를 만들어 보육정책의 실질적 발전을 위한 노력을 전개하였다.

그러나 이명박 정부(2008~2012)는 이전 정부와의 차별성을 강조하고 경제 활성화 방안으로 신자유주의[7]에 입각한 복지노선을 전개하였다. 집권 당시 여성의 경제활동 비율이 49.9%에 이르렀고, 합계 출산율이 1.192명이라는 보육정책의 발전을 필요로 하는 사회경제적 요인들과 더불어 '효율, 선택, 경쟁'을 바탕으로 수요자 직접지원, 공공보육시설의 확충 포기와 민간 보육시설 활성화 등 보육의 공공성을 약화시키는 대신 시장화, 자율화, 계층화된 보육방식을 차선책으로 제시하였다.

여성계의 반대에도 불구하고 여성가족부의 폐지를 시도했고 결국 여성부로 축소시키며, 이전 정부의 보육정책에 관한 사회적 협약들을 폐기하고 사회복지 분야에 시장경쟁적 요소들을 도입하게 된다.

이명박 정부에서는 이전 정부에서 실시한 '새싹플랜'을 바탕으로 이를 수정・보완한 후 '아이사랑플랜[8]'을 2009년에 제시했다. 2009년 10월에는 '제2차 저출산 고령사회 기본계획'[9]을 발표했다. 2010년에는 육아휴직 대상을 자녀 연령을 기준으로 1~3세에서 6세로 확대 연장하였고, 육아휴직급여 정률제가 도입되었다. 제2차 표준보육과정이 수립되고, 어린이집 이용자에 대한 보육료 지원이 확대되며 시설 미이용 가구

---

7) 국가권력의 시장개입을 비판하고 시장의 기능과 민간의 자유로운 활동을 중시하는 이론.

8) 영유아 중심, 국가책임제 보육, 신뢰구축이라는 3대 목표를 설정하여 이에 따른 부모비용의 부담, 수요자 맞춤 지원, 보육의 질 제고 및 지역별 균형 배치, 보육인력 전문성 제고, 보육전달체계의 효율화, 보육사업 지원체계 구축 등 6대 추진과제를 제시.

9) 새로마지 플랜 2015(2011~2015)

에 대한 '양육수당'이 도입되었고, 어린이집 질적 제고를 위한 어린이집 평가인증제도가 활성화되었다. 보육전자바우처(아이사랑카드)와 5세 '누리과정'과 '공공형 어린이집'사업이 도입되었다.

이명박 정부 보육정책의 특징은 '효율, 선택, 경쟁'을 바탕으로 이전 정부와 차별화된 정책을 펼쳤고, 수요자를 직접적으로 지원하고 공공보육시설의 확충 대신 민간보육시설 활성화를 도모하여 보육서비스를 경쟁적인 공급을 통한 수요자의 선택에 따라 결정되는 시장에 맡기는 방식으로 시장 자체에서 서비스의 질적 향상의 노력이 이루어지도록 하는 방법을 선택했다는 점이다. 그러나 공공정책 영역에 해당되는 사회복지 분야인 보육 부문에 '시장 친화적'이라는 이질적인 요소가 도입되면서 보육의 공공성이 약화되었다는 점이 문제점으로 제기되었다.

〈표 3-11〉 **보육연혁(2008~2012)**

연도	정책내용	비고
2008	▪ 여성가족부 보육정책국이 보건복지부 보육정책관실로 재이관	신자유주의에 입각한 시장경쟁적 보육정책
2009~2012	▪ 제1차 중장기 보육계획(새싹플랜 2006~2010)을 보완·수정 -어린이집 이용자에 대한 보육료 지원 확대 -시설 미이용 가구에 대한 양육수당 도입 -어린이집 평가인증 활성화 -보육전자바우처(아이사랑카드) 도입 -보육서비스 품질 제고(보육프로그램, 아동의 건강·영양·안전 등) -5세 누리과정 도입 -공공형 어린이집사업 도입	

참고문헌

공인숙 외, 『보육학개론』, 교육과학사, 2005.
오경희, 한국보육사의 고찰, 성균관대학교 생활과학대학원 석사학위논문, 2005.
이미정 · 윤숙현, 우리나라 영유아보육정책의 변천과 발전방안, 한국보육학회지, 2006 vol.6.
이소희, 『보육학개론』, 양서원, 2005.

제 4 장

선진국의 보육정책

'영유아를 양육하기 좋은 국가는 어디일까?' 유니세프(UNICEF)가 경제협력개발기구(OECD) 회원국 등 25개국을 대상으로 유아 교육·보육 실태를 조사한 결과, 10대 기준 모두를 충족시킨 나라는 스웨덴이 유일했다. 유니세프(UNICEF)의 조사연구기관 이노첸티 리서치센터는 유급 육아휴직 유무, 취약계층 영·유아 우선 지원정책, 정부지원 서비스, 훈련 받은 교사의 비율, 교사 대비 유아 수, 유아 교육과 보육에 지원되는 공공예산 등 10개 항목을 조사해 '변화하는 육아 : 선진국의 유아 교육과 보육에 관한 보고서'를 발표했다. 이 조사에서 스웨덴은 25개 나라 중 유일하게 10가지 기준 전부를 충족시켰다. 9개를 충족시킨 아이슬란드가 2위에 올랐고, 덴마크, 핀란드, 프랑스, 노르웨이(8개 충족)가 그 뒤를 이었다. 한국은 10개 항목 중 취약계층 영·유아 우선 지원정책 등 4개 항목만 기준에 부합돼 독일과 일본, 이탈리아, 포르투갈과 함께 14위에 올랐다. 하지만 한국은 국내총생산(GDP)의 0.2%(2003년 기준)만을 유아 교육·보육에 지원해, 25개국 중 아일랜드와 함께 최하위에 머물렀다.

유니세프(UNICEF)는 이 보고서에서 25개국 중 3살 미만 어린이가 정부 지원을 받는 비율은 평균 25%이고, 3~6살 어린이 중 약 80%는 어떤 형태로든 유아 교육과 보육 지원을 받고 있는 것으로 나타났다며, 선진국의 육아 지원이 과거에 비해 상당히 강화되고 있음을 지적했다. 가정 밖에서 육아지원 혜택을 받는 1살 미만 영아도 급격한 증가 추세에 있다. 조기 교육 효과와 다른 아이들과의 상호작용 기회 확대 등의 긍정적 효과도 있지만, 부모와 떨어져 지내는 것이 어린이의 심리에 장기간 심각한 영향을 미칠 수도 있다며 부작용도 함께 언급했다. 이에 보고서는 가능하면 12개월 미만의 어린이들을 집에서 키울 것을 권고했다. 그리고 스웨덴의 경우 월급의 80%를 받고 1년 간 산후휴가를 쓸 수 있는 제도가 도입이 된 이후, 보육시설을 이용하는 대신 직접 양육이 늘었다는 점을 예로 들며 정부의 재정적 지원 필요성을 강조했다.

이 장에서는 스웨덴, 영국, 프랑스, 독일의 보육정책에 대하여 살펴보기로 한다.

1. 스웨덴의 보육정책

1) 보육의 개념

글로벌 컨설팅업체 프라이스워터하우스쿠퍼스(PwC)는 '세계 여성의 날'을 맞이하여 '2019년 직장여성 지수'를 발표했는데, OECD 국가 가운데 스웨덴이 2위를 차지하였다. 여성 정규직 고용률에 있어 스웨덴은 2017년 기준 63%, 경제활동 참여율도 78.8%(2015년 기준)에 이르고 있다.

스웨덴은 저출산 대응에 성공한 국가로 알려진 이면에는 높은 여성의 경제활동참여율과 높은 출산율이 유지되고 있는데, 이는 양성평등에 기반한 휴가제도, 잘 정비된 공공보육제도, 자녀양육비 부담 경감 등을 통해 육아를 사회화하는 등 출산·양육과 노동시장 참여간의 양립 제고에 중점을 두어 왔기 때문인 것으로 분석되고 있다.[1)]

스웨덴의 보육은 1836년 종일제 영아학교(Infant school)가 빈민구제와 영아기 교육을 목적으로 시작하면서 후에 탁아소로 전환되었다. 일하는 여성의 영아보호를 목적으로 1854년 최초의 탁아소가 설치되었다. 1935년에는 전국적으로 탁아소 확대·설치되었는데, 약 4천명의 빈민층 자녀를 대상으로 저렴한 비용으로 보호하는 것을 목적으로 자선단체에 의해 운영되었다. 1944년 탁아소에서 보육시설(child care center)로 개칭되면서 처음으로 공공재원의 보조를 받기 시작하였다. 중앙정부 '사회부'에서 담당하고, 편모가정의 자녀를 보호하는 것이 주목적이었기 때문에 자녀양육

1) 이상식, 외국의 보육·양육정책: 스웨덴 사례를 중심으로, 보건·복지 Issue & Focus, 한국보건사회연구원, 2012년 12월호.

보조금이 각 가정에 직접 전달되었다.

〈그림 4-1〉 OECD 기준 보육정책 우수국가

1968년 전국보육위원회가 제출한 보고서는 정부의 요청에 따라 교육적, 통합적, 장학적 요소에 대한 통합 방안을 제시하였는데, 이 보고서는 스웨덴의 공립보육체계를 확장하는 출발점이 되었다.

1975년 유아학교법(National Pre-school Act)이 제정되면서 공립보육시설을 체계적으로 확립하였는데, 모든 6세 아동에게 최소한 연간 525시간의 취학 전 무상교육을 제공하도록 규정하였고, 1985년에는 공립보육시설을 확충하여 대기자 명단을 감소시키려는 정치적 시도가 이루어져 부모가 일을 하고 있거나 공부하는 경우에 1991년까지 1.5~6세의 모든 아동에게 공립보육시설에 다닐 수 있는 권리를 보장하였다.

스웨덴 보육의 목적은 경제적 측면에서 새로운 이민 노동자를 받아들이기 보다는 여성 노동자를 고용하는 것이 국가 전체적으로 바람직하다고 생각했기 때문에 유급노동에 여성들이 충원될 수 있었고, 스웨덴 국민들이 출산, 육아, 교육의 문제가 가정 또는 개인의 문제가 아닌 사회 전체의 책임이라는 인식의 공감대가 형성되어 있었기 때문에 이를 위한 복지정책 차원에서 보육제도가 도입된 것이다.

2) 보육체계

(1) 보육의 연령기준

스웨덴은 부모의 육아휴직제도가 활성화되어 있어 기본적으로 18개월 미만 영아의 보육시설 지원서비스를 이용하는 비율이 낮으며, 2세 이하의 영유아 31%, 3~6세까지의 아동 57%가 보육시설을 이용하고 있다. 보육시설은 지역공동체에 의해 조직되며, 지역공동체와 국가 모두에 의해 보조를 받고 부모는 보육비용의 약 10%를 지불하였으나, 1998년 이후 부모의 부담이 다소 증가하여 전체 보육비용의 17%를 부담하고 있다. 특이한 점은 이용시간(출석시간) 기준으로 비용이 결정된다는 점이다.

(2) 보육의 유형

취학 전 영유아는 연령 및 부모의 취업 등 가구여건에 따라 이용할 수 있는 기관의 유형 및 특징은 다음의 〈표 4-1〉과 같다. 유아학교 및 유아학급의 경우 전체의 75%가 공립으로 운영되고 있다.

스웨덴 기관 보육시설은 1~6세까지 종일 아동 돌봄으로 오전 6시 30분부터 오후 6시까지 연중 문을 연다. 이중 1~3세의 영아집단은 평균 10~12명으로 교사 2명이 배치되며, 3~6세의 형제집단은 평균 15~18명으로 3인의 보육교사가 지원된다. 즉 아이 5명당 교사 1명꼴로 지원되는 셈이다.

민간 보육시설은 부모가 직접 탁아모에게 비용을 지불하는데, 이 경우 지방자치단체가 보육 서비스의 질을 규제하지 않는다. 다만 시설이 비영리 기관이나 부모 협동체에 의해 운영될 경우, 중앙 정부의 지원금과 지방자치단체의 보조금을 받을 수 있다.

18개월~취학 전까지는 반일제 무상보육(기본)을 제공하며, 만3~6세는 주당 15시간까지(취업모는 주당 40시간까지 무료) 보육서비스를 제공한다.

현재 유아학교, 가정보육, 여가활동센터의 87.2%가 공립이며, 사립은 12.8%에 불과하다. 또한 이들 시설을 이용하는 아동의 비율도 공립 90.9%, 사립은 9.1% 수준이다. 따라서 공공보육이 월등한 수준임을 알 수 있다.

〈표 4-1〉 보육의 유형

유형		특징
분류	이용연령	
유아학교 (Pre-school)	1~5세	▪ 종일/연중무휴로 운영되는 취업모를 위한 시설 ▪ 대상연령의 61% 이용 ▪ 지방정부에서 판정한 특정대상 유아에게 종일 보육 제공 ▪ 지방정부에서 결정한 비용 납부
유아학급 (Pre-school class)	취학 전 아동 (만6세)	▪ 취학 직전 유아를 위한 기관 ▪ 보육·유아교육 통합에 따라 만1~5세 유아학교와 만6세 유아학급으로 구분
개방유아학교 (Open Pre-school)	1~5세	▪ 부모지원체제 유아학교에 다니지 않는 아동의 부모들이 다른 부모들을 만나서 자신의 육아경험을 공유하고 교사에게 조언을 구하는 기회를 마련하기 위한 전업주부를 위한 시설 ▪ 비용은 무료이며, 부모가 희망할 경우 참여가능 ▪ 점차 감소추세이며, 최근 가족지원센터(family resource center)로 바뀌고 있음.
가정보육시설	취학 전 아동(만1~6세)	▪ 지방자치단체의 아동보육사들이 가정보육 제공 ▪ 특별한 이유로 소집단 양육이 필요하거나 인근에 유아학교가 없는 아동 대상
여가활동센터	취학 전 아동(만7~12세)	▪ 연중무휴, 시간제 서비스 제공 ▪ 학교교육 보충, 아동발달 지원

(3) 보육 · 양육정책

스웨덴에서는 양성평등과 생산지향 이념 아래 공공보육과 공공교육을 강조하고 있으며, 이를 위하여 보육과 아동, 가족지원이 연계될 수 있도록 육아휴직과 아동수당을 정책의 기본으로 삼고 있다.

특히 시설서비스 지원과 관련하여 가정소득(총소득)과 시설 이용시간을 고려하여 부모부담 보육료 상한제를 도입하여 상한제 이상으로 부모에게 수납을 금지하고 모든 시설의 보육료는 일반가구 소득의 3%를 넘지 않도록 책정하며, 부모 보육료를 제외하고 시설 운영에 필요한 나머지 비용은 지방자치단체가 부담하고 있는데 대개 보육비용의 80% 이상을 책임지고 있다.

양육지원정책의 하나인 '보편적 아동수당(Child allowance, 학생은 20세 미만, 지적장애는 23세 미만)'은 16세가 되는 첫 분기까지 매월 20여만 원을, 2명 이상의 아이가 있는 가구는 추가로 대가족 보충수당(Large family supplement)을 지원하고 있다.

아동수당은 크게 기본아동수당과 연장아동수당, 다자녀가족보조금 등 세 종류로 구성된다. 기본아동수당은 자녀가 16세가 될 때까지 매월 1인당 1,050 스웨덴크로나(14만 원)를 지급하는 제도로, 이 수당은 별도 신청 없이 자녀를 출산했다면 이후 수혜아동 부모 계좌에 자동 이체된다. 자녀가 고등학교 등에 재학할 경우 졸업할 때까지 연장아동수당을, 자녀가 2명 이상인 가족은 다자녀가족보조금을 받는다. 자녀수에 따라 수당 금액은 누진 증가하며, 자녀가 16세가 지났더라도 부모와 함께 살고 고등학교 등에 다니며, 결혼하지 않았다면 20세가 되는 해 6월까지 지급한다.

〈표 4-2〉 스웨덴의 아동수당 및 대가족보충수당 지급 현황(2018년 기준)

(단위: SEK)

아동수	월 아동수당	월 대가족보충수당	지급 총금액
1	1,050	-	1,050
2	2,100	150	2,250
3	3,150	604	3,754
4	4,200	1,614	5,814
5	5,250	2,864	8,114

자료: 스웨덴 크로네(1 SEK) = 123원(2019년 4월)

또한 보편적 가족수당으로 매월 130SEK를 현금으로 지급하고, 가족규모가 큰 경우 국가부조를 부가적으로, 자녀가 있는 경우 매년 소득 이외에 약 2,400SEK를 가족수당으로, 가정 총 소득이 하위층에 속하는 경우 5,570SEK를 지원하고 있다.

가정양육수당은 부모가 부모휴가 후 만1~3세 아동을 공공보육시설에 보내지 않고 직접 양육하기 위해 휴직할 경우 가정양육수당(home care allowance)을 월 3,000SEK의 비과세 급여를 지급하고 있다. 이 때 지방자치단체의 선택사항으로 배우자 한 명은 일하고 있거나 학업 중이어야 한다. 세제혜택으로 별도의 소득공제 및 세액공제 시스템은 없으나 자녀수당에 대한 비과세 제도를 실시하고 있다.

일·가정양립정책으로 육아휴직제도를 시행하고 있는데, 480일간 육아휴직이 제공되며 부모가 서로 나누어 이용 가능하다. 휴직기간 중 부 또는 모는 각각 60일을 사용해야 하며, 나머지 기간은 부모 선택에 따라 나누어 이용가능하다. 육아휴직급여로 휴직기간 중 390일은 소득의 80%를 지급하고, 나머지 90일은 정액 급여를 지급하고 있다.

육아휴직급여의 높은 임금대체율, 일·가정양립제도의 정착으로 자녀를 둔 근로자들은 휴직일의 약 80%를 활용하고, 모(母)의 경우 전체 휴직기간의 82.8%, 부(父)의 경우 17.2%를 활용하는 등 OECD 국가 중 가장 높은 수준으로 나타나고 있다.

(4) 보육의 행정체계

스웨덴 의회는 보육의 목적, 확대, 재정에 관한 법령 제정을 관장하나, 실질적으로 중앙정부의 사회부가 보육을 총괄 담당하고 있다는 점에서 우리나라와 차이가 있다(우리나라는 보건복지부와 교육부로 나눠 관리한다). 행정적인 책임은 사회부장관이 총괄하며, 아동 관련 업무는 사회부 내 아동노인장관실에서 담당하고 있다. 그리고 '건강 및 복지위원회'는 유아학교와 다른 형태의 보육서비스에 대한 감독 책임이 있으며. 즉 운영지침을 제공하고 운영에 필요한 제반기술 등의 지원을 제공하고 있다.

1991년 '지방정부에 관한 법률'이 제정되면서, 중앙정부와 지방자치단체간의 책임과 역할 분담이 만들어졌는데, 중앙정부는 지방자치단체의 활동에 대한 목표와 지침, 재정적인 틀을 제시하고, 지방자치단체는 중앙정부가 설정한 목표를 달성하는 방안과 재정할당 방안을 결정하고 있다.

현재 보육 관련 정책으로는 직장여성들의 출산율을 더욱 높이기 위하여 '부모보험제'를 강화하여 출산모의 휴직을 국가 재원으로 지원해 주고 있고, 기초자치단체인 코뮌(Kommune)은 1세 이상 6세 이하의 어린이와 7~12세 초·중등 학생에게 보육시설과 방과후과정인 취미 및 여가교실(Youth Recreation Center)을 운영해 의무적으로 취학 전 아동 및 취학아동을 돌볼 수 있도록 하며, '육아수당제'(매월 117유로 지원)를 도입해 보육시설에 아이를 위탁하지 않고 부모가 집에서 직접 돌볼 수 있는 자율선택권을 부여하고 있다. 뿐만 아니라 부모 없는 아이의 경우 양육자에게 매월 142유로의 양육보조금을 지급하고 있으며, 유치원 '포스클린'을 운영하며 비용 대부분을 중앙정부와 지방자치단체가 부담하고 있다. 회사원이 아이를 보육시설에 데리러 갈 수 있도록 75%만 근무하도록 하는 규정도 마련하고 있다.

스웨덴 보육현황에 따르면 지난 1992년부터 이미 6세 이하 아동의 75%가 제도 혜택을 받고 있다. 이로 인해 스웨덴은 세계 최고 수준의 보육정책이 유지되고 있다. 더불어 공립시설은 물론 사립시설에 대한 정부의 재정지원과 질적 양육을 위한 관리 감독이 철저히 시행되고 있다.

(5) 보육교사 양성과정

보육시설의 담당교사는 3년 6개월(210학점), 보조교사는 1~2년간의 교육훈련기간이 요구되고 있다. 가정어린이집에 취업하기 위해서는 90~100시간 아동양호 교사교육 과정을 이수하여 취득한 자격증만 소지하면 된다. 스웨덴의 보육교사는 준공무원과 같은 대우를 받으며, 임금은 초등 교사나 중등 교사와 큰 차이가 없다. 또한 교대근무나 시간차 근무를 통해 하루 8시간, 주5일 근무 규정을 준수하고 있다. 그리고 오전, 오후 각각 휴식시간과 30분의 점심시간, 교사전용 공간 등을 보장받고 있다.

3) 시사점[2)]

스웨덴의 보육정책이 저출산 문제와 노동가능 인력 부족이라는 한국사회에 주는 시사점은 다음과 같다.

첫째, 자녀양육과 부모의 일·가정양립을 용이하도록 부모와 아동이 그들의 여건 내지 상황에 따라 탄력적으로 선택할 수 있는 수준 높은 다양한 정책수단이 동시에 제공되어야 한다. 즉, 맞벌이부부의 출산 시 생후 첫 1~2년간을 가정에서 부모에 의한 양육이 이루어질 수 있도록 육아휴직의 활성화가 필요하며, 육아휴직기간 동안 경제적 어려움 없이 자녀를 양육할 수 있도록 육아휴직급여의 소득대체수준을 현실화해야 한다. 또한 '아버지 할당제' 등의 제도적 장치 수립과 함께 아이를 낳고 기르는 일에 대한 가치를 인정하고 양육참여를 권장하는 사회적 분위기와 양성평등한 양육문화가 조성되어야 한다. 뿐만 아니라 정규직, 비정규직, 자영업자 등 일하는 모든 계층이 마음 놓고 육아휴직을 이용할 수 있도록 사각지대를 해소해야 한다.

둘째, 우리나라는 보육제도에 대한 상대적인 의존도가 높은 편이나, 스웨덴은 육아휴직과 탄력근무제를 중심으로 한 통합적 일·가정 양립정책이 발달해 있다. 전반적인 일·가정 양립정책에서 차지하는 비중, 보육대상의 범주, 보육시간 등에 있어서 스웨덴과 우리나라의 보육정책은 차이가 있다. 일·가정 양립제도 지원을 기반으로 한 스웨덴의 사회보험시스템을 갖추지 못한 우리나라는 이와 대조적으로 민간부문의

2) 백선정, 스웨덴의 보육정책과 우리나라의 시사점, 이슈분석 제61호, 경기도가족여성연구원, 2016, pp. 13-15 요약 정리.

휴직제도와 탄력근무제 활용이 기대하는 수준에 미치지 못하기 때문에 상대적으로 보육정책의 중요성이 높게 평가되고 있다. 따라서 우리나라의 경우 스웨덴의 보육제도와는 달리 만 12개월 미만 영유아도 보육대상에 포함되며, 최대 24시간 운영되는 시간연장형 어린이집까지 지원하고 있다. 즉, 시간과 장소 등과 관계없이 희망하면 이용이 가능하도록 보육서비스에 대한 접근성을 높이며, 보육시설 및 서비스에 대한 물리적 사각지대, 보육과 일(work) 간의 시간적 사각지대, 보육서비스 질에 대한 심리적 사각지대 등을 해소해야 한다. 스웨덴의 보육정책은 양질의 교사수급 및 처우, 어린이집과 학부모간 신뢰관계, 국가의 어린이집 재정지원방법 등의 측면에서 우리나라의 보육정책에 시사점을 줄 수 있다. 특히 우리나라에서 박근혜 정부 당시 화두가 되었던 어린이집과 유치원간 '유보통합'에 있어서 이미 통합을 달성한 스웨덴의 사례는 보육정책 수립과 실현에 함의를 줄 수 있다.

셋째, 일・가정 양립이 가능한 실질적인 보육서비스의 제공이다. 여성의 높은 경제활동 참가율은 양성평등을 위한 가정생활의 초석이다. 스웨덴 보육정책은 일하는 부모에게 최대한 도움이 되는 방향으로 보육 서비스를 제공하도록 설계되어 있다. 대부분의 어린이집에서 아침식사를 제공하는 점은 맞벌이 부모를 위한 빈틈없는 보육을 실현하는 한 예라고 할 수 있다. 이에 비해 우리나라는 적어도 취업모에게는 불완전한 보육정책이며, 부모의 근무시간을 지원하지 못하는 어린이집의 실제 운영시간 때문에 이중적인 보육부담이 발생하고 있다.

넷째, 어린이집과 학부모의 의사소통에 기초한 보육 신뢰도 제고이다. 시설보육에 영유아가 원만하게 적응하기 위해서는 영유아가 처음 어린이집 담임교사를 접하는 영유아의 집이라고 인식할 수 있도록 하는 점은 사회제도가 얼마나 영유아 중심적으로 구성되어 있는지 알 수 있다. 또한 부모가 함께 하는 2주간의 어린이집 적응기간의 의미는 그 사회가 자녀의 시설적응을 위해서 학부모 근로자의 2주간의 부재를 용인하는 문화를 반영하는 것이다. 그러나 우리나라는 신학기 어린이집 적응기간이 최대 1주 내에서 이루어지고, 심지어 어린이집 입소 첫날부터 부모와 헤어져야하는 경우도 많다. 이러한 조치로 부모와의 헤어짐에 당황한 자녀가 극도의 스트레스를 나타내도 이를 강제로 수용해야 하는 성인 중심의 정서적인 학대를 신학기만 되면 어렵지 않게 찾아볼 수 있다. 이러한 방식으로 어린이집 이용이 시작되면서 부모는 직장에서서 불안과 죄책감에 시달리게 된다. 그러나 스웨덴의 보육은 취업부모를 위한 장시간 보육을 특징으로 일종의 가족으로서의 기능을 수행하고 있다. 또한 부모가 직접 어린이집 자녀를 등·하원시키면서 수시로 교사와 상호소통이 이루어지면서 공감대가 형성될 수 있다는 점에서 시사하는 바가 크다.

다섯째, 보육교직원이 보육에만 전념할 수 있는 여건의 마련이 필요하다. 스웨덴 보육사례에서 가장 중요한 점은 보육교직원은 어떻게 하면 아이들을 잘 돌볼 수 있을 것인가에 집중하면 된다. 우리나라의 민간·가정어린이집은 형식적으로 비영리시설인 사회복지법인 재무회계규칙을 따르고 있지만 실제 운영상 투자금 회수를 고려할 수밖에 없고 일정한 수익에 대한 부담을 느끼고 있기 때문에 보육에 전념하기 어려운 구조적 측면이 있다. 현재 민간 및 가정어린이집 운영구조는 보육료 내에서 교사 인건비, 사업비 등을 모두 충당하도록 하고 있기에 운영자의 입장에서는 경력이 많고 보수수준이 높은 교사보다 경험이 부족하더라도 보수수준이 낮은 교사를 채용하는 것이 시설의 재정적인 측면에서 도움이 되는 구조이다. 또한 영유아의 보육활동이나 급식비 및 간식비에서 지출을 줄일수록 총 이윤이 증가하게 된다. 뿐만 아니라 임대료 부담이 큰 신규 조성된 공동주택단지의 경우 어린이집 공간마련을 위한 투자금이 막대하기 때문에 운영자의 고민이 많을 수밖에 없다.

여섯째, 영아나 부모의 상황 혹은 선호도에 따라 조부모나 친인척을 통한 개별보육서비스를 이용하거나 가정 양육이 가능하도록 스웨덴의 가정양육수당(home care allowance)과 같은 수당을 제공할 필요가 있다. 즉, 영아일수록 조부모나 친인척 등을 통한 개별 보육을 선호하는 현실을 고려할 때 양육수당이 우리나라에 효과적인 수단이 될 수 있으므로 양육수당을 적정 수준으로 활성화하여 부모선택권을 제고할 필요가 있다. 또한 보육의 접근성은 모든 아동에게 보장하되, 보육비용은 가정의 경제적 수준에 따라 차등 지원해야 한다.

일곱째, 각종 평가인증제도의 내실화가 필요하다. 보육의 질을 높이기 위하여 '○○형 어린이집'과 각종 평가인증을 실시함으로 실제 프로그램 등 서비스의 질을 향상시키기 보다는 '보여주기'식의 형식적인 평가에 치우치는 경향이 있으며, 이를 준비하는 보육교직원은 보호, 양육, 교육보다는 문서작업에 치중함으로 교육의 부실, 정신적 및 육체적 피로도의 증가로 소진(burn out) 현상이 발생하고 있다. 뿐만 아니라 보육행정 관련 공무원들의 전문성도 떨어져 내실 있는 관리가 이루어지지 못하고 있으므로, 보육교직원 경력자를 보육행정 공무원으로 임용·배치함으로써 영유아와 학부모, 시설, 행정을 지원하는 역할을 충분히 수행할 수 있도록 해야 한다.

2. 영국의 보육정책

영국은 복지국가의 이념적 기초로 공사영역의 분리, 국가의 사적 영역에 대한 불개입이라는 자유주의 철학을 바탕으로 하고 있다. 공사영역 분리 원칙은 한편으로는 남성은 시장영역에 나아가 유급노동을 함으로써 가족을 부양하는 역할을 수행하고, 여성은 가정 내에서 아동에 대한 보살핌 노동을 수행하는 '남성생계부양자 모델'을 강화시키는 매커니즘으로 작동하게 하였으며, 다른 한편으로는 국가를 공적 영역화 하면서 사적 영역에 대한 책임으로부터 벗어나게 하였다. 이에 영국에 있어서 아동양육이나 가족보살핌은 전적으로 가족의 책임, 더 구체적으로 여성이 맡는 것이 자연스럽게 받아들여졌으며, 국가는 무개입 원칙 속에서 극히 제한적이며 잔여적으로 재정지원을 하는 전통이 강하게 정착되어 왔다. 따라서 남성생계부양자 모델과 사적 영역 불개입 전통으로 여성의 경제활동이나 유급노동에의 접근을 지원하는 보육과 같은 제도적 장치들이 지체되었기 때문에, 영국의 여성들은 주로 가족 내에서 아동을 양육하는 존재로 인식되었고 유급노동을 수행하더라도 아동양육이나 가족책임을 수행할 수 있도록 파트타임으로 일을 하는 등 노동패턴을 유지할 수밖에 없었다.

2003년 'Every Child Matters' 정부개혁안 발표 이후 'Early Childhood Education and Care(ECEC)'의 서비스 확대와 질적 향상을 위해 정부차원에서 막대한 재정적 지원을 하고 있다. 영국 육아지원정책의 주요 골자는 지속적, 통합적, 체계적, 포괄적인 양질의 지원서비스를 제공하기 위한 국가적 의지와 노력이라고 볼 수 있는데, 그 일례로 영국정부는 2007년 아동학교가족부 내 독립적인 부서를 설치하여 각종 아동서비스와 교육에 대한 업무를 담당하고 있다. 특히, 영국의 Sure Start 아동센터는 기존의 종일보육시설과 결합되어 질적인 영유아기 학습, 그들의 가족 건강 및 복지서비스, 가족지원서비스 등 다양한 지원서비스를 각 지역사회가 주축이 되어 통합적으로 제공하는 곳이다. 2006년 이전에는 80% 이상의 아동센터가 극빈지역에 밀집되어 설립되었으나, 그 이후부터는 점진적으로 일반지역에서도 아동센터가 설립되고 있다. 각 지역사회의 거점으로서 설립되고 있는 아동센터에서 가장 보편적으로 제공하는 프로그램의 유형으로는 직접적인 보육서비스를 들 수 있으며, 거의 대부분의 아동센터에서는 직접적으로 보육서비스를 제공하거나 다른 기관과의 연계를 통해 이를 지원하고 있다. 또한 주양육자의 자녀 학습을 위한 교육적 지원 및 양육기술 제공 서비스, 학습장애를 포함한 특별한 요구가 있는 자녀를 둔 부모지원 프로그램, 한부모 가정 부모의 10대부모 가정지원 프로그램 등이 있다.

보육법안(The Childcare Bill)이 영국 왕실의 재가를 받아 '보육법(The Childcare Act)'으로 2006년 7월 제정되었다. 이는 초기 아동기와 보육에 관심을 둔 영국 최초의 독립적인 법이라는 점에서 의의가 있다. 보육법의 구성은 잉글랜드 지역당국에 대한 의무(PART 1), 웨일즈 지역 당국에 대한 의무(PART 2), 잉글랜드에서 보육 제공자들에 대한 규제와 감독안(PART 3), 일반 규정(PART 4)으로 되어 있다.

보육법의 주요 내용으로는 5세 이하 모든 아동들이 접근가능하고 양질의 보육과 기타 서비스를 보장받고, 취업한 부모들이 직장과 가정의 조화를 이루는데 더 큰 선택권을 부여받을 수 있도록 함에 있다. 또한 지방 당국이 보육을 제공하는 데 있어 질과 전달체계를 향상시키고 더 나은 성과를 달성할 수 있도록 책임을 부여하며, 부모의 의견을 수렴하여 새로운 보육 체계와 운영에 가족의 현실적인 욕구를 반영하고, 부모에게 더 나은 보육 정보를 제공하도록 함에 있다.

1) 보육의 개념

전통적으로 영국은 남성이 가계를 전적으로 책임지는 '남성 생계부양자 모델'을 지지하며, 아동보육에 대한 기본적인 책임이 부모와 가정에 있으며, 영유아가 '모'와 함께 있는 것이 영유아의 교육, 건강, 발달에 가장 좋은 환경이라는 보육이념을 중시하였다.

산업혁명의 급속한 발달과 1, 2차 세계대전으로 여성노동력이 필요해 지게 되면서 '모' 이외의 다른 사람에 의한 보육의 필요성이 발생하게 되었다. 그러나 1945년 이후 여성 노동력의 수요가 감소하면서 2세 미만 영유아의 건강한 발달을 위해서는 '모'가 가정에 있어야 한다는 견해가 지배적이면서 보육시설에서 영유아 보육을 담당하는 것을 금지하고, 보육기관의 확장도 제한하였다.

1980년대 후반부터 1990년대 초까지 경기활성화와 청년층 감소로 여성 취업이 증가하면서 정치 및 경제적 관점에서 보육체계 변화의 필요성이 대두되었다. 그러나 정부는 여전히 소극적인 태도를 유지하다가 1997년 노동당 Tony Blair의 집권으로 아동 빈곤에 대한 관심이 높아지면서 교육고용부(Department for Education and Employment) 산하의 아동국(Ministry for Children)이 유아교육과 보육서비스를 총괄하고, 1998년 14세 이하의 아동과 16세까지의 장애아를 위한 국가아동보육전략을 발표하며 획기적인 변화를 추구하였다.[3]

이러한 변화는 가정 내 경제적 지원 즉, 아동세액공제, 아동급여 및 보호자 수당 증액, 부모휴가 확대 등의 정책을 통하여 원활한 부모 노동력 활용과 보육시설의 확충 및 경제적 지원, 보육시설의 규제와 감사를 통합하여 비용을 절감하면서 질 좋은 보육서비스를 제공하게 되었다.

그러나 2010년 통합정부가 들어선 이후, 빈곤·소외계층 아동들을 위해 운영되고 있는 슈어스타트(Sure Start) 센터는 2010년 3,631개소에서 2011년 말 3,507개소로 줄어들었다. 슈어스타트 프로그램을 위한 정부예산은 2011년에 11% 감소, 2012년에는 21% 감소되어, 슈어스타트 프로그램은 빈곤층 (최하 30%) 가족을 지원하고 사회적 유동성을 확보하는 목적으로 1998년에 실행된 이래 지금까지 아동빈곤 퇴치에 크게 기여하였으나, 통합정부의 예산감축으로 인하여 향후 아동복지에 큰 타격을 주게 되었다.

영국의 보육에 대한 개념이 정치적, 경제적, 사회적 이념과 밀접하게 연관되어 있다는 특징을 갖고 있으며, 개개인의 자립적인 독자적인 역할과 정부의 제한된 역할과 기능, 정부에 대한 불신 등으로 다른 유럽 국가와는 다른 접근방식을 취하고 있다. 영국정부는 보육 부문에 있어서 어떤 주도적인 역할이나 정책을 제시하지 않고 또한 서비스를 계획하고 부모의 보육비용을 보조해 주거나 개입하는 등의 역할을 하지 않고 있다. 지방정부의 경우 아동에 대해서 보육서비스를 제공하도록 허용하거나 취업부모에 대한 보육서비스를 제외하고 극빈아동에 대해서만 보육서비스를 제공하고 있다.

---

3) 이연정 외, "영국의 영유아 보육정책 및 한국의 유사정책 현황-Sure Start Children's Centres와 Dream Start 비교", 소아청년정신의학 26(1), 대한소아청소년정신의학회, 2015, p. 14.

취업부모의 자녀를 위한 보육은 우선적으로 개인적인 문제이며, 취학 전 아동을 어디에 그리고 누구에게 맡길 것인가 그리고 그 비용해결을 어떻게 해결할 것인가는 모두 부모의 책임이라는 관념이 강하다.

2) 보육체계

(1) 보육의 연령기준

영국은 전통적으로 보육서비스의 연령기준에 대하여 엄격하며, 5세 미만의 자녀를 둔 여성에게 한정하여 보육서비스를 제공하고 있다. 주로 저소득층을 대상으로 선별적이고 최저수준의 서비스만을 제공하는 정책을 고수해 왔다.

중앙 및 지방정부의 사회복지 관련 부서의 책임 아래 "매우 어려운 상황" 또는 "위험에 처해 있는" 3세 미만의 아동에게 사회복지서비스의 명목으로 서비스를 제공했고, 3세 미만 아동의 2%가 수혜대상이었다. 3~4세 아동 중 25%만이 예비초등학교와 같은 교육혜택을 제공받고, 지역 간 차이는 있으나 5~10세 아동에게 방과후 보육서비스가 무상으로 제공되었다. 민간재정을 정부가 지원하는 보육서비스가 증가하고 있으나, 18~24개월 아동을 위한 시설은 거의 없다.

1989년 9월 이후 모든 만 4세에게 제공되던 시간제 무상교육이 만 3세까지 확대되어 현재 모든 3~4세 유아를 위해 시간제 무상 보육서비스가 제공되고 있다.

(2) 보육의 유형

영국 내 공공보육시설의 제한, 보육시설의 민간운영과 이에 따른 고부담 보육비용은 아동을 양육하는 가족들의 보육접근성을 제한하는 구조적 요인으로 작용해 왔다. 영국은 기본적으로 부모에 의한 아동양육을 원칙으로 국가의 지원을 배제하고 있기 때문에 보육시설이 발달하지 않았으며 보육시설이 있더라도 민간에 의해 운영되어 왔기 때문에 서비스의 질이나 서비스의 비용문제로부터 자유로울 수 없다.

영국의 보육시설은 크게 4가지 형태로 분류되는데, 4세 이하의 아동을 위한 보육시설, 4세 이상 취학 전 아동을 위한 유치원, 취학 전 아동을 대상으로 주 2~3회 운영되는 놀이그룹, 가정보육모가 자신 혹은 아동의 부모의 집에서 1~3명의 아동을 돌봐주는 가정보육모 등이다. 이 중 보육시설의 일부만이 국가에 의한 공적 지원을 받을 뿐 다른 형태의 보육시설은 민간부문에 의해서 실질적으로 운영되고 있는데, 보육시설의 대다수는 주로 영리를 목적으로 하는 민간부문이나 비공식부문에 의해서 운영되고 있다. 가정보육모(childminders)나 가정파견보모(babysitters)는 비용이나 시간상의 문제로 보육시설을 이용하기 어려운 가족들이 사적으로 이들을 고용하여 아동양육문제를 해결하는 방안으로 발달해 왔다.

〈표 4-3〉 영국의 보육시설 형태

형태	대상
보육시설(day nurseries)	4세 이하 아동 대상
유치원(nursery schools)	4세 이상 취학 전 아동 대상
놀이그룹(playgroups)	취학 전 아동 대상 주 2~3회 운영
가정보육모(childminders)	자신 혹은 부모의 집에서 1~3명의 아동 care

2012년 아동국은 만 0-5세를 위한 영유아 기초단계 교육과정(Early Years Foundation Stage, EYFS) 개정안을 발표하였다. 개정된 영유아 기초단계 교육과정 (EYFS)은 2012년 9월부터 실행되며 취약계층 유아를 위한 취학 전 준비 지원 및 육아 서비스 이용률을 높이는데 중점을 두었다. 개편된 교육과정은 69개의 학습목표에서 17개로 간소화되었으며, 유아의 건강한 발달을 위한 주요 영역 학습 강조 및 만 5세 유아를 위한 평가 간소화에 초점을 두었다. 또한 추가 지원이 필요한 만 2세 유아들에게 조기 개입 서비스를 제공할 예정이다. 이번 유아교육 개정안은 교사 자체 평가의 중요성을 강조하였으며 서면으로 작성되는 위험 평가(risk assessment) 등과 같은 서류 작업을 간소화하였다.

(3) 보육의 행정체계

교육기술부와 지역교육 당국이 조기 보육 및 교육을 담당하였으나, 토니 블레어 노동당 정부에서 국가보육전략으로 보육정책의 기틀로 2004년 '10년 보육전략(10-years Strategy for Childcare)'을 발표하며, 영국에서 처음으로 영유아들과 보육에 초점을 맞춘 '보육법'을 제정하고 2007년부터 교육기술부에서 주관하던 아동 관련 업무를 보다 효율적으로 수행하도록 하기 위하여 아동학교가족부(Department for Children, Schools and Families)를 신설하면서 청소년과 가족 관련 업무를 담당하고 있다.

영국의 보육체계는 양육과 교육으로 이원화되어 있으며, 보육시설은 사회복지부서에서 책임을 지고 특히 3세 미만의 유아는 교육부가 거의 개입하지 않고 있다. 보육을 위한 공공재정은 매우 제한되어 있으며, 현금보조금, 세금감면 등의 제도는 없다.

〈표 4-2〉 영국의 보육제도

구 분	내 용
관련 법령	아동법
담당 부서	교육고용부
대상 연령	0~5세
프로그램	▪ 유아의 개인적 요구에 맞춤 ▪ 가정과 부모 참여
교사 자격	▪ 응시자격: 16세 이상 ▪ 과정: 2년제 교육과정

(4) 보육교사 양성과정

최근 보육교사에 대한 지원이 증가하고 있으나, 많은 분야에 있어 공공부문의 지도 감독 및 지원은 여전히 낮은 양상을 보이고 있다. 또한 보육과 교육을 통합시키고자 하는 것이 최근 경향이기는 하나, 종사자들 간에는 보육과 교육을 구별하고 있다.

영유아를 교육하는 교원으로 유아교사와 보육교사가 분리 양성되고 있는데, 공립학교의 3~5세의 유아를 담당하는 교사들에게는 정식 교사 자격증을 요구하고 있으나, 사립 유아원의 경우에는 반드시 교사 자격증을 요구하는 것은 아니다.

8세 이하의 아동을 하루 2시간 이상 보육할 경우 교사자격제도가 적용되어, 국가자격 및 교육과정관리국(Qualifications and Curriculum Authority, QCA)의 조건을 충족해야 하며, 모든 기관은 3년마다 교육표준청(Office for Standards in Education)의 평가를 받아야 한다.

2016년 교사의 업무 부담과 관료주의적 행정체계를 없애기 위한 새로운 '교사지침서'가 개정되었다. 특히 스코틀랜드에서는 불필요한 업무와 관료주의적 행정체계를 없애기 위한 획기적인 교사 지침서가 새롭게 발간되었는데, 교사에게 실제적인 도움과 조언을 주기 위해 현장 교사들의 목소리를 직접적으로 반영하고자 하였으며, 교육 시스템의 향상을 위해서 교사들의 과중한 업무 부담이 가장 시급히 해결해야 하는 문제로 대두되었기 때문이다. 이 지침서에는 교사들이 해야만 하는 것과 하지 말아야 할 것이 매우 명료하게 언급되어 있고, 지난 수년 간 스코틀랜드에서 더 나은 교육을 위한 변화를 추구하는 가운데, 다양한 형태의 교사 지침서로 인해 의도하지 않게 교사의 업무 과중을 유발한 것을 개선하게 되었다.

지침서 내용은 전문가 연합, 현직 교사와 교장들과의 협의에 의해 개발되었는데, 새 지침서를 통해 교사들이 학생들을 가르치고 그들에게 더 나은 배움의 기회를 제공하기 위해 자신의 시간을 사용할 수 있는 권한을 부여 받게 되면서 이를 통해 스코틀랜드 교육의 질적 향상을 도모할 수 있을 것으로 기대되고 있다.

영유아 관련 직종, 훈련과 자격 조건은 매우 다양하며, 종사자 대 영유아 비율, 임금 등도 서비스 종류에 따라 다르다. 자격 교사는 3년 학위 과정과 학위 후 교육 자격증(PGGE)을 취득하거나, 학사학위를 가져야 한다. 영유아 관련 직종 종사자의 약 20%만이 대학원 수준의 자격을 획득하고 있다.

교사 양성의 가장 일반적인 경로는 교육대학에서 3년 과정을 이수하여 교육학사 학위를 취득하는 것, 종합대학에서 3년간 다른 학문분야로 학사학위를 취득하고 종합대학교 교육학부 대학원 과정에서 1년간 교직과정을 이수하고 교육대학원 과정 수료증을 취득하는 것이다. 교육과정은 대학에서 학습하는 내용, 과정 중에 완성해야 하는 과제, 실습 등 세 부분으로 구성되어 있다.

비정규 과정으로 정규 대학을 졸업한 경우 시간제로 18개월 동안 학사학위 과정에서 교육을 받을 수 있으며, 전문대학을 졸업한 경우 시간제로 원격교육을 받거나 전문대학 전환 학위 과정에 등록하여 계속적인 교사교육을 받을 수 있다. 그 밖에 학교중심양성과정(SCITT)에서 교육을 받는 방법도 있는데, 이 과정은 각급 학교들이 개별적으로 혹은 다른 학교와의 연합을 통해 교원양성연수원의 인정을 받아 다른 양성기관과 마찬가지로 교사 양성을 위한 과정을 개설 운영하는 것이다.

공립 및 민간보육시설의 종사자들은 영유아보육위원회 주관 시험을 거쳐 보육교사 자격을 취득하게 되는데, 지원자격은 16세 이상의 영국시민이 지원할 수 있으며, 2년제 과정으로 운영되고 있다. 실제적인 훈련을 강조하고 있어 전체 교육과정의 40% 이상의 시간을 실습으로 배정하고 있다. 그러나 보육시설, 방과 후 교실 등은 교사훈련을 필요로 하지 않고 유아학급과 초등예비학급에서 정규 교사를 보조하기 위해 고용되는 교실 보조원도 교사훈련 요구 조건이 없다.

일반적으로 보육에 종사하는 것보다 교육에 종사할 때 더 높은 임금을 받는다. 자격을 갖춘 교사가 시간당 £17를 받아 가장 높은 수준을 보이며, 보육에 종사하는 경우 이보다 낮은 임금을 받는다.

3) 시사점

여성의 일과 가정의 양립을 위한 각종 정책이 제정되고 있는 것과는 상반되게 영국의 보육비는 세계에서 가장 비싼 것으로 나타났다. 영국의 과도한 보육비의 부담은 보육시설의 이용을 저해하는 요소로 작용하고 있는데, '국가보육전략' 이후에 수적으로 확충된 보육시설은 시설에 대한 정부지원이 있을지라도 기본적으로 민간부문을 중심으로 확대되었기 때문에 비용에 대한 1차적인 규제가 가능하지 않고 연도별로 상향조정되어 보육비 부담은 고스란히 부모의 부담으로 전가되고 있는 실정이다.

현재 영국 내 한 가족의 수입 중 3분의 1은 어린이집이나 아이돌보미 이용과 같은 보육 관련 비용으로 지출되는 것으로 나타났으며, 이 수치는 프랑스와 독일보다 3배 이상 높은 것으로 조사되었다. 자녀가 있는 직장 여성의 경우, 보육비로 한 해 평균 11,300 파운드(한화 약 1,695만원(£1=1,500원)를 소비하며, 런던의 경우 15,700 파운드(한화 약 2,355만원)로 더 높은 것으로 나타났다. 이렇게 많은 비용이 지출되는 이유는 정부가 중산층에 대한 보육비 비용 부담을 늘리면서 국가 지원을 저소득층 가정을 대상으로 하는 사실에 기인하고 있다.

2017년부터 최상위계층 부모들을 제외하고 모든 만 3-4세 유아에 대해 현재 지원혜택의 두 배인 주당 30시간의 보육 혜택을 받게 되었으나 해당 연령보다 어린 자녀를 가진 대부분의 가정은 여전히 도움을 받을 수 없는 것이 현실이다.

OECD 연구에 의하면, 영국에서 부부의 순 수입의 약 34%가 보육비로 지출되는 것으로 나타났는데, 이는 유럽 등지의 다른 모든 국가들보다 높은 것으로, 6년 전 33%를 기록한 이래로 계속해서 상황이 안 좋아지고 있다. OECD 국가들의 현황을 보면 평균적으로 양부모 가정의 보육비 지출이 수입의 13%를 차지하고, 프랑스와 독일의 경우 순수입의 10% 이하를 지출하고 있다. 영어권 국가에서 비용 지출이 더 높은 경향이 있는데, 뉴질랜드가 29%, 아일랜드 27%, 미국이 26%를 지출하고 있다. 유럽 국가들의 경우 하위권을 차지했는데, 이는 대부분 국가들이 어머니들이 계속해서 일을 할 수 있도록 더 많은 보육비 지원 혜택을 제공하고 있기 때문이다.

영국에서 2세 이하 영유아의 주당 50시간에 대한 보육시설 평균 비용은 217.57 파운드(33만원)이고 50시간 아이돌보미 평균 비용은 202.22 파운드(30만 3천원)로 나타나면서, 영국의 높은 보육비 지출로 인해 부모들로 하여금 부모 모두가 일을 하는 것이 재정적으로 가치가 없다고 여기게 할 수 있기 때문에, 부모 모두가 일을 하는 데에, 특히 어머니가 경제 활동을 하는 데에 장애가 될 것이라고 OECD 보고서는 설명하고 있다

최근 영국에서는 거의 30여 만 명에 육박하는 영국 내 젊은 여성들이 정부로부터의 재정지원을 받지 못하여 취업 전선에 진입하지 못하고 있는 것으로 나타났다. 여성 자선단체인 'The Young Women's Trust'는 국가통계청 자료의 분석을 바탕으로, 비경제활동 그룹으로 분류된 285,000명의 젊은 여성들 중 85%가 직업을 갖기를 원하면서도 현재 일을 하지 않거나 구직 활동을 하지 않고 있는 것으로 나타났는데, 주요 원인은 가족에 대한 부양으로, 특히 어머니들은 고비용이 지출되는 보육으로 인해 직장으로의 복귀에 어려움을 겪고 있는 것으로 나타났다. 영국 중앙정부의 경제혁신부(Department for Business, Innovation and Skill)와 평등인권위원회(Equality & Human Rights Commission)에 의하면, 11%의 여성들이 자신이 실직 혹은 정리 해고를 당했거나, 그들이 임신 또는 출산 후에 직장으로 복귀했을 때 매우 부당하게 대우를 받았고 그로 인해 직장을 떠나야만 했었다고 보고하고 있다. 무려 20%의 여성들이 직장 내 감봉이나 승진 누락, 예정된 월급 인상이나 보너스를 받지 못하는 것과 같은 또 다른 재정적 손해를 직면해 있다고 보고되고 있다. 이에 높은 보육비용이 많은 여성들의 직장으로의 복귀를 저해하고 있으므로 양질의 시간제 근무와 적절한 비용의 보육을 늘림으로써 모든 일하는 어머니들을 지원해야 한다는 주장이 제기되고 있다.

저출산, 결혼 기피 등의 문제로 인구감소와 출산율로 인한 사회구조적 문제를 갖고 있는 우리나라의 입장에서 영국 직장여성들이 경험하고 있는 높은 수준의 걱정, 불안, 우울과 이에 동반한 분리와 고립 문제에 대한 해법을 찾아야 할 시점에 도래했다. 브렉시트(Brexit)로 현실적인 고용과 수출 등 경제문제로 불안감을 표출하고

있는 영국은 현재 여성들이 직장으로 복귀할 수 있는 적절한 지원이 빈약한 실정이다. 이것은 단지 교육, 고용, 혹은 훈련에의 복귀가 아니라 사회에 더 폭넓게 편입되는 것을 막는 장애물이 있는 것을 의미한다. 따라서 정부 각 부처들이 여성에 대한 뚜렷하고도 지속적인 지원책을 고안하고 실행하기 위한 범정부적인 종합대책이 필요한 시점이다.

3. 프랑스의 보육정책

프랑스는 2017년 기준 합계출산율 1.88명으로 지난 2012년 2.1명보다 약간 떨어졌지만 유럽 평균인 1.6명보다 높은 수치를 보여주고 있다. 프랑스 정부는 출산율을 지속적으로 높이기 위하여 GDP의 5%를 가족수당으로 할애할 정도로 적극적인 정부의 출산 및 육아 지원을 하고 있다.

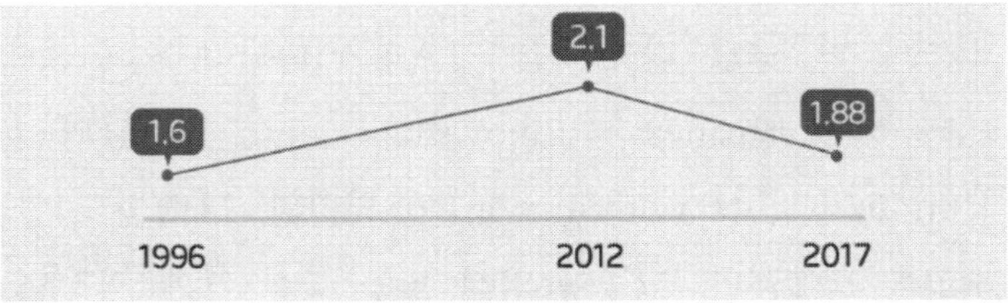

〈그림 4-2〉 프랑스의 출산율

또한 아이를 양육하며 여성이 일할 수 있는 환경을 구축하기 위한 가족정책을 시행하고 있으며 1999년에는 '동거관계'를 인정하고 이들에게도 출산·육아 지원이 가능하도록 사회연대계약(PACS)제도를 도입하여 결혼을 하지 않고 출산하는 것을 자연스럽게 받아들이는 사회적 분위기를 조성하고 있다.

1) 보육의 개념

프랑스의 보육은 과거 '유모제도'에서 비롯되었으며, '유모'는 공정한 급료가 지급되고 자격 및 활동에 대한 규정이 제정되어 있었다. 유모에 대한 자격과 활동이 점차 법적인 근거를 마련하여 체계화되면서 가정보육제도로 발전하였다.

초기의 보육사업은 서민들의 편의를 위한 '아동보호소'의 역할을 담당하였으며, 민간단체와 공공기관이 연합하게 되었고, 공공예산은 공립과 민간시설을 포함하여 지원하게 되었다. 아동의 보육은 단순히 가정의 문제가 아니라 국가전체의 문제로 수용되면서 보육을 포함한 아동 및 가족에 대한 지원정책이 포괄적으로 발전하였다.

1990년대 프랑스는 국내총생산(GDP)의 2.8%를 저출산 문제에 투입하였는데 '나라가 없어질 위기'라는 의식이 국민들에게 팽배했고, 관련 비용의 지출은 비용이 아닌 미래에 대한 투자로 인식하면서, 2017년 현재 합계출산율 2.07로 유럽 국가들 중에서 가장 높은 합계출산율을 보이고 있으며 많은 재원을 보육시설에 투자하고 있다.

프랑스의 보육은 보육의 책임에 있어 국가와 가족의 공동성을 강조하여 사회적 기구로서 정부의 주된 책임과 역할을 담당해야 한다는 "사회적 육아관"의 이념이 강하게 형성되어서 지속적으로 보육사업에 영향을 주고 있다.

2) 보육체계

(1) 보육의 연령기준

우선 어린이집을 다닐 연령대인 만 0~2세 어린이들을 대상으로 어린이집(créche), 3세부터 취학 전까지 다니는 공립유치원(école maternelle), 방과 후 아동보육기관(périscolaire)으로 구분할 수 있다.

(2) 보육의 유형

국가의 대대적인 투자에 따라 다양한 보육서비스가 있으며, 공립시설의 비중이 73.2%에 이르고 있다. 프랑스의 유치원 시스템은 체계적인데, 만 3~5세는 프랑스 교육부에서 지원하는 의무교육기관인 유치원(무상)에서 교육을 받고 있다.

프랑스의 보육시설은 크게 집단보육시설과 가족보육시설로 구분할 수 있는데, 집단보육시설은 시설에 소속된 보육사가 일정한 시간 동안 영유아를 보육하는 일반적인 유형의 보육시설이며, 가족보육시설은 영유아를 보육하는 개인 보육사 또는 부모들이 자녀가 다양한 활동을 영위할 수 있도록 하루 중 특정 시간을 보육시설에 함께 모아서 영유아를 돌보는 공동보육시설이다.

출산 휴가를 마친 부모들은 공립보육시설 가운데 하나를 선택하게 되는데 다양성을 중시하는 프랑스에는 여러 종류의 공립보육시설이 있다. 3세 미만의 영아들을 위한 종일제 보육시설인 집단어린이집(créche collective), 부모단체에 의해 소규모로 설립되어 운영되는 부모협동어린이집(créche parentale), 비취업 여성들이나 시간제 근무를 하는 여성들을 위한 시간제 어린이집(halte-garderie), 16명 이하의 영유아를 위한 미니 어린이집(créche), 여러 종류의 영유아 관련 시설들을 하나의 시설로 묶은 복합 보육기관이자 시설인 '아동기의 집'(Maison de L'enfance)이 있다.

집단 보육서비스가 하나의 시설에서 제공될 때 단일 보육기관(mono-accueil)이라고 하며, 하나의 시설에서 정규 보육과 일시 보육, 종일제 보육과 시간제 보육 등 다양한 보육 방식이 함께 제공될 때 복합 보육기관(multi-accueil)이라고 한다.

시설보육서비스는 이용 시간에 따라 정규보육, 일시보육, 긴급보육으로 구분된다.

정규보육은 이용 시간, 이용 일수, 등・하원 시간이 규정되어 있는 서비스로서, 서비스 이용 시간에 근거하여 월 보육료 본인 부담금과 국가에서 지원하는 보육시설 운영 지원금을 산정한다. 부모는 매월 지불해야 하는 보육료에 대한 계약을 시설장과 체결하고 자녀를 보육시설에 등록하며 보육료 본인 부담액은 전국 공통적인 계산표에 의해 산정된다.

〈표 4-3〉 프랑스의 보육 서비스 유형

구 분	서비스 내용	
집단보육시설	집단 어린이집	■ 평일 낮 시간에 3세 미만의 영아를 보육하는 종일제 보육시설
	부모협동 어린이집	■ 부모단체에 의해 설립·운영되는 소규모 보육시설
	시간제 어린이집	■ 6세 이하 영유아를 부정기적으로 잠시 맡겨 두는 일시 보육시설
	놀이방	■ 만 2~6세 미취학 아동 또는 취학 아동을 방과후에 시간제로 돌보는 정규 보육시설
가족보육시설	■ 영유아를 보육하는 개인보육사 또는 부모들이 자녀가 다양한 활동을 영위할 수 있도록 하루 중 특정시간을 보육시설에 모여 돌보는 공동보육시설	

일시보육은 이용 아동이 보육시설에 등록되어 있지만 제한된 시간만 이용하거나 이용 시간을 확정할 수 없는 경우에 이용하는 서비스로서, 보육료는 전국 공통적으로 적용되는 계산표에 의하여 지불하나 실제로는 서비스를 이용할 때마다 비용을 지

불한다.

긴급보육은 아동이 보육시설에 등록되어 있지 않고 긴급한 경우 이용하는 보육 서비스로서, 긴급한 경우 보육서비스를 제공하기 위하여 시설은 긴급보육서비스를 제공할 수 있는 인원을 미리 배정해 놓고 있다.

보육시설은 운영주체에 따라서 지역어린이집, 직장어린이집, 부모어린이집으로 구분되는데, 지역에서 전통적으로 운영되는 어린이집은 '아동기의 집' 근처에 위치하고 있으며, 시설당 정원은 60명으로 낮 동안 8~12시간 운영하고 일요일 및 공휴일에는 운영하지 않는다.

직장어린이집은 부모가 일하는 직장에 설치되어 근무자의 근로시간에 운영하며, 시설당 정원은 60명이다.

부모어린이집은 부모협동어린이집으로 부모들에 의해서 운영되는 어린이집이다.

공공보육시설의 비중은 집단 어린이집 73.2%, 일시 어린이집 60.7%, 복합보육기관 58.8%, 가족보육시설 91.3%로서 공공 보육시설이 차지하는 비중이 높고, 민간보육시설의 경우 대부분이 비영리법인이며 영리적으로 민간이 운영하는 경우는 직장 복합기관 39.4%를 제외하고 대부분 1% 내외이다. 부모가 협동으로 운영하는 부모협동어린이집의 경우 운영주체는 대부분 민간 비영리법인이며, 공공보육시설과 민간법인 보육시설의 경우 모두 정부로부터 시설 운영비를 지원받고 있으며, 이용하는 부모의 경우에도 보육료의 일정 부분을 정부로부터 지원받고 있다.

어린이집의 이용비용은 유형에 따라 여러 종류가 있으며 정부가 승인하고 이를 보조해 주며, 대부분 부모들은 운영비의 약 25%를 부담하고 있다.

그동안 보육서비스는 안전과 위생 등 보호기능을 강조해 왔지만 교육적 기능까지 강화되고 있다.

(3) 보육 · 양육정책

프랑스의 보육정책은 연령대로 구분하여 만 0~2세를 대상으로 출산율 제고, 여성 경제활동 참여 촉진, 아동의 건전한 발달이라는 3가지 목적 아래 추진하고 있으며, 만 3~5세를 대상으로 하는 유아 교육 정책은 프랑스 특유의 '공화주의적인 철학'을 토대로 국가에 의한 아동의 사회화를 강조하여 추진하고 있다. 부모의 자녀 양육에 대한 수당, 시설 보육 서비스, 개인 보육사에 의한 재가 보육서비스 등 다양한 지원을 제공함으로써 수요자의 자유로운 선택을 도모하고 소득 및 자녀수에 따라 차등적인 지원을 함으로써 사회적 형평성을 제고하고 있다.[4)]

현재 프랑스의 부모와 육아정책으로 모(母)에게는 산전 6주, 산후 10주의 휴가를 제공하고, 부(父)에게는 14일의 휴가를 제공하고 있다. 휴가 중인 부모에게는 사회보장기금에서 1일 86유로(한화 11만원)를 지급하고, 부모 모두 육아휴직에 참여할 경우 자녀교육 공유 부담 수당을 받을 수 있다. 또한 부모가 선택하는 돌봄 서비스 유형에 따라 자녀보육서비스 수당이 지급된다.

프랑스의 돌봄정책은 아이를 직접 돌보거나 공립어린이집, 국가가 인증한 가정보육사, 돌봄도우미, 부모협동어린이집 등 다양한 돌봄 옵션 중 한 가지를 선택할 수 있고, 아이들이 하교 후에도 문화, 스포츠 활동에 모두 참여할 수 있도록 초등학교 시간표를 개혁하고, 모든 기업은 연 1회 열리는 노사협의회에서 '근로자의 사회생활과 가정생활의 양립'에 대해 논의하고 있다. 노동자가 육아를 위해 유연한 노동시간으로 전환을 요구했을 때 고용주가 거부하기 위해서는 거부 사유를 소명해야 하는 제도를 운영한다.

"경제적으로 어려워서 출산을 하지 않으려는 사례는 없도록 한다"는 프랑스 정부는 최소한의 양육비는 정부가 책임진다는 원칙이 있다. 포괄적인 수당 정책을 가진 프랑스는 출산지원 정책으로 인구 구조를 안정적으로 유지하고, 출산과 자녀 교육비용을 지원하는 것으로 일정 수준 이상의 생활을 보장하며, 자녀가 있는 가정과 없는 가정 간의 생활수준 격차를 최소화하는 형평성을 추구하고 있다.

프랑스는 1938년부터 2자녀 이상 가구 지원을 위한 가족수당(Allocations familiales) 제도를 신설했고, 둘째 자녀부터 수당을 지급한다는 점은 이 제도가 저출산 문제 해결에 초점이 맞춰져 있음을 알 수 있다.

20세 미만 아동을 둔 가족에게 수당을 지급하되, 급여액은 자녀수와 소득 수준에 따라 차등을 뒀다. 두 자녀를 키우는 가족은 129유로(17만 원, 22일 기준), 3명을 키우면 296유로(39만 원), 4명은 463유로(61만 원)를 받으며 두 번째 자녀가 14세 이상인 가족은 64유로(8만 원)의 추가 수당이 지급된다.

최근 유럽 경제 불황과 '가족수당금고'의 적자가 지속되자, 고소득 다자녀 가정의

---

4) 신윤정, 프랑스 영유아 보육 정책 현황과 시사점, 보건복지 Issue & Focus 제151호, 한국보건사회연구원, 2012.

수당 지원 여부가 논쟁으로 떠올랐다. 결국 2015년 '사회보장재정법'이 변경되면서 사회보장 가족부문 예산 6억 유로 감축 결정이 내려졌다. 가족수당에도 변화가 생겼는데, 2자녀 가족 기준으로 가계소득이 1년에 6만 7408유로(8967만 원)가 넘는 가족은 수당의 절반을, 8만 9847유로(1억1952만 원)가 넘으면 4분의 1을 지급한다.

이외에도 육아기 직접지원제도에는 영아보육수당(PAJE, Prestation d'accueil du jeune enfant)이 있다. 출생수당, 기초수당, 보육방식의 자유로운 선택을 위한 보조금, 직업활동의 자유로운 선택을 위한 보조금을 포함한다. 출생수당과 기초수당은 일정 소득 이하의 가정에게 지원하며, 나머지 두 보조금은 취업여성으로 지원 대상을 한정하고 있다.

(4) 보육의 행정체계

만 0~2세 영아보육서비스는 고용・노동・건강부에서, 만 3~5세 유아교육은 교육부에서 지원하는 이중 체계로 구성되어 있다.

영아보육서비스에 대한 국가 지원은 근로 여성을 대상으로 이루어지고 있다는 특징을 지니고 있으며, 국가 가족정책 지출에서 차지하는 비중은 부모가 직접 양육하는 경우 지급되는 육아휴직수당(24.4%), 시설서비스 이용 지원(31.5%), 개인 보육서비스 이용 지원(32.1%) 등이 적절한 균형을 이루고 있다.

만 3~5세 유아의 경우 국가가 지원하는 보편적인 유아 교육 형태로 이루어지고 있는데, 프랑스 유아의 98%가 유치원에 취원하고 있고, 이들 연령대의 유아에 대한 보육서비스는 방과후 및 유치원 휴일에 부모가 직접 돌보지 못하는 경우에 이루어지고 있다.

보육사업에 소요되는 예산의 경우 지방정부가 50%를 담당하고 있어 중앙정부의 일방적인 시책이 어렵고 지방정부의 권한 강한 경향을 보여주고 있다.

보육시설의 설립과 운영에 관한 제반 사항은 중앙정부가 규정하고 전문가의 양성, 보육시설에 필요한 행정정책의 활성화도 중앙정부가 책임지고 있다.

최근 영아기에 대한 관심이 강조되고 보육서비스의 다양화를 위한 정부의 재정지원이 증가하고 질적 개선을 위한 국가적 보육지원정책이 제시되고 있다.

(5) 보육교사 양성과정

보육시설에 종사자들의 구성 및 자격은 유치원 교사의 자격과는 차이가 있는데, 보육시설의 종류에 따라 어느 정도 차이가 있다. 보육시설의 원장은 의사이거나 국가학위를 지닌 육아전문가로서 해당 직종에 5년 이상 경력이 있어야 한다.

〈표 4-4〉 주요국의 보육서비스 유형

구 분	시설중심 보육, 가정보육				학령전 학교(pre-school)	
아동연령	0	1	2	3	4	5
오스트레일리아	▪인가받은 시설중심 및 가정 보육				예비학교. 초등학교와 연계 (전일제 및 방과후보육 제공)	
핀란드	▪가정보육 ▪지방자치단체 운영 아동발달센터(전일제, 주당 50시간 미만)					
프랑스	▪시설중심: crèche ▪가정보육: Assistant maternalles(전일제)			Pre-school: École maternelle(유치원)		
독일	▪시설중심: crèche			Pre-school: kindergarten		
이탈리아	▪crèche: Asili nidi(탁아소, 보육원)			Pre-school: Scuola dell''infanzia		
일본	시설보육					
	가정보육				유치원	
한국	어린이집					
				유치원		
스페인	▪시설보육: Educación Preescolar			Pre-school: Educación infantil(초등학교 연계)		
스웨덴	▪Pre-school: Folskola, 전일제(주당 30시간) ▪가정보육: Familie daghem					
영국	▪탁아소, 보모(childminders), playgroup			playgroup, 탁아소, 유아교육기관 (만3~4세 아동은 주당 12.5시간의 무상교육)		

육아전문 양성기관에는 고등학교를 졸업한 학생들이 소정의 시험을 거쳐 입학할 수 있으며, 교육기간은 3년이나, 사회복지사업에 종사하고 있거나 간호사 또는 조산사 국가자격을 가진 경우 양성과정이 1년으로 단축된다. 또한 양성기관에 입학하여 소정의 과정을 이수한 후 국가 자격고시를 통과함으로써 원장 자격을 취득하게 된다. 육아전문가 양성기관의 교육과정은 의학적인 측면을 강조하고, 다양한 현장실습을 중시하고 있다.

3) 시사점

2019년 현재 우리나라는 만0~5세 어린이집을 이용하는 영유아 가구의 아동에게 소득과 관계없이 보육료를 지원하고 있다. 지원내용으로는 만0~2세 영유아의 어린이집 이용시간에 따라 종일제와 맞춤형, 보육료 지원으로 구분된다. 누리과정이 만3~5세에 적용되면서 학부모의 소득수준과 상관없이 보육료를 지원받게 되었다. 이러한 제도의 확대 시행은 보편적인 보육체계로 확립될 것으로 기대된다. 또한 보육 수요자의 욕구와 필요에 따라 다양한 보육서비스를 제공하는 '근로맞춤형 보육서비스'의 신설 즉 취업 여성을 대상으로 종일제 시설 보육서비스 또는 반일제 및 주말 보육서비스, 전업 주부를 대상으로 양육수당과 일시 또는 긴급보육 서비스를 조화롭게 제공함으로써 수요자 상황에 따른 자유로운 선택이 가능하도록 해야 한다. 저출산 문제를 보다 효과적으로 해결하기 위해서는 육아휴직, 탄력적 근로 등 유연한 근로시장 정책과 다양한 유형의 보육서비스가 조화를 이룰 때 정책적 효과가 나타날 수 있다.

4. 독일의 보육정책

1) 보육의 개념

보육(Kinderbetreuung)은 미취학 아동과 취학 아동 모두에 대하여 국·공립기관을 통한 어린이집 보육과 개인이 가정이나 그에 준하는 곳에서 설치·운영하는 가정보육을 포함한다.

보수적 조합주의[5] 국가인 독일에서 어린이집을 통한 양육, 교육, 보육 서비스 제공은 보충성의 원리에 따라 가족지원이 서비스를 공급할 수 없는 경우에만 가능하다. 따라서 어린이집에 대한 정부의 재정 지원이 거의 이루어지지 않는 상태에서 대

5) 조합주의 복지국가(the corporatist welfare state)는 국가가 복지대상자를 공직자, 사무직, 노동자와 같은 직업범주에 따라 구분하고, 교육과 직업훈련을 적극 지원하며, 소득보장(사회보험)은 국민최저 이상으로 하는 복지국가의 유형으로, 대표적인 국가는 독일이다.

도시 이외의 지역에 거주하는 영유아가 어린이집을 이용한다는 것은 현실적으로 쉽지 않다.

독일 노동시장에서 전반적으로 인력부족 현상이 심화될 것이라는 예상과 함께 전문 인력 부족 현상의 우선적 해결책으로 경력이 단절된 여성의 경제활동 재개를 요구하는 상황이다. 자녀가 있는 여성의 경우 경력이 단절되는 사례가 있고 자녀양육을 위해 근로시간을 스스로 단축하거나, 정규직에서 시간제 및 계약제 근로자로 전환하여 경제활동을 이어나가는 경우도 많다. 2012년 주당 근로 평균 근로시간 통계에 따르면, 자녀가 없는 여성 근로자의 경우 약 32시간을 일한 반면, 자녀가 1명인 경우에는 약 27시간, 2명인 경우에는 약 23시간, 3명인 경우에는 약 21시간을 일하는 것으로 나타나고 있다. 특히 취학 전은 물론이고 학령기 자녀를 둔 여성의 주당 평균 근로시간은 약 25시간 수준으로, 자녀양육의 부담으로 인해 여성들은 시간제 근로 수준으로 근로시간을 줄이고 있는 상황으로 해석된다.[6)]

독일 경제사회연구소(WSI)의 연구결과에 따르면, 전일제 근로자는 근로시간의 감소를 원하는 반면 시간제 근로자의 경우에는 더 많은 시간의 노동을 통해 소득 규모를 늘리길 원하는 상황이다. 이러한 연구결과를 유추할 때 시간제근로를 선택하는 여성의 경우에도 양육의 부담이 완화될 경우에는 근로시간 연장을 통하여 소득 증가를 희망할 것으로 보인다.

2) 보육체계

(1) 보육의 연령기준

독일의 경우 영아와 유아, 초등학교 입학 전의 아동들을 교육하는 시설의 명칭이 각 주와 각 도시마다 조금씩 차이가 있다. 다만, 연령을 기준으로 만3세 이하의 경우와 만4～6세까지를 기준으로 나누고, 만6세 이상의 아이들은 초등학교 의무교육이 시작된다.

---

6) 이승환, "독일의 보육서비스 확대와 보육교원노조의 단체교섭 현황", 국제노동브리프 2015년 9월호, 한국노동연구원, p.49.

(2) 보육의 유형

보육시설의 확충과 보육서비스 확대에 관한 논의는 독일 정치계에서 매번 선거에서 이슈화되고 있는 문제이다. 그러나 보육서비스의 확대는 시설 확충에 따른 소요예산, 보육종사자의 부족 등으로 수요를 충족하지 못하는 상황이다. 따라서 이러한 문제를 해결하기 위하여 보육시설을 이용하지 않고 가정에서 직접 자녀를 양육하는 경우 양육비(Betreuungsgeld)를 지원하는 정책을 실시하고 있다.

각 지역마다 전일제 탁아소(Kindertagesstätte)의 명칭이 조금씩 다르며, 탁아소(Kinderkrippe 또는 Großtagespflege)는 만3세까지의 아동을 돌보는 곳이고, 유치원의 경우는 만3~5세까지의 아동을 교육하는 곳이다. 부분적으로 전일제 유치원(GranztagsKindergärten)이 전일제 어린이집(Kindertagesstätte)으로 표현되기도 한다. 이러한 아동들을 위한 시설들이 모두 연령별로 크게 3가지 그룹으로 나뉘는데, 어린이 탁아소(Kinderkrippe), 유치원(Kindergarten) 놀이·공부방(Hort)으로 분류된다. 이러한 3가지 그룹을 통칭하여 전일제 탁아소(Kindertagesstätte)라고 호칭하므로 용어상의 혼돈이 있을 수 있다. 3가지 형태의 시설 이외에 가정집에서 아이들을 맡아 돌보아 주는 보모((Tagespflege)제도가 어린이방(Kindertagesbetreuung)의 한 종류에 속한다. 여기서 가정보육이란 영유아의 가정으로 개인 전문보육교사(Tagesmutter)가 일일 방문하거나 전문보육교사가 본인의 가정이나 그에 준하는 곳에 국·공립시설 수준을 갖추고 5명 이하의 영유아를 보육하는 가정어린이집을 의미한다.

2011년 기준으로 유치원 취원율은 만 3세 90%, 만 4세 96%, 만 6세 98% 등으로 취원율이 높으나, 상대적으로 어린이집의 취원율은 매우 저조한 것으로 나타난다. 이러한 결과는 만3세 미만의 영아를 위해서는 어린이집에서 교사에 의한 교육보다는 가정 내에서의 가족에 의한 육아가 더 바람직하다는 보수적인 육아관에 기초하고, 정부에서 양육수당 지급정책을 고수하고 있기 때문이다.[7)]

---

7) 양옥승, 통일대비 미국·중국·독일·스웨덴의 영유아 교육보육 시스템 분석, 유아교육연구 34권 제6호, 2014, p. 589.

〈표 4-5〉 2011년 3세 미만 아동 보육 현황

구 분	전체		구 서독지역		구 동독지역	
	아동 수(명)	비율(%)	아동 수(명)	비율(%)	아동 수(명)	비율(%)
시설보육	437,390	21.5	266,582	16.3	133,830	43.8
가정보육	79,720	3.9	59,880	3.7	16,090	5.3
합계	517,110	25.4	326,462	20.0	149,920	49.0

자료: 맞춤형 법제정보, 한국법제연구원, 2015.

① 영 · 유아 탁아소(Krippe)

현재 독일에서 KiföG법[8])의 시행과 더불어 가장 크게 확보되어야 하는 대상으로 만3세 이하의 영아와 유아를 위탁받는 곳이다. 원칙적으로 2013년 8월부터 모든 부모들이 만3세 이하의 영 · 유아를 위한 보육시설의 자리를 배정받을 수 있는 법적 권리가 있으나, 시설의 수가 부족하여 법의 실행과는 달리 탁아소에 자리를 배정받기 어려운 상황이다. 법 시행 이후 3세 이하의 자녀를 위한 보육시설에 자리를 배정받지 못한 경우 부모는 각 지방자치단체에 손해배상을 청구할 수 있으나 실질적으로 도움이 되지 않고 있다.

탁아소에 영 · 유아 출생 전 3~6개월 전에 자리를 예약해야 하나 그렇지 못한 경우 사립 탁아소를 찾아야 하는 실정으로, 사립 탁아소의 비용은 국가지원 보육시설의 5배 정도여서 중산층 이상의 가정도 경제적으로 곤란해 하는 상황이다.

보육시설의 수와 별개로 교육을 담당할 수 있는 자격을 갖춘 교사들의 직업교육이 부족하기 때문에 최근 탁아시설 교사들의 교육적 자질이 부족하다는 연구 결과가 잇따르고 있어 부모들과 사회단체들은 만3세 이하 영아를 보육하기 위한 탁아시설 관련법의 개정과 질적인 재검토를 요구하고 있다.

영 · 유아 탁아소(Krippe)는 종일반으로 운영되고 있다.

② 어린이방(Kindertagesbetreuung)

어린이방은 독일에서 아동과 청소년 보호의 한 부분으로 자리하고 있으며, 각 주별로 어린이방 이용을 위한 부모의 부담은 매우 상이한 편이다. 현재 공립 탁아시설의

---

8) 아동보육지원법(KiföG)은 2014년 초부터 시행되고 있으며, 2013년에 CDU/FDP(기독민주당/사회당 연합정부) 정부에서 개정되었다.

부족으로 주정부의 승인 아래 가정집에서 만3세 이하 아동을 맡아 돌보는 가정 어린이방이 존재하고 있다. 즉, 자신의 자녀를 돌보며 다른 가족의 자녀들을 돌보는 형태라고 할 수 있다.

어린이방의 장점은 일반 탁아시설보다 시간적 융통성이 많다는 점으로, 부모와 아이들을 돌보는 보모 사이에 시간적 합의가 이루어지게 되면 언제든 일찍 또는 늦게 아동을 맡기고 데리러 올 수 있다.

2006년 이후부터 어린이방의 보모로 등록하기 위해서는 교육학 자격증과 아동을 위한 '응급처치자격증'을 제출해야 하며, 전문성과 인격, 건강 면에서 모두 적합성 인정받아야 한다. 또한 적절한 공간을 확보하고 이러한 보육을 할 수 있다는 지방자치단체의 허가가 있어야 한다.

③ 유치원(Kindergarten)

일반적으로 초등학교에 입학하기 전 아동을 교육하는 곳으로, 우리나라의 유치원과 유사한 시설이다. 그러나 국·공립유치원과 사립유치원의 원비와 등록비에 차이가 많으며, 사립유치원을 부모가 선택하는 경우에는 정부로부터 지원을 받을 수 없다는 점이다. 사립유치원의 원비는 국·공립유치원의 원비의 몇 배 정도이며, 주별로 차이가 있고, 하이델베르크 시의 경우 연간 약 1,403유로를 원비로 지불해야 한다.

유치원은 대체로 오전 10시부터 오후 2시까지 운영되고 있다.

④ 놀이·공부방(Betreuungschule, Hort, Schulhort)

놀이·공부방은 수업이 시작되기 전인 오전 7시 30분에서 8시 30분까지, 방과후 오후 2시부터 3시까지 운영된다. 이러한 시설의 운영비는 지역, 시, 주와 부모들에 의해서 충당된다. 시설 이용비는 1인당 월 80유로 정도이며, 놀이·공부방에는 그룹 활동이 가능한 방과 주방이 구비되어 있고, 주이용 연령층은 대략 만6~10세로 주중에 수업 전·후에 5시간 정도 유치원 교사 자격자와 일반 교육을 담당할 수 있는 교사들이 아동들을 돌보고 있다.

〈사 례〉

독일 헤센 주(州) 켈크하임에 위치한 한 가정의 상황이다. 부부의 직업은 각각 은행원(남편), 파트타임으로 일하고 있는 변호사(아내)로 어느 정도 경제적 여유가 있는 형편임에도 부부는 두 살짜리 아들의 유치원비 때문에 "한계상황"이라고 말한다.
이 가족이 아들의 유치원비로 지출하는 비용은 연간 총 10,710유로. 매월 원비로 810유로, 아침과 점심식사 및 간식비로 82.5유로를 지불하고 있으며, 아이는 오전 7:15까지 등원하여 오후 4:45에 하원하는 종일반에 다닌다.

여기에 추가적으로 네 살 된 딸의 유치원 비용으로 매달 283유로가 필요하다. 즉, 매달 가구소득에서 두 자녀의 유치원 비용으로만 약 1,175유로가 드는 셈이다. 연간 비용을 계산하면 거의 소형차 한 대 가격이 나온다. 이 부부는 안정적인 소득이 있어 그나마 감당이 되는 편이지만, 재정적인 이유로 자녀를 격일제로 유치원에 보내는 부모들도 있다.

하지만, 일부 이웃 지역에서는 유치원비가 켈크하임 지역의 약 1/4 밖에 되지 않는다. 예를 들어 인접한 슐추바흐(Sulzbach)와 프랑크푸르트에서는 식비 제외, 최대 216유로만 부모가 부담하게 되어있다.

켈크하임은 지난해부터 3세 미만 아동 유치원 비용의 3분의 1을 지원하고 있다. 켈크하임은 지난 3-4년 동안 보육센터의 확장에 엄청난 투자를 해왔으며 약 200개 이상의 일자리를 신규로 창출했다. 그 비용이 현재 이러한 상황을 연출하고 있는 것이다.

개정된 헤센주의 아동보육지원법(KiföG)은 2014년 초부터 시행되고 있으며, 2013년에 CDU/FDP(기독민주당/사회당 연합정부) 정부에서 개정되었다. 스테판 그뤼트너(Grüttner, CDU) 사회복지부 장관은 개정된 아동보육지원법에 따라 아동복지를 위해 더 많은 재정을 투입하고 기관 당 보육아동의 수와 같은 최소유지기준을 12명 이하로 유지하기로 약속한 바 있다. 노베르트 알텐캄프 바트조덴암타우누스 시장은 이러한 최소유지기준이 3세 미만 아동을 위한 유치원 비용 및 요금상승의 주된 원인이라고 지적한다.

켈크하임 지역의 학부모 그룹들은 유치원비 인하를 위한 지속적인 시위를 벌이고 있으며 그 효과가 나타나고 있다. 지자체에서는 내년부터 지원금을 현재 총 유치원비의 1/3에서 50%로 상향 조정한다고 밝혔다. 지원금이 증액되면 부모들은 한 달에 약 200유로의 부담을 덜 수 있게 된다.

즉, 내년부터 유치원비로 매년 10,710유로 대신에 8,310유로가 필요한 것이다. 그러나 이 역시 여전히 소형차 가격으로 부모에게 부담이 아닐 수 없는 높은 가격이다.

(3) 보육 · 양육정책

영유아를 위한 보육 관련 재정 지원에는 보육지원금(Betreuungsgeld)과 자녀지원금(Kindergeld)이 있다.

보육지원금은 만3세 이하의 영유아를 탁아시설에 위탁하지 않는 경우에 지원받을 수 있는 영유아 지원금이다. 부모가 만3세 이하의 자녀를 탁아소에 위탁하지 않고 직접 영유아를 보육하는 경우 또는 국가가 탁아비용을 지불하는 시설 중에서 몇 명의 영유아를 모아 가정집에서 보육하는 어린이방에 위탁하는 부모에게 월 100유로를 지원하는 제도이다.

자녀지원금은 가정의 소득과 자녀의 수에 따라 차등 지원되는 데, 첫째와 둘째 자녀의 경우 월 184유로, 셋째의 경우 190유로, 넷째와 그 이후 출생 자녀들에게 월 215유로를 지원한다. 자녀지원금은 원칙적으로 출생부터 지원되는 지원금으로 만18세까지 모든 자녀에 대해 주어지는 금전적 급부이다. 직업이 없는 자녀의 경우 21세까지 또는 직업교육 중에 있는 자녀의 경우 25세까지 자녀지원금을 받을 수 있다. 자녀지원금은 정부의 노동관련 부서에서 담당하고 있다는 점이 우리나라와 비교해 볼 때 차이가 있다.

독일의 아동수당은 1975년에 전환점을 맞이하면서 자녀수나 취업 여부에 관계없이 아동수당을 지급하고 있다.

현재 독일은 현금성 지원으로 아동수당(Kindergeld), 부모수당(Elterngeld) 등을 시행 중이며, 아동수당은 독일소득세법(Einkommensteuergesetz)과 연방 아동수당법(Bundeskindergeldgesetz)에 근거를 두고 있다.

영주권과 체류허가를 받은 외국인 포함 모든 부모에게 지급하고 금액은 자녀 순위에 따라 차이를 두고 있는데, 2017년 기준으로 첫째와 둘째 자녀는 192유로(25만 원)를, 셋째는 198유로(26만 원)를, 넷째 이상에게는 223유로(29만 원)를 지급한다. 학업, 직업 교육 등의 사유가 있을 경우 미혼 자녀에 한해 25세까지 수급 자격을 둔다.

부모수당은 육아수당(Erziehungsgeld)을 대체하고자 만들어졌다. 자녀 출산 후 육아로 휴직하는 부모의 가계수입을 정부에서 보상하는 제도로서, 이 수당은 부모가 아이를 집에서 직접 양육한다는 점을 전제하고 있다. 부부가 최대 14개월 간 신청할 수 있으며, 1명 당 최소 2개월에서 최대 12개월까지 받을 수 있다. 부모수당은 세후 급여의 65%, 최대 1800유로(239만 원)까지 지급하며, 수입이 없는 구성원에게도 최저기준을 적용해 월 300유로(40만 원)를 지급한다는 특징이 있다.

(4) 보육의 행정체계

보육 및 보육기관에 관하여는 '사회보장법' 제8권 유아 및 청소년지원을 기본으로 영유아 보육에 관하여 '일일보육시설확충법', '유아 및 청소년 지원 확대법안'과 '3세 미만 아동지원법' 등 사회보장법 제8권을 개정 또는 보충하는 일괄적 개정법률이 제정되었다.9)

연방법을 기초로 16개 주가 재정과 운영상황에 맞춰 세부적인 사항들을 구체적으로 규정하고 있다.

어린이집 업무는 주정부의 '가족아동청소년문화체육부'가, 유치원은 주정부의 교육부(교육청)가 관할하고 있다.

(5) 보육교사 양성과정

유치원 교사가 되기 위해서는 전문대학(fachhochschule)에서 2년의 이론교육 과정과 1년의 실습교육 과정을 거치고 국가자격시험에 합격해야 한다. 독일에서 영유아 교육 및 보육의 업무는 주정부 관할이기 때문에 자격시험의 형태와 내용은 주마다 차이가 있다. 어떤 주는 자격시험 합격과 동시에 대학졸업증을 부여하지만, 어떤 주에서는 자격시험에 합격했다 하더라도 별도의 졸업시험에 통과하지 않는 한 졸업증서를 부여하지 않는다. 전문대학 졸업과 동시에 자격증을 주는 경우도 있지만 대학졸업과 더불어 1차 시험을 치르고 일정(1년 6개월) 교육경력을 소지한 상태에서 치르는 2차 시험을 통과해야 자격증을 주는 등 시험기준 또한 주정부에 따라 다소 차이가 있다.10)

가정보육(Tagesmutter)은 보육방법의 다양성을 보장하는 방법 중의 하나이며, 시설보육과 동일한 수준의 보육을 제공해야 함으로 가정보육교사 자격과 관련하여 인성과 함께 전문적 보육지식을 증명해야 한다. '바이에른 주'의 경우 가정보육교사에 관하여 다음과 같이 법에 규정하고 있다. 사회보장법 제8권 제43조에 따라 "가정보육교사는 동시에 5명의 아동을 일일가정보육할 수 있으며, 다수의 가정 보육교사가 8명 이상의 아동과 함께 상주하는 경우 최소한 1명의 가정보육교사는 대학교육과 동일한 정도의 전문적 교육을 받고 보육지식을 갖춰야 한다", '노트라인 베스트팔렌 주'는 아

9) 일괄적 개정법률(Arktikelgesetz)이란 다수의 법률에 대한 개정으로 내용으로 제정된 법률을 말한다.
10) 양옥승, 전게서, p. 590.

동교육법 제4조 제2항에 “가정보육교사가 공동가정보육시설에서 일하는 경우 3명의 가정보육교사가 최대 9명의 아동을 보육할 수 있으며, 보육교사는 모두 가정보육을 위해 개별적인 허가를 획득해야 한다”고 규정하고 있다.

독일은 연방법을 원칙으로 각 주별로 개별적이나 유사한 법률을 통하여 보육교사의 자격에 대하여 규정하고 있음을 알 수 있다. 또한 연방법은 ‘아동 및 청소년청’ 등 관리 관청에서 지급되는 보육지원비용의 구성을 위한 법적인 규정 및 국가적 기구에 의한 보육시장 관리가 이루어져야 한다고 규정하고 있다.

현재 보육교사들은 평균적으로 세전 2400유로 정도의 월급을 받고 있으나, 대다수의 보육교사들이 파트타임으로 일하고 있어, 세후 1000유로 정도의 월급에 그치고 있는 것으로 알려지고 있다.

〈표 4-5〉 보육서비스 분야의 고용실태

	보육서비스 분야	기타 업종
여성 근로자 비율	92.5%	44.2%
시간제 근로자 비육	43.4%	23.4%

자료: BIBB(2015).

3) 시사점

독일은 직접적으로 일하는 부모를 위한 영유아의 보육과 탁아시설 확충을 위하여 꾸준히 노력하고 있고, 이에 상응하는 재정을 확보하여 집행하고 있다. 그러나 제기되는 문제점은 영유아를 위한 탁아시설의 양적 확대와 비례하여 영유아를 교육하고 보육할 수 있는 역량 있는 보육교사들이 수급되고 있느냐 하는 점이다. 즉, 영유아를 위한 지원정책이 효과를 거두기 위해서는 탁아시설에서 근무하고 있는 보육교사에 대한 직업교육과 이를 위한 충분한 지원이 선행되어야 한다는 것이다.

직접적인 탁아시설 확충 이외에도 일하는 부모들을 위한 다각적인 지원이 이루어져야 하는데, 예를 들어 자녀의 출산을 장려하기 위한 방법과 병행하여 부부세금 감면제도 및 가족세금 감면제도를 고려해야 한다. 총수입의 최대 40%를 세금으로 납부하고 있는 독일국민들은 부부세금 감면제도가 결혼한 부부에게 재정적으로 도움이 되면서 출산을 장려하게 되고, 자녀의 수에 따라 세금을 감면받을 수 있으므로 출산 장려를 포함한 다른 정책에도 긍정적인 영향을 줄 수 있는 것으로 예상된다.

독일도 우리나라와 유사하게 인구 감소로 고민하고 있으며, 출산율을 상승시키고 안정적인 가족정책을 수행하기 위해서는 직장과 가정생활을 병행할 수 있는 근본적인 대책이 필요하다는 것을 정부와 기업 모두가 공감하고 있기에, 정부만의 가족정책이 아닌 정부와 기업, 부모 3자간의 협의와 합의를 통한 대책 마련이 이루어져야 한다.

참고문헌

백선정, 스웨덴의 보육정책과 우리나라의 시사점, 이슈분석 제61호, 경기도가족여성연구원, 2016.

신윤정, 프랑스 영유아 보육 정책 현황과 시사점, 보건복지 Issue & Focus 제151호, 한국보건사회연구원, 2012.

양옥승, 통일대비 미국·중국·독일·스웨덴의 영유아 교육보육 시스템 분석, 유아교육연구 34권 제6호, 2014.

이상식, 외국의 보육·양육정책: 스웨덴 사례를 중심으로, 보건·복지 Issue & Focus, 한국보건사회연구원, 2012년 12월호.

이승현, "독일의 보육서비스 확대와 보육교원노조의 단체교섭 현황", 국제노동브리프 2015년 9월호, 한국노동연구원.

이연정 외, "영국의 영유아 보육정책 및 한국의 유사정책 현황-Sure Start Children's Centres와 Dream Start 비교", 소아청년정신의학 26(1), 대한소아청소년정신의학회, 2015.

이지희, "독일의 2013년 보육제도 동향", 외국법제정보, 한국법제연구원, 2013.

육아정책연구소, "독일 헤센 주의 등골 휘는 유치원비", 해외육아정책동향, 2014.

한국법제연구원, "독일의 영유아보육법제", 최신의 외국법제정보, 한국법제연구원, 2015.

제 5 장

보육정책의 대상

보육정책의 대상은 '누구에게 보육관련 급여를 줄 것인가', '누가 보육관련 급여를 받는 자격대상인가?'라는 질문에 관한 것으로 할당원칙에 따라 보편주의와 선별주의로 구분한다.

〈표 5-1〉 보편주의와 선별주의

	보편주의	선별주의
내용	모든 국민이 직면할 수 있는 일상적인 생활위험에 국가가 보육관련 급여를 사회적 권리로서 제공하는 것	특정한 욕구를 가진 선별적인 대상(취약계층)에게 자산조사를 통하여 보육관련 급여를 제공하는 것
장점	대중적인 보육 프로그램	도움이 필요하다고 인정되는 계층에게 보육관련 급여가 집중되므로 비용 효과적임
한계	모든 영유아를 대상으로 하므로 비용이 많이 발생	자산조사를 통한 대상자 선정으로 부정적 낙인과 인권 침해 발생

또한 대상자 선정기준은 복잡하고 다양한데, 이를 위하여 욕구, 보상, 등급분류, 자산조사 등을 실시하기도 한다.

〈표 5-2〉 대상자 선정기준

구분	부여된 욕구	보상	등급분류	자산조사
대상자	집단	집단	개인	개인
대상자 선정기준	규범적 판단	형평을 위한 규범적 판단	욕구의 기술적 판단	욕구의 경제적 기준
사례	아동수당, 양육수당	직장어린이집 육아휴직제	장애영유아어린이집	국민기초생활보장

1. 대상인구의 감소

한국 사회가 2020년부터 총인구가 감소할 수 있는 '인구 위기'에 직면한 것은 전셋집 마련도 힘든 경제 문제, 결혼을 하지 않으려는 비혼(非婚) 문화, 경력 단절을 초래하는 양육 환경이 복합된 결과이다. 따라서 출산율의 저하는 상대적으로 노인인구의 증가를 가져와 이에 대한 효과적인 정책이 필요하다.

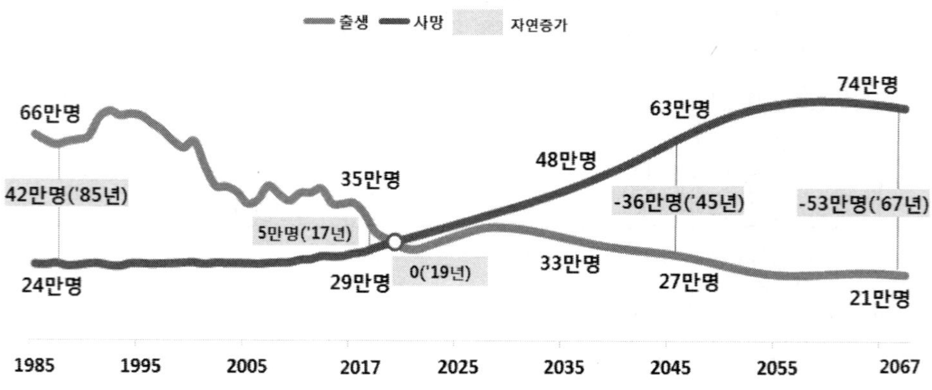

자료: 통계청, 장래인구특별추계, 2019.

〈그림 5-1〉 출생아수 및 사망자수, 1985~2067년

인구의 감소는 생산가능인구의 감소로 이어져 경제의 '마이너스(-) 성장'과 연결되

고, 경제활력의 감소와 사회의 다양한 분야에 부정적인 요인으로 작용한다는 점이다. 즉, 적절한 일자리가 없으므로 결혼 기피 현상이 발생하고 어느 정도 경제력을 갖춘 후 결혼을 하려는 만혼(晩婚) 인식이 생김으로써 그 결과 출산율 감소와 상대적인 노인인구의 증가로 사회는 충분한 노동력을 확보하지 못함으로써 생산력과 규모의 경제를 갖추지 못하게 된다.

통계청 '장래인구특별추계'에 따르면 2019년부터 사망자가 출생아보다 많아지는 자연감소가 시작되며, 출생아는 2017년 35만명에서 2067년 21만명(2017년의 2/3 미만 수준)으로 감소할 전망이다.

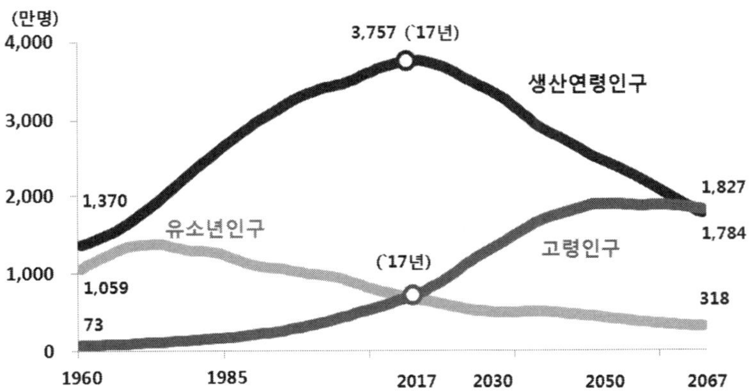

자료: 통계청, 장래인구특별추계, 2019.

〈그림 5-2〉 연령계층별 인구 구조, 1960 ~ 2067년(중위)

전세계적으로 인구가 계속 감소하는 국가로 그리스, 이탈리아, 일본, 포르투갈, 폴란드, 헝가리 등 8개국이며, 인구 증가 후 감소하는 국가로는 우리나라를 포함하여 네덜란드, 스페인, 체코, 칠레 등 11개국이고, 인구가 계속 증가하는 국가로는 미국, 영국, 스위스, 캐나다, 프랑스, 호주 등 16개국이 있다. 인구의 감소는 생산인구의 감소와 노년 부양 부담이 증가하는 것을 의미하며, 특히 어린이집의 재편이 이루어지는 상황을 초래한다.

2018 보육통계에 따르면 연도별 어린이집 보육아동은 완만하게 감소하고 있음을 알 수 있는데, 2020년 이후 급격한 출산율의 감소로 이용아동의 수는 급격하게 줄어들 전망이다.

〈표 5-1〉 연도별 영유아 추계 인구

(단위: 명)

연도	합계		영아(0~2세)				유아(3~5세)			
			소계	0세	1세	2세	소계	3세	4세	5세
2016	계	**2,711,083**	1,298,759	424,514	439,712	434,533	1,412,324	462,653	470,695	478,976
	남	**1,391,215**	665,793	217,669	225,435	222,689	725,422	237,050	242,148	246,224
	녀	**1,319,868**	632,966	206,845	214,277	211,844	686,902	225,603	228,547	232,752
2017	계	**2,639,254**	1,272,768	410,949	422,726	439,093	1,366,486	434,196	462,214	470,076
	남	**1,353,640**	652,507	210,764	216,764	225,029	701,133	222,476	236,811	241,846
	녀	**1,285,614**	620,261	200,185	206,012	214,064	665,353	211,720	225,403	228,230
2018	계	**2,576,232**	1,242,101	410,770	409,221	422,110	1,334,131	438,754	433,776	461,601
	남	**1,320,407**	636,829	210,674	209,842	216,313	683,578	224,816	222,249	236,513
	녀	**1,255,825**	605,272	200,096	199,379	205,797	650,553	213,938	211,527	225,088
2019	계	**2,520,020**	1,226,730	409,075	409,032	408,623	1,293,290	421,764	438,338	433,188
	남	**1,291,663**	629,010	209,807	209,749	209,454	662,653	216,098	224,591	221,964
	녀	**1,228,357**	597,720	199,268	199,283	199,169	630,637	205,666	213,747	211,224
2020	계	**2,490,742**	1,223,353	407,623	407,310	408,420	1,267,389	408,285	421,343	437,761
	남	**1,276,714**	627,288	209,064	208,869	209,355	649,426	209,244	215,871	224.311
	녀	**1,214,028**	596,065	198,559	198,441	199,065	617,963	199,041	205,472	213,450

자료: 보건복지부, 2017년 보육통계.

'인구절벽[1]' 가속화는 고용과 생산, 소비, 투자 등 경제 전반에 악영향을 미쳐 경제 활력을 발목 잡을 수 있다는 우려가 커지고 있다. 그러므로 사회 여러 분야에서 인력구조 변화에 대한 대비를 해야 할 필요가 있다.

어린 세대의 인구도 감소하는데, 유소년인구(0~14세)는 2017년 672만명(13.1%)에서 2030년 500만명(9.6%), 2067년 318만명(8.1%)까지 계속 감소한다. 이에 학령인구(6~21세)도 2017년 846만명에서 2067년 363만명으로 줄어들 것으로 통계청은 예상하고 있다. 특히 대학진학 대상인 18세 인구는 2017년 61만명에서 2030년 46만명으로 76% 감소할 전망이다. 특별히 인구의 전체적인 감소는 영유아의 감소를 의미하므로 보육대상 아동의 인구도 급격히 감소할 것으로 보인다.

1) 미국 경제학자 해리 덴트가 제시한 개념으로, 생산연령인구의 비율이 급속도로 줄어드는 현상을 의미

2. 보육대상

1) 개념

보육은 6세 미만의 취학 전 아동을 대상으로 건강하고 안전하게 보호·양육하고 영유아의 발달 특성에 맞는 교육을 제공하는 어린이집[2] 및 가정양육 지원 등에 관한 유아의 보육, 건강관리 및 보호자와의 상담, 그 밖에 어린이집의 관리·운영 등의 업무를 담당하는 어린이집의 원장 및 보육교사와 그 밖의 직원 등 보육교직원에 의하여 제공되는 사회복지서비스를 말한다. 또한 영유아의 심신을 보호하고 건전하게 교육하여 건강한 사회 구성원으로 육성함과 아울러 보호자[3]의 경제적·사회적 활동이 원활하게 이루어지도록 함으로써 영유아 및 가정의 복지 증진에 이바지함을 목적으로 한다.

2) 보육의 이념

보육은 영유아의 이익을 최우선적으로 고려하여 제공되어야 하며, 영유아가 안전하고 쾌적한 환경에서 건강하게 성장할 수 있도록 하여야 한다. 또한 자신이나 보호자의 성, 연령, 종교, 사회적 신분, 재산, 장애, 인종 및 출생지역 등에 따른 어떠한 종류의 차별도 받지 않고 보육되어야 한다.

따라서 어린이집의 교육환경, 어린이집 원장 및 보육교사 등 보육교직원의 전문성과 교육경력, 자질이 중요하다.

---

2) 보호자의 위탁을 받아 영유아를 보육하는 기관

3) 친권자·후견인, 그 밖의 자로서 영유아를 사실상 보호하고 있는 자

3) 책임

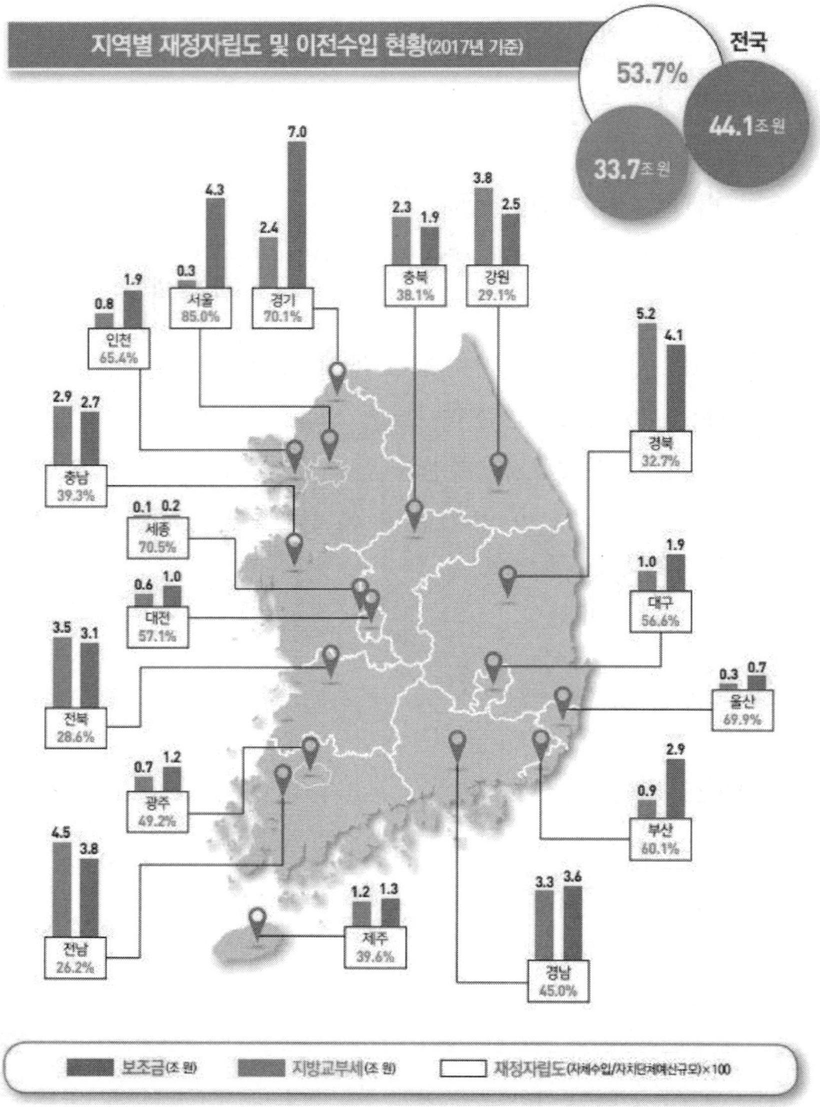

자료: 한국재정정보원, 월간 나라재정 12월호, 2017.

〈그림 5-3〉 지방자치단체 재정 현황

포괄적인 성격을 띠는 것으로 영유아보육법은 모든 국민에게 영유아를 건전하게 보육할 책임을 부과하고 있다. 그러나 실제적으로 국가와 지방자치단체는 보호자와 더불어 영유아를 건전하게 보육할 책임을 지며, 이에 필요한 재원을 안정적으로 확보하도록 노력하고, 지방자치단체장인 제주특별자치도지사 및 각 시장·군수·구청장(자치구의 구청장)은 영유아의 보육을 위한 적절한 어린이집을 확보해야 한다. 뿐만 아니라 국가와 지방자치단체는 보육교직원의 양성 및 근로여건 개선을 위하여 노력해야 한다.

그러나 서울, 인천, 경기 등 수도권 지역 지방자치단체의 재정자립도를 제외한 대부분 지방자치단체의 재정이 열악하므로 필요한 재원을 안정적으로 마련하지 못하고 있다.

3. 보육대상의 유형

2018년 12월 31일 현재 각종 어린이집을 이용하고 있는 영유아는 1,415,742명으로 남아는 51.7%인 731,498명, 여아는 48.3%인 684,244명으로 남아초과현상을 보이고 있다.

정부가 '공공형어린이집'의 증설과 재정지원으로 지난 2013년과 비교할 때 2018년 12월 31일 현재 국·공립어린이집을 이용하고 있는 원아 수는 30%, 협동어린이집은 35.2%, 직장어린이집은 무려 81.6% 증가한 반면 사회복지법인 어린이집은 14.7%, 법인·단체등어린이집은 20.1%, 민간어린이집은 7.7%, 가정어린이집은 16.9%, 감소했다. 이와 같은 결과는 정부의 '보육 공공화'정책과 일·가정 양립을 위한 정책에 의하여 국·공립어린이집의 증설과 직장어린이집의 설치 강화의 결과이며, 법인·단체등어린이집 및 민간어린이집, 가정어린이집 원아의 감소는 지방의 '탈지방화'와 지방의 인구감소의 결과라고 할 수 있다.

〈표 5-2〉 어린이집 연도별 보육아동 현황

구분		계	국·공립어린이집	사회복지법인어린이집	법인·단체등어린이집	민간어린이집	가정어린이집	협동어린이집	직장어린이집
2018	계	1,415,742	200,783	92,787	41,298	711,209	302,674	4,360	62,631
	남	731,498	103,444	48,702	21,633	367,436	155,682	2,272	32,329
	녀	684,244	97,339	44,085	19,665	343,773	146,992	2,088	30,302
2017	계	1,450,243	186,916	96,794	43,404	738,559	321,068	4,508	58,454
	남	749,266	96,611	50,741	22,625	381,384	165,414	2,308	30,183
	녀	700,977	90,305	46,053	20,779	357,175	156,194	2,200	28,271
2016	계	1,451,215	175,929	99,113	45,374	745,663	328,594	4,240	52,302
	남	750,122	91,124	52,038	23,638	385,046	168,970	2,197	27,109
	녀	701,093	84,805	47,075	21,736	360,617	159,624	2,043	25,193
2015	계	1,452,813	165,743	99,715	46,858	747,598	344,007	4,127	44,765
	남	750,621	85,961	52,333	24,279	385,507	177,103	2,166	23,272
	녀	702,192	79,782	47,382	22,579	362,091	166,904	1,961	21,493
2014	계	1,496,671	159,241	104,552	49,175	775,414	365,250	3,774	39,265
	남	773,987	82,306	55,049	25,478	400,579	188,152	2,012	20,411
	녀	722,684	76,935	49,503	23,697	374,835	177,098	1,762	18,854
2013	계	1,486,980	154,465	108,834	51,684	770,179	364,113	3,226	34,479
	남	768,523	79,934	57,048	26,670	397,270	187,899	1,735	17,967
	녀	718,457	74,531	51,786	25,014	372,909	176,214	1,491	16,512

자료: 보건복지부, 각년도 보육통계.

1) 보육아동 현황

연령별 보육아동 인구를 살펴보면 2016년과 비교할 때 2018년 12월 31일 현재 2.4% 감소하여 저출산의 영향을 받고 있다. 연령대별로 보면 만0세의 경우 10.1% 감소, 만 1세 0.24% 증가, 만 2세 2.9% 증가, 만 3세 11.5% 감소, 만 4세 6.1% 감소, 만 5세 4.68% 증가, 만6세 이상은 감소 폭이 가장 큰 18.4% 감소한 것으로 나타났다.

〈표 5-3〉 연령별 보육아동 현황

(단위: 명)

구분		계	국·공립어린이집	사회복지법인어린이집	법인·단체등 어린이집	민간 어린이집	가정 어린이집	협동 어린이집	직장 어린이집
계	2016	**1,451,215**	175,929	99,113	45,374	745,663	328,594	4,240	52,302
	2017	**1,450,243**	186,916	96,794	43,404	738,559	321,068	4,508	58,454
	2018	**1,415,742**	200,783	92,787	41,298	711,209	302,674	4,360	62,631
만 0세	2016	**141,013**	4,866	2,958	1,199	41,054	88,626	159	2,151
	2017	**139,654**	5,968	3,073	1,214	42,252	84,664	152	2,331
	2018	**126,793**	7,200	2,929	1,155	38,404	74,726	139	2,240
만 1세	2016	**318,245**	24,490	13,998	5,528	131,911	131,783	574	9,961
	2017	**330,868**	27,814	14,254	5,676	140,233	130,827	622	11,442
	2018	**319,016**	31,713	13,542	5,330	133,698	122,204	575	11,954
만 2세	2016	**386,726**	38,541	22,734	9,437	197,978	104,775	980	12,281
	2017	**391,715**	41,767	22,399	9,068	200,083	103,592	1,085	13,721
	2018	**397,955**	46,663	22,019	8,865	200,561	103,720	1,057	15,070
만 3세	2016	**263,652**	39,560	23,824	10.766	173,991	2,356	1,017	12,138
	2017	**236,665**	39,442	20,994	9,623	151,221	1,596	946	12,843
	2018	**233,274**	41,952	20,270	9,142	146,018	1,220	930	13,742
만 4세	2016	**180,255**	35,265	17,897	8,993	107,757	630	768	8,945
	2017	**188,540**	37,308	18,403	8,833	112,184	504	945	10,364
	2018	**169,328**	36,771	16,168	7,948	96,519	424	768	10,730
만 5세	2016	**153,893**	31,604	15,555	8,070	90,833	381	727	6,723
	2017	**156,093**	33,114	15,623	7,838	90,766	387	722	7,643
	2018	**163,314**	35,036	15,878	7,808	94,623	332	852	8,785
만 6세 이상	2016	**7,431**	1,603	2,147	1,381	2,139	43	15	103
	2017	**6,708**	1,503	2,048	1,152	1,820	39	36	110
	2018	**6,062**	1,448	1,981	1,050	1,386	48	39	110

자료: 보건복지부, 각 년도 보육통계.

이를 지역유형별 현원 현황을 살펴보면 대도시 경우 3.8%, 중소도시 0.83%, 농어촌 2.84% 감소한 것으로 나타나 전체적으로 영유아의 감소와 지방 붕괴 현상이 나타나고 있음을 엿볼 수 있다. 특히, 지방의 경우 젊은 인구가 도시로 빠져나가면서 수도권과 비수도권의 인구비율 추세의 경우 지방이 빠르게 감소하는 경향이다. 이런 전반적 추세를 보면 민간어린이집 및 가정어린이집이 가장 심각한 타격을 받고 있다. 민간어린이집의 현원의 경우 대도시 8.8%, 중소도시 0.8%, 농어촌 4.2% 감소했고, 가정어린이집은 대도시 11.8%, 중소도시 6.9%, 농어촌 4.7% 감소한 것으로 나타났다. 이와는 반대로 국공립어린이집은 대도시 17.3%, 중소도시 12.7%, 농어촌 7.3% 증가했다는 점은 정부의 '공공형어린이집' 증설 정책의 효과가 나타나고 있는 것으로 반추해 볼 수 있다. 또한 일·가정양립을 위한 정책과 직장어린이집 설치 의무를 강화하면서 직장어린이집 이용 현원의 경우 대도시 17.7%, 중소도시 21.1%, 농어촌 22.0%로 증가한 것을 볼 때 영유아의 감소와 여성의 일자리 유지정책이 지속되지 못한다면 이용인원의 감소와 재정 문제로 폐원하는 민간 및 가정어린이집을 대신하여 국·공립어린이집과 직장어린이집 지원을 강화하여 보육의 질을 높이는 방향으로 보육정책을 새롭게 재정비해야 할 것이다.

〈표 5-4〉 지역유형별 현원 현황

(단위: 명)

구 분		계	국·공립어린이집	사회복지법인어린이집	법인·단체등어린이집	민간어린이집	가정어린이집	협동어린이집	직장어린이집
계	2016	**1,451,215**	175,929	99,113	45,374	745,663	328,594	4,240	52,302
	2017	**1,450,243**	186,916	96,794	43,404	738,559	321,068	4,508	58,454
	2018	**1,415,742**	200,783	92,787	41,298	711,209	302,674	4,360	62,631
대도시	2016	**555,097**	93,451	29.076	13,480	278,884	114,974	2,058	23,174
	2017	**550,729**	101,544	28,405	12,533	270,739	109,918	2,075	25,495
	2018	**533,905**	109,605	27,230	11,947	254,437	101,465	1,945	27,272
중소도시	2016	**554,670**	50,018	20,246	13,174	281,807	168,377	1,486	19,562
	2017	**558,277**	52,008	19,742	12,751	283,859	166,189	1,598	22,080
	2018	**550,089**	56,348	18,733	12,107	279,542	158,070	1,598	23,691
농어촌	2016	**341,448**	32,460	49,791	18,720	184,972	45,243	696	9,566
	2017	**341,287**	33,364	48,647	18,100	183,961	45,501	835	10,879
	2018	**331,748**	34,830	46,824	17,244	177,230	43,139	813	11,668

자료: 보건복지부, 각 년도 보육통계.

2) 다문화 아동 보육현황

우리나라는 현재 다문화 사회로 빠르게 진입하고 있다. 20세기말 세계화가 본격 시작되면서 외국인 유입 증가와 국제결혼 급증 등으로 다문화가족이 새롭게 조명되고 있다. 다문화가족(多文化家族)은 서로 다른 국적, 인종이나 문화를 지닌 사람들로 구성된 가족이다. '다문화가족'이라는 용어는 지난 2003년부터 사용되기 시작했다. 30여 개 시민단체로 구성된 건강가정시민연대가 만든 용어로, 기존의 혼혈아, 국제결혼, 이중문화 가족 등 차별적 용어 대신 '다문화가족'으로 대체하자고 권장하면서 널리 사용되기 시작했다.

우리나라의 다문화가족은 우리와 다른 민족 또는 다른 문화적 배경을 가진 사람들이 포함된 가족을 총칭하는 용어인데, 국내에 거주하고 있는 국제결혼 가족이나 외국인 근로자 가족을 통상적으로 지칭하는 말이며, 이주민 가족 등도 모두 포함하고 있다.

우리 사회는 외국인이 전체 인구의 2.2%를 차지할 정도의 다문화 사회로 이미 진입했다. 이는 국제결혼의 급증, 다문화가족 자녀의 증가, 외국인 가족의 대두 등 가족 영역에서도 그대로 재현되어 다문화가족이 증가하고 있으며 다문화 가족은 이미 27만 명을 상회하고 있는 수준이다. 이런 추세로 가면 2050년에는 2백만 명이 넘어설 것으로 전망된다. 총인구 대비 다문화 가족의 비율은 2009년 0.56%에서 2015년 1.05%, 2025년 1.99%, 2035년 3.04%, 2050년 5.11%로 급격하게 높아질 전망이다.

다문화 가족 자녀도 급증해 2009년 현재 10만여 명에서 2050년 98만 명으로 9.7배 늘어날 것으로 추계되고 있으나, 다문화 가족의 문제점은 매우 다양하다. 의사소통의 불편함, 문화적 갈등, 자녀 교육의 어려움, 사회의 편견과 차별, 폭력과 학대 등이 대표적이다.

근대 이후 한국의 다문화가족은 다양한데, 1950년 한국전쟁 이후 생겨난 미군 병사와 한국여성으로 구성된 가족, 1980년대 중반 이후 외국으로부터 유입된 이주 노동자를 중심으로 하는 가족, 1990년대 후반 이후에는 결혼이민자와 한국인 배우자로 이루어진 가족 등이다. 그리고 최근 대두되는 외국인으로만 구성된 가족이나 외국인과 귀화자로 이루어진 가족 등도 다문화가족으로 포함되고 있다.

다문화 가족의 증가는 '국제화' 또는 '세계화'라는 명분보다는 국내 근로자의 3D산업 기피, 결혼하지 못한 농어촌 남성의 필요, '한류 열풍' 등의 실제적인 사유로 결혼이민자 및 인지·귀화자가 증가하면서 발생한 필연적인 결과이며, 이에 '다문화 아동'의 증가와 그 아동에 대한 보육 욕구는 증가하고 있다. 그러나 다문화 가정의 아동보육을 위한 사회적 기반시설은 열악한 상황이고, 다문화 아동에 대한 사회적 인식이나 보육 부문에 있어서 기존 아동과 분리 또는 차별되는 듯한 모습이고, 다원화되어 가고 있는 사회에 적합하지 못한 모습을 보여주고 있다.

〈표 5-5〉 연도별 결혼이민자 및 인지 · 귀화자 현황

(단위: 명)

연도	계			결혼이민자			혼인귀화자			기타사유 국적취득자		
	계	남	여	계	남	여	계	남	여	계	남	여
2015. 11	294,663	56,652	238,011	144,912	25,263	119,649	93,249	10,308	82,941	56,502	21,081	35,421
2015	305,446	51,655	253,791	147,382	22,309	125,073	92,316	4,563	87,753	65,748	24,783	40,965
2014	295,842	48,787	247,055	149,764	21,953	127,811	90,439	4,261	86,178	55,639	22,573	33,066
2013	281,295	45,348	235,947	147,591	20,887	126,704	83,929	4,264	79,665	49,775	20,197	29,578
2012	267,727	42,459	225,268	144,214	19,630	124,584	76,473	4,268	72,205	47,040	18,561	28,479
2011	252,764	39,825	212,939	141,654	18,561	123,093	69,804	4,317	65,487	41,306	16,947	24,359

※2015년 통계기준 변경: 조사시점이 1.1일자에서 11.1일자로 변경
자료: 외국인주민현황조사, 행정안전부.

지역별로 다문화 가정이 많은 곳은 결혼이민자의 경우 서울, 경기, 인천, 경남, 충남 순이었고, 귀화자의 경우 경기, 서울, 인천, 경남, 충남 순이었다. 지역유형별 다문화 아동 현원을 살펴보면 국·공립어린이집과 직장어린이집을 제외하고 점진적으로 그 이용 아동 수도 감소하고 있다. 특정 지역에 결혼이민자와 귀화자가 많은 것은 그 지역의 사회 및 산업적 요인이 반영된 것으로 살펴볼 때 지역별 차이 없이 다문화 가정이 정착하고 공존할 수 있는 방향으로 보육정책이 전개되어야 할 것이다.

〈표 5-6〉 지역유형별 다문화 아동 현원

(단위: 명)

구분		계	국·공립어린이집	사회복지법인어린이집	법인·단체등 어린이집	민간 어린이집	가정 어린이집	협동 어린이집	직장 어린이집
계	2016	**54,560**	8,209	5,842	2,785	29,048	8,343	51	282
	2017	**53,844**	8,332	5,600	2,686	29,100	7,762	50	314
	2018	**51,576**	8,437	5,369	2,487	27,703	7,186	56	338
대도시	2016	**17,383**	3,400	916	441	9,840	2,631	34	121
	2017	**17,511**	3,538	872	443	10,043	2,449	26	140
	2018	**16,792**	3,703	844	404	9,369	2,285	27	160
중소도시	2016	**18,098**	2,149	833	474	10,444	4,100	5	93
	2017	**18,237**	2,139	840	480	10,847	3,822	6	103
	2018	**17,706**	2,113	817	470	10,687	3,497	8	114
농어촌	2016	**19,079**	2,660	4,093	1,870	8,764	1,612	12	68
	2017	**18,096**	2,655	3,888	1,763	8,210	1,491	18	71
	2018	**17,078**	2,621	3,708	1,613	7,647	1,404	21	64

자료: 보건복지부, 각년도 보육통계.

우리나라는 그동안 단일 민족 국가라는 민족주의, 순혈주의가 다른 국가에 비해 강한 경향을 보여 왔다. 그래서 다문화가족은 오랜 시간 혼혈 가족, 혼혈아 등으로 불리며 차별받아 왔으나 이제는 그들도 우리나라의 구성원이므로 이들이 잘 적응할 수 있도록 다양한 정책과 지원 서비스를 펼쳐야 한다.

다문화가족의 적극적이고 주체적인 사회 참여가 중요한데, 이들이 자발적이고 적극적으로 사회 참여에 나설 수 있도록 해야 한다. 바람직한 다문화 사회를 만들어야 하기 때문이다. 우리나라에서 정서적 안정감을 가지고 적응하고 활동할 수 있도록 지원하는 일이 절실하다. 이를 위해서는 다문화 아동에 대한 보육서비스가 통합적으로 이루어져야 한다.

우리 사회가 다양성의 가치를 존중하는 다문화 사회로 발전하기 위해서는 정부의 역할과 제도 등이 매우 중요하며, 특히 결혼 등으로 외국에서 이주하여 온 다문화가족 구성원을 차별 없이 존중하는 자세가 필요하다.

다문화 아동들이 재능과 잠재력을 발휘할 수 있는 환경을 조성하는 데 힘써야 한다. 이를 위해서는 먼저 다문화에 대한 편견이나 차별을 해소할 수 있도록 일반국민, 보육아동의 부모와 보육교사, 지방자치단체 및 중앙정부 보육 담당자들의 인식개선이 선결과제이다.

3) 장애아동 보육현황

현행 '특수교육법'에 따르면, 만 3세부터 만 17세까지의 특수교육대상자는 의무교육을 받을 권리가 있다. 그러나 현행법은 특수교육 기관을 유치원, 초등학교, 중학교 및 고등학교 과정을 교육하는 특수학교 및 특수학급으로만 제한하고 있어, 유치원 특수학급의 부족과 장애영유아에 대한 입학 기피 등의 사유로 유치원이 아닌 어린이집을 이용하고 있는 장애영유아는 교육지원 대상에서 배제되고 있다.

〈표 5-7〉 일반어린이집 장애아 보육 현황

(단위: 개소, 명)

구분	어린이집수								보육아동(현원)		
	총계	국·공립어린이집	사회복지법인어린이집	법인·단체등 어린이집	민간 어린이집	가정 어린이집	협동 어린이집	직장 어린이집	계	남	여
2016	**1,342**	97	79	48	799	282	7	30	1,635	994	641
2017	**1,219**	80	71	37	761	228	7	35	1,462	890	572
2018	**1,109**	88	73	44	668	189	9	38	1,345	835	510

자료: 보건복지부, 각년도 보육통계.

〈표 5-8〉 특수보육어린이집 일반현황

(단위: 개소, 명)

구분				계	국·공립어린이집	사회복지법인어린이집	법인·단체등 어린이집	민간 어린이집	가정 어린이집	협동 어린이집	직장 어린이집
장애아 전문	어린이집	어린이집수	2016	**177**	42	103	6	25	1	0	0
			2017	**178**	43	104	6	24	1	0	0
			2018	**177**	44	102	6	24	1	0	0
	아동	아동정원	2016	**8,504**	1,714	5,517	270	985	18	0	0
			2017	**8,568**	1,783	5,556	270	941	18	0	0
			2018	**8,433**	1,782	5,438	270	925	18	0	0
		장애아동현원	2016	**6,158**	1,249	3,915	210	767	17	0	0
			2017	**6,161**	1,292	3,923	204	724	18	0	0
			2018	**6,239**	1,340	3,953	203	727	16	0	0
	보육교직원	보육교사 등	2016	**2,590**	521	1,662	86	315	6	0	0
			2017	**2,632**	543	1,692	86	305	6	0	0
			2018	**2,671**	565	1,703	85	311	7	0	0
장애아 통합	어린이집	어린이집수	2016	**911**	667	37	34	150	15	1	7
			2017	**946**	709	37	34	143	14	2	7
			2018	**1,000**	768	37	34	139	12	2	8
	아동	아동정원	2016	**84,019**	61,079	3,832	3,232	14,177	294	37	1,368
			2017	**86,673**	64,308	3,832	3,232	13,549	275	57	1,420
			2018	**90,431**	68,422	3,712	3,114	13,371	235	57	1,520
		장애아동현원	2016	**4,079**	2,997	174	195	668	20	0	25
			2017	**4,066**	3,007	166	194	653	22	4	20
			2018	**4,189**	3,138	170	192	645	18	4	22
	보육교직원	보육교사 등	2016	**1,429**	1,082	63	64	208	3	0	9
			2017	**1,455**	1,108	59	66	205	4	4	9
			2018	**1,491**	1,148	63	63	202	3	3	9

※보육교사 등: 장애아반보육교사, 특수교사. 치료사
자료: 보건복지부, 각년도 보육통계.

'장애영유아 보육교육정상화를 위한 추진연대'에 따르면, 취학 전 장애영유아는 7만 3,000여 명(2016년 출산아, 장애 출현율 2.7% 기준)에 달하나, 유치원 이용 아동은 5,100명에 불과한 반면 어린이집 이용 아동은 1만 1,800명으로 그 두 배 수준이다.

나머지 5만 6000여 명은 집에서 부모가 돌보고 있는 것으로 추정하고 있다.

그러나 실제적으로 2018년 현재 어린이집 이용 아동은 11,537명이며, 장애아전문 어린이집과 장애아 통합어린이집의 수는 1,177개소로 국·공립어린이집을 중심으로 꾸준히 증가하여 왔고, 정원은 98,864명으로 장애아전문 어린이집은 국·공립어린이집과 사회복지법인어린이집이 정원의 85.6%, 장애아통합어린이집은 국·공립어린이집과 민간어린이집이 정원의 90.5%를 차지하고 있다. 또한 이용 현원을 살펴보면 정원대비 장애아 전문어린이집의 경우 74%, 장애아통합어린이집의 경우 4.6%를 차지하고 있어 정원을 채우지 못하고 있다. 정원과 현원 사이에서 많은 차이가 발생하는 이유를 위 단체에서는 "평균 100만 원 이상의 금액을 가정이 부담하며 사설 치료 기관에 보내 교육받고 있다"면서 "장애영유아의 특수치료는 특수교육에 해당하기에 의무교육 대상자로 포함해서 혜택 받을 수 있게 하는 게 마땅하다"고 문제제기를 하고 있다. 따라서 보육의 질을 향상시키고, 학부모의 경제적 및 심리적 부담을 경감시켜 주기 위해서는 장애아전문 어린이집과 장애아통합 어린이집의 보육과정 중 실시하는 특수교사에 의한 특수치료에 대한 비용보조나 무상지원이 필요하다.

참고문헌

보건복지부, 각 년도 보육통계.
통계청, 장래인구특별추계, 2019.
한국재정정보원, 월간 나라재정 12월호, 2017.
행정안전부, 외국인주민현황조사.

제 6 장

보육정책의 내용

보육정책의 내용은 '무엇을 보육관련 급여로 제공할 것인가', '어떤 형태의 보육관련 급여가 대상자의 욕구를 효과적으로 충족시키는가'에 관련된 내용이다. 급여형태는 크게 현물급여(in kind)와 현금급여(in cash)로 나뉜다.

이러한 급여의 형태는 현물급여와 현금급여의 쟁점으로 부각되기도 하는데, 급여 대상자에게 어떤 급여형태가 더 효과적이고 효율적인가에 대한 것으로, 현물급여는 현물인 물품(학용품 등), 보육서비스, 의료서비스, 상담서비스 등을 제공하는 것으로 대상자들의 욕구를 충족시키고 보육 수준을 향상시키는 것을 목적으로 하므로 다른 용도로 사용할 수 없다. 특히 물품의 경우 효과적이면서 사회통제가 가능하나 관리·운영의 어려움이 있고, 부수적으로 물류비용이 많이 소요된다는 단점이 있다.

현금급여는 직접적으로 보육관련 급여를 대신하여 현금을 주는 것으로 개인이 원하는 물품 및 서비스 등을 선택할 수 있다는 점에서 개인 선택의 자유가 주어진다. 그러나 급여 대상자가 현금을 통제하거나 적절하게 소비할 수 있는 능력이 부족할 경우 부적절한 자기결정을 할 수 있다는 단점이 있다.

현물급여와 현금급여의 선택에서 그 효과성은 시대의 가치와 판단에 따라 무엇이 더 적절한지를 결정하게 된다.

이외에 사회적 급여로 기회, 서비스, 재화, 바우처, 권력 등이 있다. 원하는 목적을 이루기 위한 동기부여와 재활(장애영유아의 장애아전문 어린이집 이용)을 위한 기회 제공, 영유아 및 가족들의 이익을 위해 수행되는 대인적 활동(보호, 상담, 사례관리 등)인 서비스, 식품·의류·주택 등과 같은 구체적인 상품을 제공하는 재화, 제한된 영역 내 자원들 사이에서 일정한 선택을 가능하게 하고 정해진 교환가치를 가지는 바우처(voucher), 직접적으로 소득(가처분소득)을 증가시키는 세금감면, 이해당사자인 학부모들이 정책결정 과정에 직접 참여하여 자신의 이해관계를 대변하여 영향을 미치는 권력이 있다.

이 장에서는 보육정책 내용의 핵심이라고 할 수 있는 어린이집의 유형, 보육의 유형, 아동수당, 무상보육에 대하여 살펴보도록 한다.

1. 어린이집의 유형

영유아에게 보육서비스를 제공하는 어린이집의 유형은 다음과 같다.

첫째, 국가나 지방자치단체가 설치·운영하는 국공립어린이집, 둘째, '사회복지사업법'에 따른 사회복지법인이 설치·운영하는 사회복지법인어린이집, 셋째, 각종 법인(사회복지법인을 제외한 비영리법인)이나 단체 등이 설치·운영하는 어린이집으로서 대통령령으로 정하는 어린이집인 법인·단체등어린이집, 넷째, 사업주가 사업장의 근로자를 위하여 설치·운영하는 어린이집(국가나 지방자치단체의 장이 소속 공무원 및 국가나 지방자치단체의 장과 근로계약을 체결한 자로서 공무원이 아닌 자를 위하여 설치·운영하는 어린이집 포함)인 직장어린이집, 다섯째, 개인이 가정이나 그에 준하는 곳에 설치·운영하는 가정어린이집, 여섯째, 보호자 또는 보호자와 보육교직원이 조합(영리를 목적으로 하지 아니하는 조합에 한정)을 결성하여 설치·운영하는 협동어린이집, 일곱째, 첫째에서 여섯째에 해당하지 아니하는 민간어린이집이 있다.

1) 국공립어린이집

국·공립어린이집은 국가나 지방자치단체가 설치·운영(위탁운영 포함)하는 어린이집이다.

(1) 규모 및 명칭

국·공립어린이집은 상시 영유아 11인 이상을 보육할 수 있는 시설로서, 어린이집의 명칭을 '○○어린이집'으로 한다.

(2) 설치기준 및 절차

영유아보육법령상의 설치기준을 모두 갖추어야 하며, 국가 및 지방자치단체의 장이 인가절차 없이 직접 설치하되, 어린이집 수급계획 등을 포함한 보육계획[1])을 사전에 수립해야 한다. 또한 다음의 지역에 우선적으로 설치하여야 한다.

첫째, 도시 저소득주민 밀집 주거지역 및 농어촌지역 등 취약지역

둘째, '산업입지 및 개발에 관한 법률'에 따른 산업단지 지역

국가나 지방자치단체가 국공립어린이집을 설치할 경우 지방보육정책위원회의 심의를 거쳐야 한다.

(3) 배치기준

국가나 지방자치단체는 '주택법'에 따른 공동주택[2])에 설치되어야 하는 어린이집을 국공립어린이집으로 운영해야 하나, '공동주택관리법'에 따른 입주자등의 과반수가 국공립어린이집으로의 운영에 찬성하지 않는 경우 등 대통령령으로 정하는 경우에는 국

---

1) ① 보건복지부장관, 시·도지사 및 시장·군수·구청장은 보육사업을 원활하게 추진하기 위하여 보건복지부장관의 경우에는 중앙보육정책위원회, 그 밖의 경우에는 각 지방보육정책위원회의 심의를 거쳐 어린이집 수급계획 등을 포함한 보육계획을 수립·시행하여야 한다. 이 경우 보육계획에는 국공립어린이집의 공급에 관한 계획 및 목표가 포함되어야 한다. ② 보건복지부장관, 시·도지사 및 시장·군수·구청장은 제1항에 따른 보육계획의 수립·시행을 위하여 필요하면 어린이집, 보육 관련 법인·단체 등에 대하여 자료 제공 등의 협조를 요청할 수 있으며, 그 요청을 받은 어린이집과 보육 관련 법인·단체 등은 정당한 사유가 없으면 요청에 따라야 한다. ③ 제1항에 따른 보육계획의 내용, 수립 시기 및 절차 등에 필요한 사항은 대통령령으로 정한다.

2) 국공립어린이집을 설치·운영하여야 하는 공동주택의 규모와 국공립어린이집의 설치·운영에 필요한 사항은 대통령령으로 정한다(영유아보육법 제12조 제4항). 여기서 공동주택의 규모는 500세대임.

공립어린이집으로 운영하지 않는다.

2) 사회복지법인어린이집, 법인 · 단체 등 어린이집, 민간어린이집 설치

사회복지법인어린이집은 '사회복지사업법'에 의한 사회복지법인이 설치 · 운영하는 어린이집이고, 법인 · 단체등어린이집은 각종 법인(사회복지법인을 제외한 비영리법인)이나 단체 등이 설치 · 운영하는 어린이집이며, 민간어린이집은 국공립 · 사회복지법인 · 법인단체등 · 직장 · 가정 · 협동 어린이집이 아닌 어린이집을 말한다.

(1) 규모 및 명칭

상시 영유아 21인 이상을 보육할 수 있는 시설을 갖춰야 하며, 어린이집의 명칭은 '○○어린이집'으로 해야 하며, 명칭사용에 유치원, 학원 등 유사기관으로 오인할 수 있는 명칭[3]은 사용할 수 없다.

(2) 설치기준 및 절차

영유아보육법령상의 설치기준을 모두 갖춰야 하며, 산업단지에 있는 지식산업센터 건물에 어린이집 설치시 안전사고 및 재난에 대비한 시설을 갖추어 5층까지 보육실을 설치할 수 있다. 어린이집을 설치 · 운영하려는 자는 관할 시장 · 군수 · 구청장의 인가를 사전에 받아야 한다. 인가받은 사항 중 중요 사항을 변경하려는 경우에도 또한 같다.

(3) 배치기준

지역 보육수요와 어린이집의 공급현황 등을 감안하여 지역별로 균형있게 배치되도록 해야 한다.

[3] ○○유치원 부설 · ○○미술 · ○○영어 어린이집 등 사설학원으로 오인할 수 있는 표기는 할 수 없으며, 동일 간판 또는 상하좌우에 붙어 있는 간판에 유치원 명칭 사용 불가

3) 직장어린이집

직장어린이집은 사업장의 사업주가 근로자를 위하여 설치·운영하는 어린이집으로서, 국가 또는 지방자치단체장이 소속 공무원 및 근로계약을 체결한 자를 위하여 설치·운영하는 어린이집을 포함한다.

(1) 규모 및 명칭

상시 영유아 5인 이상을 보육할 수 있어야 하며, 어린이집의 명칭은 '○○어린이집'으로 한다.

(2) 설치기준 및 절차

직장어린이집은 영유아보육법상의 설치기준을 모두 갖춰야 하며, 사업주가 직장어린이집을 설치할 경우에는 안전사고 및 재난에 대비한 시설을 갖추어 건물 내 5층까지 보육실을 설치할 수 있다.

상시 영유아 20인 이하를 보육하는 직장어린이집은 가정어린이집을 설치할 수 있는 곳(건축법 시행령에 따른 단독주택, 공동주택)에도 설치할 수 있다.

직장어린이집을 설치하고자 하는 자는 관할 시장·군수 또는 구청장에게 사전에 인가를 신청해야 한다.

(3) 직장어린이집 입소대상

사업주는 사업장 근로자의 자녀가 우선적으로 직장어린이집을 이용할 수 있도록 운영하고, 동일 사업장에서 근무하고 있는 비정규직 등을 포함한 모든 근로자의 자녀가 이용할 수 있도록 노력해야 한다.

(4) 직장어린이집 설치 의무

상시 여성근로자 300명 이상 또는 상시근로자 500명 이상을 고용하고 있는 사업장의 사업주는 직장어린이집을 설치하여야 한다. 다만, 사업장의 사업주가 직장어린이집을 단독으로 설치할 수 없을 때에는 사업주 공동으로 직장어린이집을 설치·운영하거나, 지역의 어린이집과 위탁계약을 맺어 근로자 자녀의 보육을 지원(위탁보육)해야 한다. 또한 사업장 외의 사업주는 필요한 경우에는 사업장 근로자의 자녀를 보육하기 위한 직장어린이집을 설치할 수 있다.

사업장의 사업주가 위탁보육을 하는 경우에는 사업장 내 보육대상이 되는 근로자 자녀 중에서 위탁보육을 받는 근로자 자녀가 보건복지부령으로 정하는 30% 이상이 되도록 해야 한다.

(5) 직장어린이집 설치 의무 미행시 제재

보건복지부장관은 직장어린이집 설치, 위탁보육 등의 의무를 이행하지 않거나 실태조사에 불응한 사업장의 명단을 공표할 수 있으며, 시·도지사, 시장·군수·구청장은 직장어린이집 설치의무 미이행사업장에 대하여 이행명령, 이행강제금을 부과할 수 있다.

사업주 단독 또는 공동으로 직장어린이집을 설치하거나, 지역의 어린이집과 위탁계약을 체결한 경우, 사업주는 직장어린이집의 운영 및 수탁 보육중인 영유아의 보육에 필요한 비용[4]의 50% 이상을 보조해야 하며, 지급방식은 어린이집에 사업주가 직접 지급한다.

4) 가정어린이집

가정어린이집은 개인이 가정 또는 그에 준하는 곳에 설치·운영하는 어린이집이다.

(1) 규모 및 명칭

가정어린이집은 상시 영유아 5인 이상 20인 이하를 보육할 수 있어야 한다. 어린이집의 명칭은 '○○어린이집'으로 하며, 명칭 사용에 유치원, 학원 등 유사기관으로 오인할 수 있는 명칭은 사용할 수 없다.

(2) 설치절차 및 배치기준

영유아보육법상의 설치기준을 모두 갖춰야 하며, 관할 시장·군수·구청장에게 사전에 인가 신청을 해야 한다. 어린이집의 배치는 지역 보육수요와 어린이집의 공급현

4) 사업주가 부담하는 위탁보육 비용은 보육수당에 상응한 비율를 전제로, 연령별 정부보육료 지원단가. 종일반기준으로 만0세 454,000원, 만1세 400,000원, 만2세 331,000원, 만3~5세 220,000원.

황 등을 감안하여 지역별로 균형 있게 배치되도록 한다.

5) 협동어린이집

협동어린이집은 보호자 또는 보호자와 보육교직원 11인 이상이 조합을 결성하여 설치 · 운영하는 어린이집이다.

(1) 규모 및 명칭

협동어린이집은 상시 영유아 11인 이상을 보육할 수 있어야 하며, 어린이집의 명칭은 '○○어린이집'으로 하며, 명칭 사용에 유치원, 학원 등 유사기관으로 오인할 수 있는 명칭은 사용할 수 없다.

(2) 설치절차

관할 시장 · 군수 · 구청장에게 사전에 인가 신청을 해야 한다. 상시 영유아 20인 이하를 보육하는 협동어린이집은 가정어린이집을 설치할 수 있는 곳에도 설치할 수 있다.

(3) 설치 및 운영방식

협동어린이집은 보육아동을 둔 보호자 또는 보육교직원 11인 이상이 상호 출자하여 공동으로 어린이집을 설치 · 운영할 것을 약정함으로써 그 효력이 발생하며, 출자규정은 설치기준으로서 인가 후에도 유지되어야 한다. 출자는 조합원의 약정에 따라 금전, 기타 재산 또는 노무로 할 수 있으며, 조합원은 아동보육의 필요성이 없게 되거나 기타 조합계약으로 정하는 시기에 탈퇴할 수 있으며, 출자금은 탈퇴 당시 조합의 재산 상태 및 지분에 의한다. 부득이한 사유 없이는 조합의 불리한 시기에 탈퇴하지 못하며, 조합의 업무집행자는 조합계약 또는 조합원의 2/3 이상의 찬성으로 선임하고, 어린이집 대표자는 조합원 중에서 선임하고, 시설 운영에 관한 통상 사무는 원장이 전임하며, 주요사항은 조합원 1/2 이상의 찬성으로 결정한다. 뿐만 아니라 조합원이 최대한 보육과정 및 의사결정에 참여하여 소기의 목적을 달성하도록 노력해야 한다.

6) 어린이집의 설치기준

어린이집을 설치 · 운영하려는 자는 보건복지부령으로 정하는 설치기준을 갖추어야 한다.

(1) 어린이집의 입지조건

어린이집은 보육수요 · 보건 · 위생 · 급수 · 안전 · 교통 · 환경 및 교통편의 등을 충분히 고려하여 쾌적한 환경을 갖춘 부지를 선정해야 하고, 위험시설로부터 50m 이상 떨어진 곳에 위치하여야 한다. 이 경우 위험시설이란 '주택건설기준 등에 관한 규정' 제9조의2제1항 각 호의 시설[5]을 말한다. 어린이집은 '건축법 시행령' 별표 1에 따라 각 어린이집을 설치할 수 있는 곳에 설치해야 하나, 영유아 20명 이하를 보육하는 직장어린이집, 부모협동어린이집 및 국공립어린이집(특별자치도지사 · 시장 · 군수 · 구청장이 지방보육정책위원회의 심의를 거친 국공립어린이집과 국가나 지방자치단체가 국공립어린이집을 우선적으로 설치하여야 하는 지역에 해당 부지 · 건물을 매입하거나

---

5) 1. 다음 각 목의 어느 하나에 해당하는 공장[「산업집적활성화 및 공장설립에 관한 법률」에 따라 이전이 확정되어 인근에 공동주택등을 건설하여도 지장이 없다고 사업계획승인권자가 인정하여 고시한 공장은 제외하며, 「국토의 계획 및 이용에 관한 법률」 제36조제1항제1호가목에 따른 주거지역 또는 같은 법 제51조제3항에 따른 지구단위계획구역(주거형만 해당한다) 안의 경우에는 사업계획승인권자가 주거환경에 위해하다고 인정하여 고시한 공장만 해당한다]
가. 「대기환경보전법」 제2조제9호에 따른 특정대기유해물질을 배출하는 공장
나. 「대기환경보전법」 제2조제11호에 따른 대기오염물질배출시설이 설치되어 있는 공장으로서 같은 법 시행령 별표 1에 따른 제1종사업장부터 제3종사업장까지의 규모에 해당하는 공장
다. 「대기환경보전법 시행령」 별표 1의3에 따른 제4종사업장 및 제5종사업장 규모에 해당하는 공장으로서 국토교통부장관이 산업통상자원부장관 및 환경부장관과 협의하여 고시한 업종의 공장. 다만, 「도시 및 주거환경정비법」 제2조제2호다목에 따른 재건축사업(1982년 6월 5월 전에 법률 제6916호 주택법중개정법률로 개정되기 전의 「주택건설촉진법」에 따라 사업계획승인을 신청하여 건설된 주택에 대한 재건축사업으로 한정한다)에 따라 공동주택등을 건설하는 경우로서 제5종사업장 규모에 해당하는 공장 중에서 해당 공동주택등의 주거환경에 위험하거나 해롭지 아니하다고 사업계획승인권자가 인정하여 고시한 공장은 제외한다.
라. 「소음 · 진동관리법」 제2조제3호에 따른 소음배출시설이 설치되어 있는 공장. 다만, 공동주택등을 배치하려는 지점에서 소음 · 진동관리 법령으로 정하는 바에 따라 측정한 해당 공장의 소음도가 50데시벨 이하로서 공동주택등에 영향을 미치지 아니하거나 방음벽 · 수림대 등의 방음시설을 설치하여 50데시벨 이하가 될 수 있는 경우는 제외한다.
2. 「건축법 시행령」 별표 1에 따른 위험물 저장 및 처리 시설
3. 그 밖에 사업계획승인권자가 주거환경에 특히 위해하다고 인정하는 시설(설치계획이 확정된 시설을 포함한다)

기부채납을 받아 설치하는 국공립어린이집만 해당)은 가정어린이집을 설치할 수 있는 곳에도 설치할 수 있다.

(2) 어린이집의 재산요건

가정어린이집 및 민간어린이집은 시설로 사용되는 토지·건물의 소유권·전세권 등에 대한 부채비율이 50% 미만이어야 하고, 협동어린이집은 보육영유아의 보호자 11명 이상 또는 보호자와 보육교직원을 합하여 11명 이상의 출자가 있어야 한다.

(3) 어린이집의 규모

어린이집은 다음의 인원을 보육할 수 있는 시설을 갖추어야 하며, 정원은 총 300명을 초과할 수 없다.

첫째, 국공립어린이집: 상시 영유아 11명 이상

둘째, 직장어린이집: 상시 영유아 5명 이상

셋째, 사회복지법인어린이집, 법인·단체등어린이집 및 민간어린이집: 상시 영유아 21명 이상

넷째, 가정어린이집: 상시 영유아 5명 이상 20명 이하

다섯째, 협동어린이집: 상시 영유아 11명 이상

(4) 어린이집의 구조 및 설비기준

① 일반기준

첫째, 어린이집의 구조 및 설비는 그 시설을 이용하는 영유아의 특성에 맞도록 하여야 하며, 사적 용도를 위한 시설 등 영유아의 보육 목적에 부합하지 않는 시설은 설치할 수 없다. 다만, 관할 특별자치도지사·시장·군수·구청장이 지역적 특수성을 고려하여 필요하다고 인정하는 경우에는 보육교직원의 기숙시설을 설치할 수 있다.

둘째, 어린이집은 하나의 건물에 설치해야 하나, 담 또는 울타리로 둘러싸인 동일 대지 안에 여러 개의 건물(모두 5층 이하)이 있는 경우 모든 건물의 전체가 어린이집으로 사용되고 옥외놀이터가 설치된 경우에는 그러하지 아니하다.

셋째, 어린이집에는 다음의 설비를 해야 하며, 이 경우 보육실을 포함한 시설면적(놀이터 면적은 제외)은 영유아 1명당 4.29제곱미터 이상으로 한다. 먼저 보육실은

영유아가 주로 생활하는 실내공간으로 반별 정원을 고려하여 별도로 구획된 공간을 의미하는데, 보육실은 건축법령상의 층수와 관계없이 해당 층 4면의 80% 이상이 지상에 노출되어 있고, 해당 층 주 출입구의 하단이 지표면부터 1미터 이내인 층에 설치해야 하나, 예외[6]인 경우도 있다. 또한 영유아 1명당 2.64제곱미터 이상의 공간을 확보해야 하며, 전체 정원 및 면적 산정 시에는 보육실, 거실, 공동놀이실을 포함하여 산정한다.

넷째, 보육실에는 침구, 놀이기구 및 쌓기놀이활동, 소꿉놀이활동, 미술활동, 언어활동, 수학 · 과학활동, 음률활동 등에 필요한 교재 · 교구를 갖추어야 한다.

다섯째, 어린이집은 환기 · 채광 · 조명 · 온도 및 습도가 적절히 유지 · 관리되도록 해야 한다.

여섯째, 보육실은 바닥난방시설을 갖추어야 한다.

일곱째, 그 밖에 보육실 설치에 필요한 구체적인 기준은 보건복지부장관이 정한다.

② 조리실

조리실은 채광이 잘 되도록 하고, 기계 환기시설을 하여 청정한 실내 환경을 유지하도록 하며, 창문에는 방충망을 설치해야 한다. 또한 식기를 소독하고 위생적으로

---

[6] (ⅰ) 해당 층 4면의 100분의 50 이상 100분의 80 미만이 지상에 노출되고, 해당 층 주 출입구의 하단이 지표면부터 1미터 이내이며, 지방보육정책위원회의 심의를 거쳐 채광 · 환기 · 습도 · 침수 등 영유아의 건강과 안전에 문제가 없는 것으로 확인된 해당 층에 어린이집을 설치하는 경우
(ⅱ) 건물 전체를 하나의 어린이집으로 사용하면서 1층[(ⅰ)의 경우를 포함한다] 이상 5층 이하에 보육실을 설치하는 경우. 다만 영아를 위한 보육실은 1층[(ⅰ)의 경우를 포함한다]에 우선적으로 배치하여야 한다.
(ⅲ) 건물의 1층[(ⅰ)의 경우를 포함한다] 이상 5층 이하에 직장어린이집을 설치하는 경우. 이 경우 해당 건물은 외부인의 출입을 제한할 수 있는 등 영유아의 안전관리가 가능한 건물이어야 한다.
(ⅳ) 300세대 이상의 아파트단지 전체가 「건축법 시행령」 제119조제1항제3호다목에 따른 필로티나 그 밖에 이와 비슷한 구조인 경우에 그 위층에 어린이집을 설치하는 경우(필로티나 그 밖에 이와 비슷한 구조인 층에 거주공간이 없는 경우에만 해당한다)
(ⅴ) 산업단지에 있는 건물의 1층[(ⅰ)의 경우를 포함한다] 이상 5층 이하에 제5조의4에 따른 어린이집을 설치하는 경우
(ⅵ) 산업단지에 있는 「산업집적활성화 및 공장설립에 관한 법률」에 따른 지식산업센터 건물의 1층[(ⅰ)의 경우를 포함한다] 이상 5층 이하에 어린이집을 설치하는 경우
(ⅶ) 「주택법」 제2조제3호에 따른 공동주택에 「주택건설기준 등에 관한 규정」 제55조의2에 따라 설치하여야 하는 주민공동시설 건물의 1층[(ⅰ)의 경우를 포함한다] 이상 2층 이하에 국공립어린이집을 설치하는 경우
(ⅷ) 지방보육정책위원회의 심의를 거쳐 장애인 등을 위한 편의시설을 1층에 설치하여야 하는 등 1층에 어린이집을 설치할 수 없는 불가피한 사유가 있다고 시장 · 군수 · 구청장이 인정하는 경우로서 「건축법 시행령」 별표 1 제14호가목에 따른 공공업무시설 건물의 1층[(ⅰ)의 경우를 포함한다] 이상 5층 이하에 국공립어린이집을 설치하는 경우

취사 및 조리할 수 있는 설비를 갖추어야 한다. 공공기관이나 사회복지관 안에 설치된 어린이집의 경우에는 같은 건물에 있는 조리실을 함께 사용할 수 있으며, 유치원과 같은 건물에 설치된 어린이집은 유치원의 조리실을 함께 사용할 수 있다.

사업주가 직장어린이집을 설치한 경우로서 직장어린이집이 설치된 건물에 집단급식소를 운영하는 경우에는 조리실을 별도로 설치하지 않을 수 있는데, 이 경우 영유아를 위한 음식의 조리공간은 분리(별도의 방을 분리함에 있어 벽이나 층 등으로 구분하는 경우) 또는 구획(칸막이 · 커튼 등으로 구분하는 경우)되어 있어야 한다.

③ 목욕실

목욕실은 난방을 해야 하고, 바닥은 미끄럼 방지장치를 해야 하며, 샤워설비, 세면설비 및 냉 · 온수 공급을 위한 설비를 갖추어야 하며, 수도꼭지는 온수 사용 시 화상을 입지 않도록 온도를 조정 및 고정할 수 있어야 한다. 또한 목욕실은 보육실과 인접한 공간에 위치하여야 한다.

④ 화장실

화장실 바닥은 미끄럼 방지장치를 하고, 세정장치와 수도꼭지 등은 냉 · 온수의 온도를 조정 및 고정할 수 있어야 한다. 뿐만 아니라 수세식 유아용 변기를 설치하고, 보육실과 같은 층의 인접한 공간에 설치해야 한다. 다만, 가정어린이집의 경우 성인용 변기에 디딤판과 탈부착식 유아용 변기를 설치하고 이동식 유아용 변기를 갖춘 경우에는 유아용 변기를 설치하지 않을 수 있다.

⑤ 교사실

보육정원이 21명 이상인 어린이집은 교사가 교육활동을 계획 · 준비하고 자료 제작 등을 할 수 있도록 구획된 교사실을 설치하며, 교육활동 준비와 행정사무, 휴식 등에 필요한 설비를 갖추어야 한다.

⑥ 놀이터

보육 정원 50명 이상인 어린이집(12개월 미만의 영아만을 보육하는 어린이집은 제외)은 영유아 1명당 3.5제곱미터 이상의 규모로 옥외놀이터를 설치하는 것을 원칙으로 하는데, 보건복지부장관이 어린이집 규모(정원)에 따라 같은 시간대에 놀이 활동에 참여하는 최대 영유아 수 및 면적의 기준을 정하는 경우에는 그 기준에 따라 놀이터를 설치할 수 있다.

옥외놀이터에는 모래밭(천연 및 인공 잔디, 고무매트, 폐타이어 블록 또는 '어린이놀이시설 안전관리법'에서 정하는 기준에 적합한 것을 포함)에 6세 미만의 영유아가 이용할 수 있는 대근육활동을 위한 놀이기구 1종 이상을 포함하여 놀이기구 3종 이상이 설치된 옥외놀이터를 설치해야 한다. 다만, 사업주가 직장어린이집을 설치하는 경우 및 업무용시설 밀집지역 등 지역적 특수성에 따라 옥외놀이터를 설치하는 것이 불가능한 경우에는 옥내놀이터를 설치하거나(다만, 지하층에는 설치할 수 없음) '어린이놀이시설 안전관리법'에 따라 설치・관리되는 인근의 놀이터(놀이터 관리주체의 사용 승낙을 받고, 6세 미만의 영유아가 이용할 수 있는 놀이기구가 3종 이상 설치되어 있는 경우로 한정)를 활용할 수 있다.

어린이집의 놀이터, 놀이기구 및 어린이용품은 '전기용품 및 생활용품 안전관리법', '어린이놀이시설 안전관리법' 및 '환경보건법'에서 정한 기준을 준수하여야 한다.

⑦ 급배수시설

상수도 또는 간이상수도에 의하여 먹는 물을 공급하는 경우에는 저수조를 경유하지 않고 직접 수도꼭지에 연결하여 공급해야 하며, 직접 수도꼭지에 연결하기 곤란한 경우는 제외한다. 또한 지하수를 음용수로 사용할 경우에는 저수조 등의 시설을 경유해야 하고, 더러운 물, 빗물 등이 잘 처리되도록 배수설비를 해야 한다.

⑧ 비상재해대비시설

소화용 기구를 갖춰 두고 비상구를 설치하는 등 비상재해에 대비한 시설을 갖추고, 비상구는 상단에 비상구 유도등을 달고 잠금장치를 문 안쪽에 설치해야 한다. 또한 상시 양 방향으로 피난할 수 있어야 한다.

〈표 6-1〉 옥내놀이터 설치기준

구 분	기 준
공간	▪ 소음·분진·폭발·화재의 위험이 없어야 함 ▪ 적정한 조명·채광·환기·온도·습도
엘리베이터	▪ 엘리베이터 미설치시에는 5층 이내에 설치 ▪ 층 간 이동을 위하여 아동용 손잡이 레일을 설치(아동용 손잡이 레일은 영유아가 잡거나 짚고 올라갈 수 없는 구조여야 하며, 영유아의 신체가 빠지거나 끼는 사고가 없도록 설치)
울타리	▪ 건물 내의 실외공간에 설치하는 경우에는 울타리나 보호난간을 최소 1.5미터 이상으로 설치하되 놀이기구의 높이 등에 맞춰 안전을 확보할 수 있는 높이로 설치(울타리나 보호난간의 재질은 부식 · 파손의 위험이 없어야 함) ▪ 난간 사이에 간격이 있는 경우 그 안치수는 80밀리미터 이하
난간	▪ 옥내놀이터를 어린이집의 최상층 바닥면에 설치하는 경우, 울타리나 보호난간은 바닥면 최하단으로부터 1.2미터까지는 콘크리트 · 조적(벽돌 등) 또는 강화유리 등으로 설치
고정식 놀이기구	▪ 고정식 놀이기구는 해당 층 바닥이 설치하고자 하는 놀이시설의 하중을 견딜 수 있도록 건축되어 있고, '어린이놀이시설 안전관리법' 에서 정한 기준에 적합한 경우에 설치
비상재해 대비시설	▪ 건물 2층 이상에 옥내놀이터를 설치하는 경우

⑨ 폐쇄회로 텔레비전

폐쇄회로 텔레비전(CCTV)은 '개인정보 보호법 시행령'에 따른 장치로서 보육실 등을 촬영하고 모니터를 통하여 그 영상을 구현할 수 있으며, 그 영상정보를 녹화·저장할 수 있는 기능을 갖춰야 한다. 또한 각 보육실, 공동놀이실, 놀이터(인근놀이터 제외) 및 식당(별도로 구획된 공간으로 마련되어 있는 경우에 한정), 강당(별도로 구획된 공간으로 마련되어 있는 경우에 한정)에 1대 이상씩 설치하되 사각지대의 발생을 최소화할 수 있도록 설치되어야 한다. 또한 폐쇄회로 텔레비전은 보육실 등 일정한 장소에 일정한 방향을 지속적으로 촬영할 수 있도록 설치되어야 하고, 임의로 조작이 가능하거나 녹음기능이 있도록 설치되어서는 안 된다. 뿐만 아니라 화면 속 인물의 행동 등이 용이하게 식별될 수 있도록 고해상도[HD(High Definition)]급 이상(보건복지부장관이 정하여 고시하는 해상도 이상)의 성능을 보유해야 한다.

저장장치는 영상정보를 폐쇄회로 텔레비전의 화질 기준 이상의 화질로 60일 이상 저장할 수 있는 용량을 갖춘 것으로 해야 하며, 어린이집을 설치·운영하는 자는 출입구 등 잘 보이는 곳에 폐쇄회로 텔레비전 설치 목적, 폐쇄회로 텔레비전 설치 장소, 촬영 범위 및 촬영 시간, 관리책임자의 성명 및 연락처 등의 사항이 포함된 안내

판을 설치해야 한다.

⑩ 기타

구분	내용
구급약품	▪ 영유아가 접근할 수 없는 안전한 장소에 응급조치를 위한 비상약품 및 간이 의료기구 등 비치
출입문 안전장비	▪ 비상구를 제외한 모든 출입문 및 창문은 안쪽에서 잠길 우려가 없어야 하고, 밖에서 쉽게 열 수 있어야 하며, 출입문 및 창문의 가장자리에는 영유아의 손이 끼지 아니하도록 손끼임 방지 고무패킹이나 완충장치를 설치
돌출형 방열기(라디에이터)	▪ 영유아의 신체가 직접 닿지 아니하도록 울타리를 설치하여야 하며, 이와 유사한 온열기를 사용하는 경우에는 영유아가 직접 온열기에 닿지 아니하도록 적절한 보호장치 설치
가구	▪ 책상, 의자 등 가구의 모서리는 둥글고 표면이 매끄럽게 처리된 것이나, 고무 등으로 모서리에 보호장치 설치 ▪ 교구장, 수납장 등은 안전을 위하여 아래 부분에 무거운 비품을 보관해야 하고, 선반 설치시 물건이 떨어지지 않도록 지지대 설치 및 무거운 물건은 너무 많이 쌓아 놓아서는 안됨
기타	▪ 보일러 설비, 퓨즈박스(두꺼비집), 화기, 소독수, 살충제, 조리실의 칼·가위·포크·랩 등은 영유아의 손이 닿지 않는 위치에 배치 ▪ 어린이집 내부(벽, 천장 등)의 마감재료는 '건축법 시행령'에 따른 불연재료, 준불연재료 또는 난연재료 사용 ▪ 보육실은 '환경보건법 시행령'에 따른 환경안전관리기준을 준수하여 설치 ▪ 실내장식물과 창문에 설치하는 커튼류 및 카펫 등 '화재예방, 소방시설 설치 · 유지 및 안전관리에 관한 법률'에 따른 방염대상물품은 화재예방, 소방시설 설치 · 유지 및 안전관리에 관한 법령에 따른 방염성능이 있는 것으로 설치

(5) 장애아전문 어린이집 설치기준

장애아 12명 이상을 보육할 수 있는 시설을 갖춘 장애아전문 어린이집을 설치하는 경우에는 '장애인 · 노인 · 임산부 등의 편의증진보장에 관한 법률'에서 정한 시설 및 설비 외에 다음의 설비를 갖추어야 한다.

구분	내용
면적	▪ 장애아 1명당 7.83제곱미터 이상 ▪ 보육실(교실, 거실, 포복실, 유희실, 치료교실, 집단활동실 포함)은 장애아 1명당 6.6제곱미터 이상 ▪ 비장애아를 함께 보육하는 경우에는 어린이집의 시설면적(놀이터 면적 제외)은 비장애아 1명당 4.29제곱미터 이상, ▪ 보육실(교실, 거실, 포복실, 유희실, 치료교실, 집단활동실 포함)은 비장애아 1명당 2.64제곱미터 이상
집단활동실	▪ 강당, 놀이실은 문턱 없이 접근이 가능한 통로에 연결되어야 하고 휠체어·보행기 등의 출입에 장애가 없어야 함
출입구	▪ 출입구는 비상재해 시 대피하기 쉽도록 복도 또는 넓은 공간에 직접 연결되게 설계되어야 하며, 시각장애아를 위한 점자블록이나 유도장치 구비
옥외 피난계단	▪ 유효폭은 0.9미터 이상
출입문	▪ 회전문과 자재문(自在門: 문턱이 없어 양방향으로 열리는 문)은 금하며 자동문 설치 시 문의 개폐 시간은 3초 이상 확보 ▪ 휠체어에 앉은 영유아가 문의 손잡이를 잡을 수 있어야 함
경사로	▪ 계단 외에 엘리베이터 또는 기울기 1/12 이하의 경사로를 설치

(6) 장애아 통합 어린이집

장애아 3명 이상을 보육하는 장애아 통합 어린이집은 다음과 같은 설비를 갖추도록 노력해야 한다. 2층 이상의 시설에는 엘리베이터를 설치하거나 적어도 한 곳 이상에 기울기 1/12 이하의 경사로를 설치하고, 출입구는 비상재해 시 대피하기 쉽도록 복도 또는 넓은 공간에 직접 연결되도록 하고, 시각장애아를 위한 점자블록이나 유도장치를 설치해야 한다. 뿐만 아니라 복도, 문, 화장실은 휠체어의 출입에 장애가 없어야 하고, 옥외 피난계단의 유효 폭은 0.9미터 이상이어야 한다.

이와 같은 설비기준은 강제사항이 아닌 권고 수준이므로, 발생할 수 있는 미연의 사태에 대비하여 그 기준을 보다 구체적으로 설정하고 강화해야 한다.

〈표 6-1〉 어린이집 현황

(단위: 개, 명)

구분	계	국공립	사회복지 법인	법인·단체등	민간	가정	부모협동	직장
어린이집	39,310	3,750	1,375	745	13,507	18,638	162	1,133
아동	901,893	134,861	63,393	28,837	460,247	164,892	2,961	46,702
보육교직원	319,130	39,228	18,124	7,755	140,294	96,982	1,007	15,740

자료: 사회보장정보원, 2019년 2월 보육사업통계.

2. 보육의 유형

1) 우선보육

국가나 지방자치단체, 사회복지법인, 그 밖의 비영리법인이 설치한 어린이집과 대통령령으로 정하는 어린이집의 원장은 다음에 해당하는 자가 우선적으로 어린이집을 이용할 수 있도록 해야 하며, '고용정책 기본법'에 따라 고용촉진시설의 설치·운영을 위탁받은 공공단체 또는 비영리법인이 설치·운영하는 어린이집의 원장은 근로자의 자녀가 우선적으로 어린이집을 이용하게 할 수 있다.

첫째, '국민기초생활 보장법'에 따른 수급자

둘째, '한부모가족지원법'에 따른 보호대상자의 자녀

셋째, '국민기초생활 보장법'에 따른 차상위계층의 자녀

넷째, '장애인복지법'에 따른 장애인 중 장애 1, 2등급 이상, 장애등급 중 3급에 해당하는 지적장애인 또는 자폐성장애인으로서 다른 장애가 중복된 사람에 해당하는 자의 자녀

다섯째, '장애인복지법'에 따른 장애인 중 장애 1, 2등급 이상, 장애등급 중 3급에 해당하는 자가 형제자매인 영유아

여섯째, '다문화가족지원법'에 따른 다문화가족의 자녀

일곱째, '국가유공자 등 예우 및 지원에 관한 법률'에 따른 국가유공자 중 전몰군경, 전상군경(戰傷軍警)[7], 공상군경(公傷軍警)[8], 4·19혁명부상자[9], 공상공무

---

7) 군인이나 경찰공무원으로서 전투 또는 이에 준하는 직무수행 중 상이를 입고 전역(퇴역·면역 또는 상근예비역 소집해제를 포함한다. 이하 같다)하거나 퇴직(면직을 포함한다. 이하 같다)한 사람(군무원으로서 1959년 12월 31일 이전에 전투 또는 이에 준하는 직무수행 중 상이를 입고 퇴직한 사람을 포함한다)으로서 그 상이정도가 국가보훈처장이 실시하는 신체검사에서 제6조의4에 따른 상이등급(이하 "상이등급"이라 한다)으로 판정된 사람

8) 군인이나 경찰·소방 공무원으로서 국가의 수호·안전보장 또는 국민의 생명·재산 보호와 직접적인 관련이 있는 직무수행이나 교육훈련 중 상이(질병을 포함한다)를 입고 전역하거나 퇴직한 사람으로서 그 상이정도가 국가보훈처장이 실시하는 신체검사에서 상이등급으로 판정된 사람

9) 1960년 4월 19일을 전후한 혁명에 참가하여 상이를 입은 사람으로서 그 상이정도가 국가보훈처장이 실시하는 신체검사에서 상이등급으로 판정된 사람

원[10], 국가사회발전 특별공로상이자[11]로서 보건복지부령으로 정하는 자, 순직 군경, 순직공무원, 국가사회발전 특별공로순직자의 자녀

여덟째, 제1형 당뇨[12]를 가진 경우로서 의학적 조치가 용이하고 일상생활이 가능하여 보육에 지장이 없는 영유아

아홉째, 그 밖에 소득수준 및 보육수요 등을 고려하여 보건복지부령으로 정하는 자의 자녀[13]

사업주는 사업장 근로자의 자녀가 우선적으로 직장어린이집을 이용할 수 있도록 해야 하며, 보육의 우선제공 대상에 대한 적용 방법·기준 등에 필요한 사항은 보건복지부령으로 정한다.

2) 취약보육

(1) 취약보육의 종류

영유아보육법에서 정하고 있는 취약보육은 크게 4가지로 분류할 수 있다.

첫째, 만3세 미만의 영아를 대상으로 보육서비스를 제공하는 영아 보육

둘째, '장애인복지법'에 따라 장애인으로 등록된 영유아 등에게 보육서비스를 제공하는 장애아 보육

---

10) '국가공무원법' 제2조 및 '지방공무원법' 제2조에 따른 공무원(군인과 경찰공무원은 제외)과 국가나 지방자치단체에서 일상적으로 공무에 종사하는 대통령령으로 정하는 직원으로서 국민의 생명·재산 보호와 직접적인 관련이 있는 직무수행이나 교육훈련 중 상이(질병 포함)를 입고 퇴직한 사람으로서 그 상이정도가 국가보훈처장이 실시하는 신체검사에서 상이등급으로 판정된 사람

11) 국가사회발전에 현저한 공이 있는 사람 중 그 공로와 관련되어 상이를 입은 사람으로서 그 상이정도가 국가보훈처장이 실시하는 신체검사에서 상이등급으로 판정되어 국무회의에서 '국가유공자 등 예우 및 지원에 관한 법률'의 적용 대상자로 의결된 사람

12) 췌장에서 인슐린이 분비되지 않아 발생하는 당뇨병. 전체 당뇨병의 약 10%를 차지하며 주로 소아에게 발생하며, 평생 인슐린 주사를 맞아야 한다.

13) '아동복지법'에 따른 아동복지시설에서 생활 중인 영유아, 부모가 모두 취업 중이거나 취업을 준비(보건복지부장관이 인정하는 경우로 한정) 중인 영유아, 자녀가 3명 이상인 가구의 영유아 또는 영유아인 자녀가 2명 이상인 가구의 영유아, 산업단지 입주기업체 및 지원기관 근로자의 자녀로서 산업단지에 설치된 어린이집을 이용하는 영유아, 법인·단체 등이 부지 또는 건물을 국가 또는 지방자치단체에 기부채납하거나 무상임대하여 국공립어린이집으로 운영하는 경우 해당 법인·단체 등의 근로자 자녀로서 그 어린이집을 이용하는 영유아, '주택법'에 따른 공동주택에 '주택건설기준 등에 관한 규정'에 따라 설치하여야 하는 어린이집의 부지 또는 건물을 국가 또는 지방자치단체에 기부채납하거나 무상임대하여 국공립어린이집으로 운영하는 경우 해당 공동주택의 거주자 자녀로서 그 어린이집을 이용하는 영유아

셋째, '다문화가족지원법'에 따른 다문화가족의 영유아 등에게 보육서비스를 제공하는 다문화아동 보육

넷째, 기준 보육시간 외에 시간을 연장하여 보육서비스를 제공하는 시간연장형 보육

(2) 취약보육의 목적

취업모, 이혼가정, 다문화 가정이 증가하고 가족 수가 감소하면서 취약보육의 필요성이 대두되고 있다. 취약보육을 통하여 취약보육 영유아들이 일반 영유아들과 교류하면서 일상생활 적응능력과 의사소통능력, 사회성 등을 학습하고, 일반 영유아들은 취약보육 대상 영유아들 교류하며 인간에 대한 존중과 배려하는 따뜻한 심성을 학습할 수 있다.

또한 보육교직원이나 영유아들은 자신이나 동료, 또래, 공동체가 갖고 있는 편견 및 행동들을 되돌아보면서 사람과 사물, 각종 사회현상에 직면할 때 편견 없는 관점과 행동을 수행할 수 있게 된다. 뿐만 아니라 보육현장에서 일반적으로 경험할 수 없는 곤란한 상황을 비롯하여 특수한 욕구를 가진 영유아들과의 사이에서 발생하는 다양한 상황에 대하여 영유아와 보육교직원들의 대처 및 문제해결능력을 함양시킬 수 있다. 특히 보육교사의 경우 영유아의 특성에 따라 특별하고 다양한 욕구를 이해하고 편견을 배제한 채 그들의 욕구에 맞춘 영유아보육 프로그램을 실시하는 경험이 축적되면서 보육교사 자신이 보편적인 인식을 갖고 전문성을 함양할 수 있는 계기가 된다는 점에서 취약보육의 의의가 있다.

3) 시간제보육

국가 또는 지방자치단체는 '영유아보육법'에 따른 무상보육 및 '유아교육법'에 따른 무상교육 지원을 받지 않는 영유아에 대하여 필요한 경우 시간제보육 서비스를 지원할 수 있다. 이 경우 시간제보육 서비스의 종류, 지원대상, 지원방법, 그 밖에 시간제보육 서비스의 제공에 필요한 사항은 보건복지부령으로 정하고 있다.

시간제보육은 가정양육 시에도 지정된 제공기관에서 시간단위로 보육서비스를 이용

하고 이용한 시간만큼 보육료를 지불하는 보육서비스이다. 시간제보육반은 별도 전담 교사에 의하여 종일반 영유아와 분리된 별도의 공간(독립 보육실)에서 시간제보육을 제공한다.

세종특별자치시장·제주특별자치도지사, 일선 시장·군수·구청장은 육아종합지원센터, 어린이집, 그 밖에 시간제보육 서비스의 제공이 가능한 시설로서 보건복지부령으로 정하는 시설을

시간제보육 서비스를 제공하는 기관으로 지정할 수 있으며, 보건복지부장관, 시·도지사 또는 시장·군수·구청장은 시간제보육서비스지정기관에 예산의 범위에서 시간제보육 서비스의 제공에 필요한 비용을 보조할 수 있다. 그러나 시간제보육서비스지정기관이 지급받은 보조금 및 비용을 목적 외의 용도에 사용하였을 경우, 시간제보육서비스지정기관이 거짓이나 그 밖의 부정한 방법으로 보조금 및 비용을 지급받았을 경우, 그 밖에 대통령령으로 정하는 사유가 있는 경우에는 지정을 취소할 수 있다.

〈표 6-2〉 시간제보육

구 분	내 용
이용대상	6~36개월 미만 영아
지원대상	양육수당 수급자 중 가정양육 가구
지원시간	월 80시간
보육료 지원단가	시간당 3,000원
보육료 본인부담	시간당 1,000원

자료: www.childcare.or.kr

4) 일시보육

(1) 대상

일시보육 서비스의 지원대상은 생후 6개월 이상의 영유아 중 보건복지부장관이 정하여 고시하는 영유아로 한다. 일시보육 서비스 지원을 받으려는 영유아의 보호자는 특별자치시장·특별자치도지사·시장·군수·구청장에게 일시보육 서비스 지원을 신청해야 하며, 일시보육 서비스 지원을 신청한 사람 중 영유아의 보호자에게 일시보육 서비스 이용권을 지급할 수 있다.

(2) 유형

일시보육 서비스의 종류는 다음과 같다.

첫째, 시간제 일시보육 서비스는 시간 단위로 정기적으로 이용할 수 있으나, 그 이용일 및 이용시간이 주 6일 이상, 하루에 12시간 이상 운영에 따른 기준(운영일 및 운영시간)에 못 미치는 일시보육 서비스이다.

둘째, 긴급 일시보육 서비스는 긴급한 일시보육 서비스 수요가 발생한 경우 비정기적으로 이용할 수 있는 일시보육 서비스이다.

3. 보육료 지원

1) 수급자 신청 및 선정기준

〈표 6-3〉 보육료 · 양육수당 지원 주요 내용

구분		내용
지원대상		• 대한민국 국적 및 유효한 주민번호를 보유한 만 0~5세 영유아(단, 장애아보육료, 다문화보육료 등은 해당 지원 요건을 충족한 자에 한함) *주민등록법 제6조제1항3호에 따라 주민번호를 발급받거나, 동법 제19조제4항에 따라 재외국민으로 등록관리되는 자는 보육료·양육수당 지원대상에 포함(재외국민 출국자는 제외)
신청	신청인	• 신청권자 - 아동의 보호자로서 친권자·후견인, 그 밖에 영유아를 사실상 보호하고 있는 자 - 온라인신청은 영유아의 부모에 한함 • 신청장소 - 읍·면·동주민센터 (아동 주민등록 주소지) ※단, 출생신고를 아동 주소지 관할 구청에서 하는 경우 양육수당에 대한 신규 신청 건에 한해 해당 구청에서 자발적으로 가접수 가능 ※주민번호 발급이전으로 신청은 정식 신청이 아닌 '가신청'이며, 정식 신청일은 주민번호발급 이후 담당자가 주민번호를 보완한 날임.(신청인은 가신청시 주민번호를 제외한 모든 신청 필요서류를 구비하여야 함) ※해당 구청은 이와 관련한 불필요한 민원이 제기되지 않도록 신청인에게 충분히 고지할 것 예) 아동의 주민등록번호 발급 지연에 따른 양육수당 수급 지연 등 - '복지로' 온라인신청 가능(단, 장애아보육료를 지원 받으려는 비등록장애아, 추가 서류 제출이 필요한 농어촌양육수당신청자 등의 경우에는 방문신청만 가능)

〈표 6-3〉 계속

신청	신청서	• 신청서식 - 사회보장급여 신청(변경)서, 출산 서비스 통합처리 신청서(양육수당의 경우) - 사회보장급여(사회서비스이용권) 신청(변경)서(보육료) - 아이행복카드발급 신청 및 개인신용정보의 조회·제공·이용 동의서(카드신청시) - 종일반 사유 확인서(0-2세 보육료 종일반 신청시)
	처리기한	• 30일(30일 이내 연장가능)
급여	종류 및 지원액	• 양육수당 (0~85개월) : 100~200천원 • 장애아동 양육수당 (0~85개월) : 100~200천원 • 영유아(만0～2세)보육료 : 소득무관 전(全)계층 전액지원 • 영유아(만3~5세)누리공통과정 : 소득무관 전(全)계층 월220천원 *만3~5세 누리장애아보육료 : 462천원 • 장애아보육료 : 정부지원시설 월 462천원, 정부미지원시설 수납한도액 • 방과후 보육료 : 만12세 이하 차상위(법정포함) 이하 취학아동100천원 • 장애아 방과후보육료 : 만12세 이하 등록 장애아 또는 만8세 이하 특수교육대상 취학아동 232천원 • 다문화 보육료 : 소득 무관 연령별 정부지원단가 전액지원

(1) 보육료 · 양육수당 지원 자격(수급권자)

보육료 · 양육수당 지원 대상은 첫째, 대한민국 국적을 가진 자로, '주민등록법'에 의해 주민등록번호를 정상적으로 부여받은 만0～5세 아동, 둘째, 난민, 셋째, '주민등록법' 제6조제1항3호에 따라 주민번호를 발급받거나, 동법 제19조제4항에 따라 재외국민으로 등록 · 관리되는 자는 보육료 · 양육수당 지원대상에 포함(재외국민 출국자는 제외), 넷째, 사회복지전산관리번호를 부여받은 아동, 다섯째, 거주불명등록가구의 아동이다.

(2) 급여신청 주체(신청권자)

보육료의 신청권자는 아동의 보호자로서 친권자 · 후견인, 그 밖에 영유아를 사실상 보호하고 있는 자이다.

양육수당은 신청일 현재 아동(최대 86개월 미만)을 가정 양육하는 부모, 친권자 · 후견인, 그 밖에 아동을 사실상 보호하고 있는 자이며, 농어촌 양육수당은 농어촌지역에 거주하며 어린이집 · 유치원을 이용하지 않는 농어업인가구의 가정 양육 아동, 장애아동 양육수당은 장애인등록이 되어 있는 아동(장애인 등록을 할 경우, 장애아동

양육수당을 지원 받을 수 있음을 안내할 것), 아동복지시설(그룹홈 포함) 재원 아동, 입양대상 또는 위탁가정에서 보호·양육되고 있는 아동이다.

보육료 및 양육수당 급여의 온라인신청은 영유아의 부모에 한한다.

(3) 급여신청 장소 및 시기

급여신청 장소는 아동 주민등록 주소지의 읍·면·동 주민센터 또는 '복지로'(온라인, 모바일앱)이며, 성폭력·가정폭력 피해자 보호시설 등의 시설에 입소한 동반아동은 시설소재지 읍·면·동 주민센터 및 시·군·구에서 신청·접수·보장처리한다.

다문화보육료, 장애아보육료(등록장애아는 온라인신청 가능)를 지원받으려는 미등록 장애아, 추가 서류 제출이 필요한 농어촌양육수당신청자 등의 경우는 방문신청만 가능하다.

보육료 및 양육수당은 상시 신청이 가능하다.

(4) 신청 구비서류

① 보육료

㉠ (공통) 사회보장급여(사회서비스이용권) 신청(변경)서

㉡ (공통) 아이행복카드발급신청 및 개인신용정보의 조회·제공·이용 동의서

㉢ (영아 종일반 신청시) 종일반 사유 확인서 및 종일반 사유별 증빙자료(종일반 보육료 자격선정 기준 참고)

㉣ (장애아 보육료) 장애인 등록증, 장애 소견 의사진단서(만 5세 이하 장애인 복지카드 미소지자) 및 특수교육대상자 진단·평가 결과 통지서(만 8세 이하) 중 1부

㉤ (다문화 보육료) 혼인관계증명서(행복e음으로 확인되지 않는 경우에 한함)

㉥ (난민) 아동의 난민인정증명서(아동의 난민인정증명서가 없는 경우 아동 부모의 난민인정증명서와 가족관계 입증서류 제출)

② 양육수당

㉠ (공통) 사회보장급여 신청(변경)서

- 온라인 신청 시 신청인 및 가구원의 서명은 공인인증서명으로 가능

- 행복출산 원스톱서비스[14]에 의해 양육수당은 출산 서비스 통합처리 신청서로도 가능

㉡ (공통) 아동명의 또는 부모 등의 명의 통장사본 1부
- 영유아 보육사업의 가구원(보장단위)에 포함되는 부모 등에 한함

㉢ (농·어촌 양육수당) 농업경영체 증명서 또는 농업인 확인서 등
- 어업인의 경우는 자격증 및 확인증 등 제출
- 농업경영체 증명서는 신청인이 행정정보의 공동이용 확인에 동의한 경우 담당 공무원이 시스템을 통해 확인 가능

㉣ (난민) 아동의 난민인정증명서(아동의 난민인정증명서가 없는 경우 아동 부모의 난민인정증명서와 가족관계 입증서류 제출)

4. 양육수당

1) 양육수당의 목적

양육수당은 신청일 기준 0세부터 취학 전 만 84개월 미만 아동 중 어린이집과 유치원을 다니지 않는 아동을 대상으로 지급하는 복지 수당으로, 아동에 대한 부모의 양육비용 부담 경감을 위해 2013년 3월부터 시행해 오고 있다.

자녀양육수당은 신청일이 속한 달부터 아동의 취학 전 연령의 12개월까지 지급한다.

2) 양육수당의 지원대상 및 기준

양육에 필요한 비용을 지원하는 대상자는 해당 가구의 소득액(소득과 보건복지부령으로 정하는 바에 따라 재산을 소득으로 환산한 금액을 합한 금액)이 보건복지부

14) 주민센터에서 출생신고 시 하나의 서식으로 양육수당, 지자체 출산지원금 등 출산 지원서비스를 한번에 신청

장관이 정하는 금액 이하인 가구의 영유아로 한다.

2019년 현재 양육수당 신청은 출생일 60일 이내에 신청할 경우, 출산~12개월, 20만원 12개월~24개월, 15만원 24개월~만 5세 10만원을 지원한다. 단, 어린이집 양육수당은 지급되지 않는다.

3) 양육수당의 제한

다음에 해당하는 경우 양육수당을 제한하고 있다.

첫째, 보육료와 유아학비를 지원받고 있는 아동

둘째, 종일제 아이돌봄서비스를 지원받고 있는 아동

셋째, 교육부의 유치원은 아니지만 국립학교(국가지원)로 인가받아 유치원과 동일한 성격의 교과과정을 시행하고 있는 기관에 다니면서 지원받고 있는 아동

넷째, 양육수당을 지원받고 있는 영유아가 90일 이상 지속적으로 해외에 체류하는 경우에는 체류하는 기간 동안 수당 지원을 정지한다.

5. 무상보육

1) 무상보육의 내용

(1) 무상보육의 내용 및 범위

영유아(영유아인 장애아 및 '다문화가족지원법'에 따른 다문화가족의 자녀 중 영유아 포함) 무상보육은 다음의 영유아를 대상으로 실시한다.

첫째, 매년 1월 1일 현재 만 3세 이상인 영유아로서, 어린이집에서 '영유아보육법'에 따른 보육과정 중 보건복지부장관과 교육부장관이 협의하여 정하는 공통의 보육·교육과정을 제공받는 경우(1월 2일부터 3월 1일까지의 기간 중에 만 3세가 된 영유아로서 어린이집에서 공통과정을 제공받는 경우 포함)

둘째, 매년 1월 1일 현재 만 3세 미만인 영유아로서, 어린이집에서 '영유아보육법'

에 따른 보육과정(공통과정은 제외)을 제공받는 경우

셋째, 장애아는 어린이집에서 '영유아보육법'에 따른 보육과정을 제공받는 경우 만 12세까지 무상보육을 실시할 수 있다.

(2) 무상보육 실시 비용

'영유아보육법'에 따라 영유아 무상보육 실시에 드는 비용은 예산의 범위에서 부담하되, '지방교육재정교부금법'에 따른 보통교부금으로 부담하나, 2019년 12월 31일까지는 '유아교육지원특별회계법' 부칙 제2조에 따라 유아교육지원특별회계에서 부담한다.

또한 영유아 무상보육 및 같은 조 제2항의 장애아 무상보육 실시에 드는 비용은 '보조금 관리에 관한 법률 시행령'에 따른 영유아 보육사업에 대한 지원 비율에 따라 국가와 지방자치단체(서울 35%, 지방 65%)가 부담한다. 뿐만 아니라 국가 또는 지방자치단체는 예산의 범위에서 어린이집의 설치, 증축·개축 및 개수·보수 비용, 보육교사 인건비, 교재·교구비, 지방육아종합지원센터의 설치·운영비, 보수교육 등 직원 교육훈련 비용, 장애아 보육 등 취약보육 실시 비용, 그 밖에 차량운영비 등 보건복지부장관 또는 해당 지방자치단체의 장이 어린이집 운영에 필요하다고 인정하는 비용의 전부 또는 일부를 보조하도록 하고 있다.

6. 보육서비스 이용권

국가와 지방자치단체는 무상보육과 양육수당의 비용 지원을 위하여 보육서비스 이용권을 영유아의 보호자에게 지급할 수 있다.

참고문헌

건축법 시행령 별표 1.
보건복지부, 2019년 보육사업안내.
사회보장정보원, 2019년 2월 보육사업통계.
아동복지법
영유아보육법
www.childcare.or.kr

제 7 장

보육정책의 재원

보육정책 급여에 필요한 재정을 어떻게 마련할 것인가'에 대한 내용으로 정책이 추구하는 목적에 따라 사용되는 재원의 종류도 차이가 있으며 〈표 7-1〉과 같이 다양해진다.

〈표 7-1〉 정책의 재원

공공재원	일반세	소득세	납세의무자들의 소득에 부과하는 것(소득세, 법인세)
		소비세	납세의무자의 소득규모를 고려하지 않고 상품을 소비할 때 부과하는 것(부가가치세, 특별소비세)
		부(富)세	개인이 소유한 부(富)에 세금을 부과하는 것(재산세, 상속세, 증여세)
	사회보장성 조세	사회보험료	사회적 위험에 대비하기 위한 산업재해보상보험, 국민연금, 건강보험, 고용보험, 노인장기요양보험의 사회보험료(강제로 징수하므로 일종의 세금과 같은 성격)
	조세비용	특정 집단에게 조세를 감면, 공제, 면제해 주어 납세자의 구매력이나 소득을 실질적으로 증가시켜 주는 역할(대상이 중상위층이라는 점에서 역진적 재분배 효과 발생)	
민간재원	이용자부담	사회복지서비스를 이용하는 사람들이 그 사용의 대가를 지불하는 것(서비스 남용억제, 자원이용 효율성 증진)	
	자발적 기여	강제하지 않은 민간의 자발적 기부금(기부금 또는 후원금)	
	직업복지	기업에 종사하는 근로자와 그 가족을 대상으로 이루어지는 것(주택자금 대부, 학자금 지원, 직장어린이집 운영 등)	
	가족간 이전	일정한 형식을 갖추지 않은 비조직적 형태인 형제, 가족 등으로부터 이전	

2017년 현재 1인당 GDP부문에서 1인당 GDP가 가장 높은 국가는 룩셈부르크($91,956)이며, 우리나라는 $32,019로 전체 34개 OECD 비교국가 중 22위를 차

지하고 있다. 또한 조세부담률에 있어서 멕시코가 19.3%로 가장 낮게 나타났으나, 우리나라는 OECD 국가 중 3위를 차지하고 있고, 특히 북구 및 대륙 유럽국가들의 조세부담률이 높은 것으로 나타나고 있다.

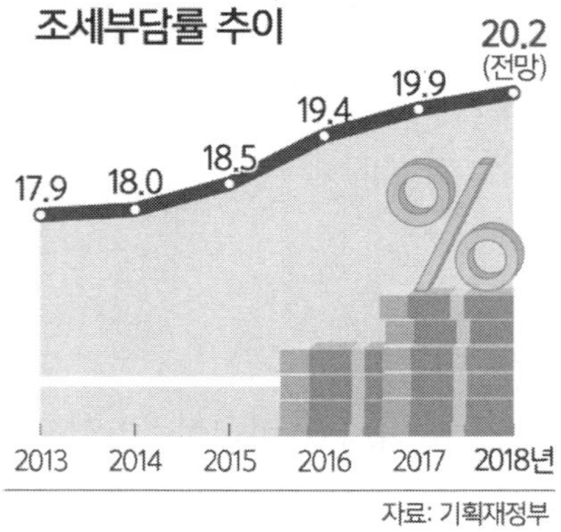

〈그림 7-1〉 조세부담률

〈표 7-2〉 국가별 조세부담률 순위

순위	국가	국민부담률($)	순위	국가	국민부담률($)
1	멕시코	193.	18	영국	33.0
2	칠레	20.4	19	체코	33.5
3	대한민국	24.2	20	그리스	34.1
4	미국	24.4	21	아이슬란드	35.5
5	오스트레일리아	26.7	22	독일	35.9
6	스위스	26.8	23	네덜란드	36.2
7	터키	27.9	24	슬로베니아	36.7
8	아일랜드	28.3	25	헝가리	37.9
9	일본	29.0	26	룩셈부르크	38.1
10	슬로바키아	29.3	27	노르웨이	41.0
11	이스라엘	30.5	28	오스트리아	41.8
12	캐나다	30.6	29	핀란드	42.6
13	뉴질랜드	31.5	30	스웨덴	42.8
14	폴란드	31.9	31	이탈리아	43.0
15	스페인	32.2	32	벨기에	43.7
16	에스토니아	32.4	33	프랑스	43.8
17	포르투갈	32.8	34	덴마크	47.1

자료: 김상호 외, OECD 국가의 복지 비교 연구, 한국보건사회연구원, 2016.

최근 국가의 사회복지 증진 정책에 따라 보육수당, 양육수당 등 직접적인 보육급여가 가파르게 증가하고 있으며, '공공형어린이집' 증설을 통한 '보육의 질'을 높이기 위해 간접적인 지원도 늘고 있다.

〈표 7-3〉 국가별 1인당 GDP 순위

순위	국가	1인당 GDP($)	순위	국가	1인당 GDP($)
1	룩셈부르크	91,956	18	일본	35,408
2	노르웨이	63,893	19	이탈리아	35,233
3	스위스	56,360	20	뉴질랜드	34,260
4	미국	51,265	21	스페인	32,731
5	네덜란드	46,771	22	대한민국	32,019
6	아일랜드	46,384	23	이스라엘	31,724
7	오스트리아	45,389	24	체코	29,107
8	오스트레일리아	44,422	25	슬로베니아	28,823
9	덴마크	44,221	26	포르투갈	27,538
10	스웨덴	44,053	27	그리스	27,027
11	독일	43,662	28	슬로바키아	26,270
12	캐나다	42,617	29	에스토니아	25,222
13	벨기에	41,938	30	헝가리	23,196
14	아이슬란드	41,033	31	폴란드	23,068
15	핀란드	40,129	32	칠레	20,611
16	프랑스	37,881	33	터키	18,182
17	영국	37,876	34	멕시코	16,709

자료: 김상호 외, OECD 국가의 복지 비교 연구, 한국보건사회연구원, 2016.

2016년 기준 0~4세 영유아 1인당 보육 공공 사회지출액은 스웨덴이 $13,149.3, 룩셈부르크 $12,107.8, 노르웨이 $11,998.3, 덴마크 $10,736.8의 순으로 영유아 1인당 $10,000이 넘는 높은 공공사회지출액 수준을 나타냈다. 현재 우리나라의 영유아 1인당 보육 공공사회지출액은 크게 낮은 수준은 아니며, $6,097 수준으로 나타나 OECD 가입국 34개 중 8위에 해당하여 상위권 그룹에 속하였는데, 이는 2010년 이후 확대된 보육정책의 정책성과가 반영된 것으로 보인다.

〈표 7-4〉 국가별 영유아 1인당 보육 공공사회지출액 순위

순위	국가	영유아 1인당 보육 공공사회지출액($)	순위	국가	영유아 1인당 보육 공공사회지출액($)
1	스웨덴	13,149.3	18	일본	3,348.8
2	룩셈부르크	12,107.8	19	스페인	3,344.7
3	노르웨이	11,998.3	20	아일랜드	3,001.8
4	덴마크	10,736.8	21	슬로베니아	2,792.0
5	아이슬란드	9965.8	22	헝가리	2,786.5
6	프랑스	8,220.1	23	미국	2,765.8
7	핀란드	7,527.9	24	체코	2,428.0
8	대한민국	6,097.5	25	이스라엘	2,326.4
9	네덜란드	5,952.6	26	슬로바키아	2,324.4
10	독일	5,918.1	27	포르투갈	2,233.1
11	벨기에	5,460.8	28	폴란드	1,890.6
12	뉴질랜드	4,951.7	29	캐나다	1,714.8
13	오스트리아	4,715.5	30	에스토니아	1,608.0
14	영국	4,526.8	31	칠레	1,271.0
15	오스트레일리아	4,261.8	32	멕시코	921.2
16	스위스	3,987.7	33	그리스	834.2
17	이탈리아	3,926.7	34	터키	417.7

자료: 김상호 외, OECD 국가의 복지 비교 연구, 한국보건사회연구원, 2016.

그러나 보육정책의 양적 확대가 출산율과 여가시간, 삶의 만족도와 연관되지 않는다는 점이다. 사회복지정책은 문제해결을 위한 노력의 산물이자 사회구조적 모순으로 발생하는 사회문제를 해결하여 사회를 안정시키는 기능을 수행한다.

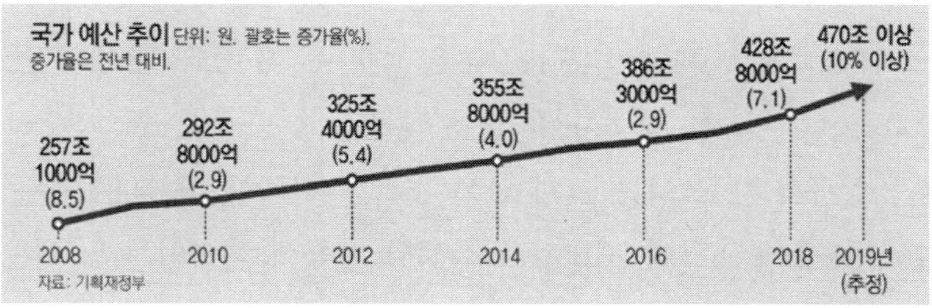

〈그림 7-2〉 국가예산 추이

OECD 가입국 중 2014년 기준 합계출산율이 가장 높은 국가는 이스라엘(3.08명)인 것으로 나타났으며, 우리나라는 1.21명에 불과했다. 그러나 2019년 현재 0.97명으로 합계출산율은 더 감소했다는 점에서 보육예산의 증액과 달리 효과가 나타나지 못

하고 있다. 따라서 출산율을 높이기 위해서는 장기간의 계획을 수립하여 지속적인 재정 투입을 할 때 그 효과가 발생한다는 것을 알 수 있다.

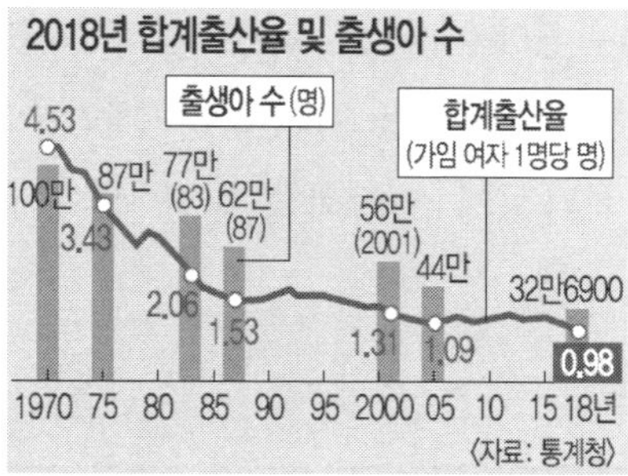

〈그림 7-3〉 합계출산율 및 출생아수

여가시간 측면에서 살펴보면 1일 24시간 중 근로시간을 제외한 시간으로 측정하는 여가시간의 지표에서 프랑스가 16.36시간의 가장 긴 여가시간을 갖고 있으나, 우리나라는 비교 국가 가운데 1일당 14.7시간에 불과해 25위의 중하위권에 머물고 있다.

〈표 7-5〉 국가별 여가시간 순위

(단위: 시간/일)

순위	국가	여가시간	순위	국가	여가시간
1	프랑스	16.36	18	이탈리아	14.89
2	스페인	15.93	19	뉴질랜드	14.87
3	네덜란드	15.90	20	영국	14.87
4	덴마크	15.87	21	일본	14.85
5	벨기에	15.77	22	슬로베니아	14.75
6	노르웨이	15.56	23	그리스	14.74
7	독일	15.55	24	포르투갈	14.72
8	아일랜드	15.30	25	대한민국	14.70
9	스웨덴	15.18	26	오스트리아	14.55
10	핀란드	15.17	27	미국	14.47
11	룩셈부르크	15.17	28	폴란드	14.42
12	헝가리	15.04	29	캐나다	14.41
13	체코	15.03	30	오스트레일리아	14.35
14	스위스	15.01	31	아이슬란드	14.13
15	슬로바키아	14.92	32	이스라엘	13.94
16	칠레	14.91	33	멕시코	12.80
17	에스토니아	14.90	34	터키	12.24

자료: 김상호 외, OECD 국가의 복지 비교 연구, 한국보건사회연구원, 2016.

사회를 발전시키는 여러 요인들은 삶의 만족도로 표현되는데, 2015년 최근 수치를 기준으로 34개 OECD 가입국의 삶의 만족도를 살펴본 결과 노르웨이의 행복도가 7.6점으로 스위스와 함께 가장 높은 것으로 나타났다. 우리나라는 5.8점에 불과하여 이탈리아와 함께 27위의 하위권에 속하고 있다. 이러한 결과는 출산 및 결혼관, 가족관계에도 영향을 미쳐 개인의 행복만을 추구하는 개인주의의 확산과 출산율 저하와 기피로 연결된다는 점에서 심각하게 고려해볼 만한 상황이다.

〈표 7-6〉 국가별 삶의 만족도 순위

(단위: 명)

순위	국가	삶의 만족도	순위	국가	삶의 만족도
1	노르웨이	7.6	18	체코	6.6
2	스위스	7.6	19	칠레	6.5
3	덴마크	7.5	20	영국	6.5
4	아이슬란드	7.5	21	프랑스	6.4
5	캐나다	7.4	22	스페인	6.4
6	핀란드	7.4	23	멕시코	6.2
7	뉴질랜드	7.4	24	슬로바키아	6.2
8	오스트레일리아	7.3	25	폴란드	6.0
9	네덜란드	7.3	26	일본	5.9
10	스웨덴	7.3	27	이탈리아	5.8
11	오스트리아	7.1	28	대한민국	5.8
12	이스라엘	7.1	29	슬로베니아	5.7
13	독일	7.0	30	에스토니아	5.6
14	벨기에	6.9	31	그리스	5.6
15	미국	6.9	32	터키	5.5
16	아일랜드	6.8	33	헝가리	5.3
17	룩셈부르크	6.7	34	포르투갈	5.1

자료: 김상호 외, OECD 국가의 복지 비교 연구, 한국보건사회연구원, 2016.5.9.

그러므로 보육정책을 통하여 출산율을 높이고 여성의 고용율을 향상시키며 일·가정 양립이 이루어질 수 있는 사회경제적 토대가 마련되어야 한다. 이를 위해서는 장기적인 인구통계의 철저한 분석을 통한 보육정책의 수립, 현행 교육제도의 혁신적인 개선, 다양한 직업교육기관의 설치, 여성 고용확대를 통한 일자리의 증가, 고부가가치 산업을 중심으로 산업의 재편, 육아휴직제도의 확대, 남성의 가사 및 육아에 관한 인식의 전환, 출산 휴가 후 일자리 복귀에 대한 부정적 인식 제거 및 부담 완화와 철저한 정부의 근로감독, 양육 및 보육수당의 증액을 통해서 결혼 기피현상을 방지하고 출산과 육아에 대한 부담을 줄여줄 때 가능하다.

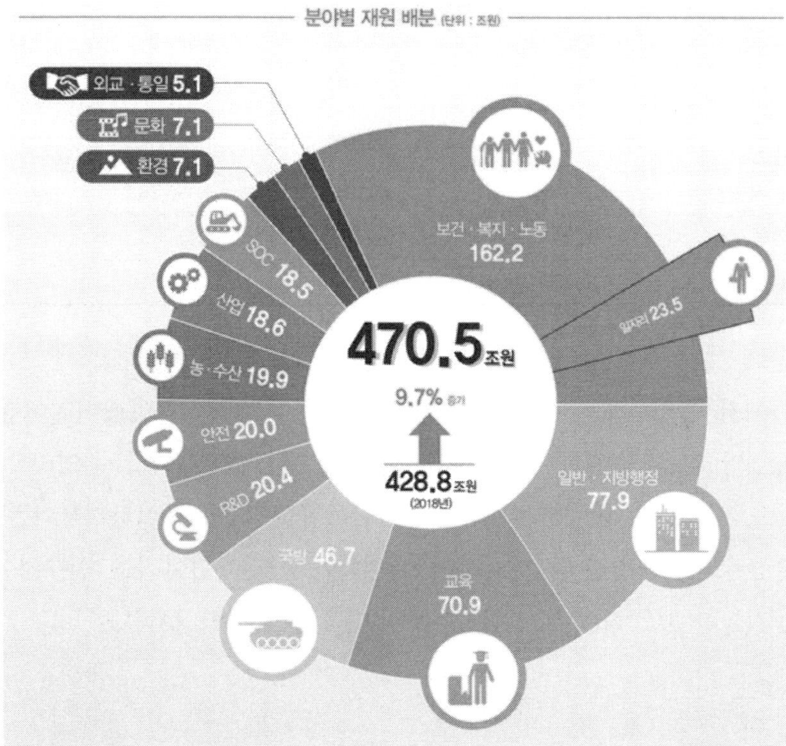

〈그림 7-4〉 2019년 분야별 예산

2019년 전체 예산 중 보건·복지·고용 관련 예산은 161조원으로 전체 예산 469.6조원의 34.3%를 차지하고 있고, 2018년 예산과 비교할 때 예산이 11.3% 증가하였다. 영유아보육 관련 소관부처인 보건복지부의 예산은 전년 대비 14.7% 증액된 72조 5천억원으로 전체 예산 가운데 15.4%, 직접적인 보육 예산은 7.8%, 국가 전체예산의 1.2%를 차지하고 있다.

보육재정을 살펴보면, 지난 2016년 보육예산(추경)은 5조 3,403.19억원, 2017년은 1.24% 증가한 예산 5조 4,066.55억원(추경), 2018년은 2.5% 증가한 5조 5400.75억원(추경), 2019년 5조 6,697.14억원(본예산)으로 해마다 소폭 증가하고 있다. 2016~2019년 예산을 보면 영유아보육료지원, 가정양육수당 지원사업, 어린이집 지원, 어린이집 기능보강, 어린이집 관리 순으로 예산을 할당하고 있다.

〈표 7-7〉 각 년도 보육예산

(단위: 백만원)

	2016(추경)	2017(추경)	2018(추경)	2019(본예산)
합계	5,430,319	5,406,655	5,540,075	5,669,714
영유아보육료지원	3,188,035	3,138,267	3,267,194	3,416,288
가정양육수당 지원사업	1,219,200	1,224,184	1,089,137	892,330
어린이집 지원	865,548	970,174	1,058,787	1,249,744
어린이집 기능보강	36,681	49,272	98,986	79,367
어린이집 관리	30,855	24,758	25,971	31,985

자료: 보건복지부, 각년도 보육통계

특히 어린이집 관리 예산 부분이 증가하고 있는 이유는 '공공형어린이집'을 확충하여 보육서비스의 질을 높이기 위한 정책 결과로, 공공형어린이집 운영비 지원과 사후 품질관리를 도모하고 있다. 그러나 공공형어린이집을 신규 증설하기보다는 지역별 인구규모와 출산율, 아동의 수를 파악하여 폐원하는 민간어린이집을 인수하여 리모델링을 하고 그 기능을 보강하여 재편하는 것이 더욱 효율적일 것이다.

참고문헌

김상호 외, OECD 국가의 복지 비교 연구, 한국보건사회연구원, 2016.
보건복지부, 각 년도 보육통계.

제 8 장

보육정책의 전달체계

1. 공공전달체계

1) 보건복지부

공공전달체계의 핵심은 보건복지부 인구정책실 보육정책관실로, 중앙부처 및 지방자치단체의 영유아 정책(유아교육정책은 제외) 지원 정책 협의·조정·총괄하는 '보육정책과', 영유아 보육료의 지원, 양육수당 지원 및 표준보육비용에 관한 사항, 영유아 및 부모 지원 보육서비스의 개발 등을 맡고 있는 보육사업기획과, 어린이집의 설치 및 운영 지원, 어린이집의 기능 보강 등 환경개선 지원, 어린이집의 운영비 지원, 어린이집에 대한 지도·점검 등을 하는 보육기반과로 구성되어 있다.

〈표 8-1〉 보건복지부 보육전담부서 현황

보건복지부

인구정책실

보육정책관

보육정책과	보육사업기획과	보육기반과
1. 중앙부처 및 지방자치단체 영유아 정책(유아교육정책 제외) 지원 정책 협의·조정·총괄 2. 영유아 정책에 대한 조사·연구·평가 및 제도개선 3. 영유아 정책에 관한 종합계획 수립 및 연도별 시행계획 총괄 4. 보육정책위원회 운영 5. 보육관련 법령 관리·운영 6. 보육재정의 중장기 투자계획 수립 7. 보육예산 편성·집행관리 및 정산·결산 8. 보육서비스 이용권 제도 운영 및 관리 9. 보육행정 전산화 10. 지방자치단체 보육공무원 교육 11. 보육개발원의 설립 및 지도·감독 12. 영유아 및 영유아보육 지원 정책에 대한 홍보 및 국민인식 개선사업 13. 보육 관련 대외협력 및 교류활성화 14. 보육통계의 생산 및 관리 15. 어린이집연합회 등 법인·단체의 지도·감독 16. 보육교직원 처우 개선 17. 보육교직원 양성 및 교육훈련 지원 18. 보육교직원의 경력 및 자격관리 19. '영유아보육법'에 따른 어린이집의 설치·인가 기준의 수립 및 관리 20. 국공립어린이집 등 어린이집 확충 및 지원계획 수립 21. 직장보육서비스 확충 22. 육아종합지원센터 확충 및 운영·관리	1. 영유아 보육료의 지원 2. 영육수당 지원에 관한 사항 3. 표준보육비용에 관한 사항 4. 영유아 및 부모 지원 보육서비스의 개발 5. 영아·장애아 및 다문화가족 영유아 및 취약보육서비스 등 지원 6. 보육료·양육수당 지원 대상자 선정 및 적정관리 7. 보육료·양육수당 지원 대상자 소득 기준액 결정 8. 부모교육 및 관련 정보 제공 9. 국공립어린이집 등 인건비 지원 10. 맞춤형 보육 자격기준 및 관리 11. 가정양육 지원 12. 보육지원체계 기획·연구 및 일시보육 지원	1. 어린이집의 설치 및 운영 지원 2. 어린이집의 기능 보강 등 환경개선 지원 3. 어린이집의 운영비 지원 4. 어린이집에 대한 지도·점검 5. 어린이집운영위원회의 설치 및 운영 6. 보육아동의 건강·영양·안전 관리 7. 어린이집 평가인증 계획 수립 및 평가인증제도 운영 8. 표준교육과정 및 보육프로그램의 개발·보급 9. 협동어린이집의 활성화 10. 시간연장형, 종일형, 방과후 어린이집 등의 보육 서비스 지원

2) 보육정책위원회

(1) 목적

보육에 관한 각종 정책·사업·보육지도 및 어린이집 평가에 관한 사항 등을 심의하기 위하여 보건복지부에 중앙보육정책위원회를, 특별시·광역시·도·특별자치도 및 시·군·구(자치구)에 지방보육정책위원회를 둔다.

(2) 구성

중앙보육정책위원회와 지방보육정책위원회의 위원은 보육전문가, 어린이집의 원장 및 보육교사 대표, 보호자 대표 또는 공익을 대표하는 자, 관계 공무원 등으로 구성한다.

보건복지부에 두는 중앙보육정책위원회는 위원장 1명과 부위원장 1명을 포함한 20명 이내의 위원으로 구성하고, 특별시·광역시·도·특별자치도 및 시·군·구(자치구)에 두는 지방보육정책위원회는 위원장 1명과 부위원장 1명을 포함한 15명 이내의 위원으로 구성한다.

중앙보육정책위원회의 위원장은 보건복지부차관이 되고, 부위원장은 위원 중에서 호선(互選)하며, 위원은 보육전문가, 어린이집의 원장 및 보육교사 대표, 보호자 대표 또는 공익을 대표하는 자 중에서 보건복지부장관이 위촉하는 사람, 보건복지부에서 보육정책을 담당하는 3급 공무원 또는 고위공무원단에 속하는 일반직 공무원이 된다.

지방보육정책위원회의 위원장 및 부위원장은 위원 중에서 호선하며, 위원은 보육전문가, 어린이집의 원장 및 보육교사 대표, 보호자 대표 또는 공익을 대표하는 자, 관계 공무원(지방의회의원은 제외) 중에서 해당 지방보육정책위원회가 속하는 지방자치단체의 장이 위촉하거나 임명하는 사람이 되며, 위원의 구성 비율은 보호자 대표 및 공익을 대표하는 자 45% 이상, 보육전문가 20%, 관계 공무원 15% 이하, 어린이집의 원장 10% 이하, 보육교사 대표 10%이다.

(3) 기능

중앙보육정책위원회는 다음의 사항을 심의한다.

첫째, 보육계획 및 연도별 시행계획의 수립에 관한 사항

둘째, 보육과정의 개발에 관한 사항

셋째, 어린이집의 평가인증 제도에 관한 사항

넷째, 그 밖에 보육 관련 업무의 위탁 등 보육에 관하여 위원장이 회의에 부치는 사항

지방보육정책위원회는 다음의 사항을 심의한다.

첫째, 보육계획 및 연도별 시행계획의 수립에 관한 사항

둘째, 공립어린이집의 설치 및 운영 위탁에 관한 사항(공립어린이집의 운영 위탁에 관한 사항 중 보건복지부령으로 정하는 바에 따라 지방보육정책심의위원회의 심의를 생략할 수 있는 사항은 제외)

셋째, 교육훈련시설의 지정에 관한 사항

넷째, 보수교육의 실시 위탁에 관한 사항

다섯째, 어린이집 이용자가 납부할 보육료 등에 관한 사항

여섯째, 도서·벽지·농어촌지역 등의 어린이집 설치기준 및 보육교직원의 배치기준에 관한 사항

일곱째, 그 밖에 보육에 관하여 위원장이 회의에 부치는 사항

(4) 임기

중앙보육정책위원회 및 지방보육정책위원회의 위원 중 민간 위원의 임기는 2년으로 하며, 한 차례만 연임할 수 있으며, 위원의 사임 등으로 인하여 새로 위촉된 위원의 임기는 전임위원 임기의 남은 기간으로 한다.

3) 한국보육진흥원

(1) 설치목적

효과적인 보육관련 사업 수행을 통한 보육의 질을 향상시키고, 체계적인 보육정책 지원을 통한 영유아와 부모, 보육교직원 등 수요자의 만족에 기여함을 목적으로 한다.

(2) 기능

한국보육진흥원은 다음의 업무를 수행한다.

첫째, 어린이집 평가척도 개발

둘째, 보육사업에 관한 교육·훈련 및 홍보

셋째, 영유아 보육프로그램 및 교재·교구 개발

넷째, 보육교직원 연수프로그램 개발 및 교재 개발

다섯째, '영유아보육법'에 따라 보건복지부장관으로부터 위탁받은 업무
여섯째, 그 밖에 보육정책과 관련하여 보건복지부장관이 필요하다고 인정하는 업무

4) 육아종합지원센터

육아지원센터(Support Center for Childcare)는 '영유아보육법' 제7조 및 시행령 제12조와 지방자치단체의 조례에 따라 보육 및 양육에 관한 정보의 수집·제공 및 보육교직원·부모상담 등을 제공하기 위하여 보건복지부장관과 지방자치단체의 장이 설치·운영하는 육아지원 기관이다.

(1) 목적

육아종합지원센터는 보육컨설팅, 보육관련 정보수집·제공, 교재·교구대여, 보육교직원 상담, 어린이집 설치·운영 등에 관한 상담 및 컨설팅, 영유아학대예방교육, 보육교직원 교육 등의 어린이집 지원과 부모교육·상담, 영유아의 체험·놀이 공간 제공, 일시보육서비스 등 가정양육 지원을 하고 있다.

(2) 시설 설치기준

육아종합지원센터는 이용수요·보건·위생·급수·안전 등을 충분히 고려하고, 대중교통수단으로 접근이 용이한 부지에 설치해야 하며, 그 기능을 효율적으로 수행할 수 있도록 자료실, 상담실, 교육실 등 필요한 시설을 설치해야 한다.

〈표 8-2〉 육아종합지원센터 공간 및 시설 예시

<table>
<tr><th>유형내용</th><th>가정양육 지원</th><th>어린이집 지원</th><th>기관운영 지원</th></tr>
<tr><td rowspan="2">실내</td><td>수유실, 육아정보 나눔터
실내놀이터, 일시보육실
장난감 대여실 등</td><td>어린이집 교구·교재 대여실, 보육교직원 상담실 등</td><td rowspan="2">사무실, 자료실(비품보관실), 양호실, 창고, 업무공간, 기계실, 보일러실, 전기실 등</td></tr>
<tr><td colspan="2">안내데스크, 프로그램 놀이실, 다목적용 강당, 교육실
도서관, 상담실, 치료실, 휴식공간, 세면실, 화장실 등</td></tr>
<tr><td>실외</td><td colspan="3">주차장, 놀이터, 다용도 체험놀이터, 옥상 등</td></tr>
</table>

(3) 직원 기준

육아종합지원센터장은 상근이 원칙이며, 육아종합지원센터 직원은 상근을 원칙으로 하고, 최소 상근 직원 수를 준수해야 한다.

중앙육아종합지원센터	상근 직원 최소 10인 이상
시·도 육아종합지원센터	상근 직원 최소 5인 이상
시·군·구 육아종합지원센터	상근 직원 최소 4인 이상

육아종합지원센터 직원의 자격기준은 〈표 8-3〉과 같다.

〈표 8-3〉 육아종합지원센터 직종별 직원의 자격기준

구 분		자격요건	
센터장		보육전문요원의 자격을 취득한 이후 보육업무에 5년 이상 종사한 경력이 있는 사람	
사업 전담 인력	보육전문요원	보육교사 1급 자격 소지자	보육교사 2급 자격을 취득한 이후 3년 이상의 보육업무 경력과 보건복지부장관이 정하는 승급교육을 받는 사람
			보육교사 2급 자격과 보육관련 대학원에서 석사학위를 취득한 자로서 1년 이상 보육업무 경력과 보건복지부장관이 정하는 승급교육을 받는 사람
		사회복지사업법에 의한 사회복지사 1급 자격을 취득한 이후 보육업무에 3년 이상 종사한 경력이 있는 사람	
	상담전문요원	국가기술자격법에 따른 임상심리사 2급 자격을 가진 사람 또는 상담, 심리분야의 학사 학위 이상을 취득하고 상담 업무와 관련하여 3년 이상의 실무경력이 있는 사람	
	전산원	공무원임용시험령의 전산직 8급 공무원 상당의 경력경쟁채용자격 요건 기준에 적합한 사람	
	영양사	영양사 면허증을 취득한 자로서 1년 이상 영양사 업무에 종사한 경력이 있는 사람	
	간호사	간호사 면허증을 취득한 자로서 1년 이상 간호사 업무에 종사한 경력이 있는 사람	
	특수교사 (치료사)	초중등교육법에 의한 교사자격기준 중 특수학교 정교사 1급 및 2급, 준교사 자격증을 취득한 자로서 보육관련업무경력이 3년 이상인 사람	
		초중등교육법에 의한 교사자격기준 중 치료교육 과목의 특수학교 실기교사 자격증을 취득한 자로서 보육관련업무경력이 3년 이상인 사람	
		대학(전문대학 및 대학원 포함)에서 특수교육 또는 재활관련학과를 전공하고 졸업한 자로서 어린이집에서 3년 이상 종사한 경력이 있는 사람	
	컨설턴트	보육교사 1급 자격을 취득한 자로서 보육업무경력이 5년 이상인 사람	
	행정원	공무원임용시험령의 일반직 8급 공무원 상당의 경력경쟁채용자격 요건 기준에 적합한 사람	
	운영요원	보육교사 자격을 취득한 사람	
		보육교사 자격을 취득하지는 않았으나 운영요원의 업무에 적합하다고 판단되는 사람	

주) '보육관련업무경력' 이라 함은 특수교육지원센터, 장애인종합복지관, 교육청 소속의 순회지원교사 등으로서 영유아를 대상으로 한 장애아 업무경력을 말함.

(4) 육아종합지원센터의 역할

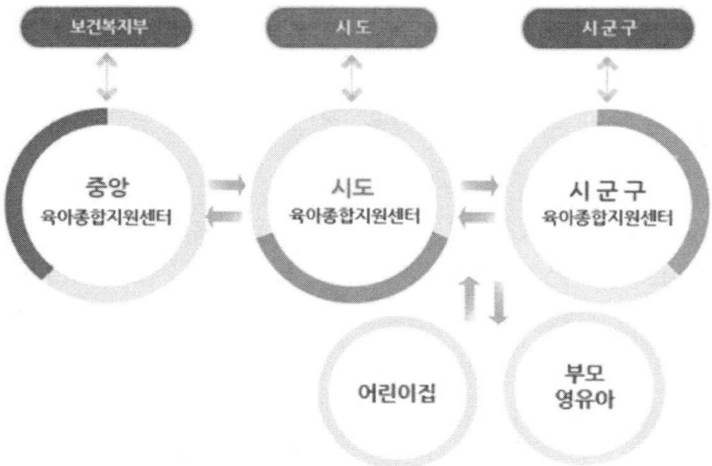

자료: 중앙육아종합지원센터

〈그림 8-1〉 육아종합지원센터 전달체계

중앙육아종합지원센터는 지방육아종합지원센터의 업무 전반에 대한 관리・지원・지방육아종합지원센터에 대한 정기적인 평가를 수행하고 그 밖의 정부의 보육사업 시행을 지원한다.

시・도 및 시・군・구 육아종합지원센터는 관할 지역의 어린이집과 보육 수요자에 대하여 지역 특성에 기초한 서비스를 제공하고, 중앙육아종합지원센터에서 실시하는 평가에 참여하여 질적인 개선을 도모해야 한다.

〈표 8-4〉 육아종합지원센터 역할

시・도 육아종합지원센터	시・군・구 육아종합지원센터
•시·군·구 센터 대상 교육, 실적관리 및 지원 •시·도 센터와 시·군·구 센터 간 정기적인 회의 구성 및 관리 •특수사업 매뉴얼 개발, 자료제작 등 지자체 특수사업 총괄· 지원 •지역특성을 반영한 프로그램 개발·보급 •전문가 인력풀 구축 등 시·군·구 센터 지원 •소외지역에 찾아가는 서비스 제공 등 시·군·구 센터 미설치 사각지대 지원	•시·도 센터 교육, 회의 등 참여 및 지원, 협력 •어린이집 운영에 관한 상담 등 어린이집 지원 서비스 제공 •영유아 보호자와의 연계성 등 가정양육 지원서비스 제공 •다른 육아관련 기관과의 정보교류 등 지역사회 네트워크 관리 •이용자의 욕구조사 등 프로그램 개선을 위한 정보수집

(5) 상담전문요원 배치

육아종합지원센터에 상담전문요원을 배치하여 보육교사들의 심리적·정서적 고충 상담과 아동학대 예방 관련 업무를 수행하도록 한다.

상담전문요원의 기준으로는 '국가기술자격법'에 따른 임상심리사 2급 이상인 사람 또는 상담·심리 분야의 학사학위 이상을 취득하고 상담 업무와 관련하여 3년 이상의 실무경력이 있는 사람으로 한다.

상담전문요원은 중앙센터에서 매뉴얼 개발, 교육, 상담관리 등의 업무를 수행하고, 시·도 센터의 경우 상담운영, 교육, 사례관리 및 시·군·구 센터를 지원하는 업무를 담당한다.

2. 민간전달체계

1) 어린이집

(1) 어린이집의 설치인가

어린이집의 설치인가를 받으려는 자는 어린이집 인가신청서(전자문서로 된 신청서 포함)에 다음의 서류(전자문서 포함)를 첨부하여 관할 특별자치도지사·시장·군수·구청장에게 제출하여야 한다.

㉮ 법인의 정관 및 출연금 등에 관한 서류(법인인 경우만 해당)
㉯ 단체의 회칙 또는 규약(단체인 경우만 해당)
㉰ 임대차계약서(부동산을 임차하는 경우만 해당)
㉱ 어린이집의 구조별 면적이 표시된 평면도와 어린이집 및 설비 목록
㉲ 어린이집의 원장의 자격을 증명하는 서류
㉳ 보육교직원 채용계획서
㉴ 어린이집 운영계획서(운영경비와 유지방법을 포함)
㉵ 경비의 지급 및 변제 능력에 관한 서류(설립자가 개인인 경우만 해당)

㉶ 인근 놀이터 이용계획서(영유아 50명 이상의 어린이집으로서 옥외놀이터나 옥내놀이터를 설치하지 않는 경우만 해당)

㉷ '도시가스사업법 시행규칙' 제25조 및 '액화석유가스의 안전관리 및 사업법 시행규칙' 제71조에 따른 정기검사증명서

㉸ '소방용품의 품질관리 등에 관한 규칙' 제5조에 따른 현장처리물품의 방염성능검사성적서 및 방염성능검사확인표시

어린이집 설치인가 신청을 받은 특별자치도지사·시장·군수·구청장은 '전자정부법' 제36조제1항에 따른 행정정보의 공동이용을 통하여 다음의 사항을 확인하여야 한다.

㉮ 법인 등기사항증명서(법인인 경우만 해당)

㉯ 건축물대장 및 건물 등기사항증명서

㉰ '전기사업법 시행규칙' 제38조에 따른 전기안전점검확인서

어린이집 설치인가 신청을 받은 특별자치도지사·시장·군수·구청장은 어린이집이 설치기준에 적합한지 여부를 현장에서 확인한 결과 및 해당 지역의 보육 수요를 고려하여 인가 여부를 결정하여야 한다. 이 경우 특별자치도지사·시장·군수·구청장은 2층 이상에 어린이집을 설치하려는 자가 설치인가 신청을 한 때에 어린이집이 갖추어야 하는 비상재해대비시설(소방시설 및 피난시설에 한정)에 대하여 '화재예방, 소방시설 설치·유지 및 안전관리에 관한 법률' 제7조에 따라 그 어린이집의 소재지를 관할하는 소방본부장이나 소방서장에게 그 어린이집의 비상재해대비시설이 같은 법 또는 같은 법에 따른 명령을 따르고 있는지에 대한 확인을 요청하여야 한다.

특별자치도지사·시장·군수·구청장은 어린이집을 인가한 경우에 신청인에게 어린이집 인가증을 발급하여야 한다. 또한 특별자치도지사·시장·군수·구청장은 어린이집의 설치 및 운영 현황을 매 반기가 끝난 후 1개월 이내에 특별시장·광역시장·특별자치시장·도지사·특별자치도지사를 거쳐 보건복지부장관에게 보고해야 한다.

(2) 어린이집 운영 일반원칙

① 어린이집 운영규정

어린이집의 원장은 조직·인사·급여·회계·물품 기타 시설의 운영관리에 관하여 필요한 규정을 제정·시행하여야 한다.

② 어린이집의 반편성 기준

㉮ 연령별 반편성

동년도 출생아(동년도 1.1~동년도 12.31 출생아)를 함께 반편성하는 것을 원칙으로 한다. 어린이집은 가능한 한 만2세 미만 영아반, 만2세 영아반과 만 3세 이상의 유아반을 동시에 운영해야 하며, 장애아가 있는 경우에는 장애아만으로 구성된 반을 운영할 수 있다.

반별 정원 탄력편성, 농촌 소규모 어린이집 및 도서·벽지·농어촌 지역의 교사 대 아동비율 특례 등에 의해 예외적인 반편성이 허용된 어린이집도 정원책정 기준인 어린이집 전용면적과 보육실 면적 등은 준수해야 한다.

〈표 8-5〉 연령별 반편성시 반별 정원기준

반별 정원기준	만0세	만1세	만2세	만3세	만4세 이상
원칙	3명	5명	7명	15명	20명

㉯ 상위연령반편성

1, 2월생 아동으로 보호자 신청이 있을 경우 상위연령반에 편성을 허용한다. 만 0세아반에 편성된 아동은 보호자 신청에 의해 출생일 기준 만12개월이 되는 달 다음 달부터 만 1세반으로 편성이 가능하나 이 경우 교사 대 아동비율은 1:5를 넘을 수 없다.

㉰ 하위연령반편성

보호자의 신청이 있을 경우 취학유예아동은 만 5세아반으로 편성이 가능하다. 장애아는 연령이 아닌 장애정도에 따라 적절한 반에 편성 운영할 수 있으나, 연령과 달리 하위연령반에 편성할 때에는 부모와 협의하고 시·군·구담당자의 확인을 받아 조정한다. 장애아는 아니나 아동의 발달차이를 고려하여 보호자의 신청이 있을 경우 하위 연령반에 편성을 허용한다.

㉣ 혼합반 편성

혼합반 운영 시 교사 대 아동 비율은 낮은 연령의 교사 대 아동비율을 준수해야 한다.

〈표 8-6〉 혼합반 편성 기준

혼합반 운영	만0세와 만 1세 영아	만1세와 만 2세 영아	만0세와 만 2세 영아	만2세 이하 영아와 만 3세 이상 유아	만 3세와 만 4세 이상 유아
원칙	가능	가능	불가능	불가능	가능
교사 대 아동비율	1 : 3	1 : 5	-	-	1 : 15

영유아 혼합반의 경우 정부 인건비 미지원시설은 지역 내 수급상황(인근지역에 여유가 없는 경우 등), 학부모의 요구(형제 등 동반입소) 등 불가피한 사유가 있는 경우에는 시·군·구의 사전 승인 후 예외적으로 만2세와 만3세 아동의 혼합반 운영이 가능하며, 이 중 가정어린이집은 만2세아와 유아(방과후 포함)의 혼합반 운영이 가능하다.

㉤ 반별 정원 탄력편성

반별 정원기준은 '영유아보육법' 시행규칙 제10조 별표2에 따른 기준을 원칙으로 하되, 신학기(3월)에 기존 재원 아동을 상급반으로 편성할 때 반별 정원을 초과하는 경우 또는 신학기(3~5월) 아동 퇴소 등으로 인하여 기존 반 통폐합시 잔류 아동이 반별 정원을 초과하는 경우에 한정하여 예외적으로 어린이집 총 정원 범위 내에서 반별 영유아 수를 〈표 8-7〉 기준 범위까지 달리할 수 있다.

〈표 8-7〉 반별 정원 탄력편성 기준

반별 정원	만0세	만1세	만2세	만3세	만4세 이상
원칙	3명	5명	7명	15명	20명
탄력편성 가능인원	-	1명	2명	3명	3명

반별 정원의 탄력편성은 총정원의 범위 내에서 이루어져야 하며, 연령별 탄력편성 영유아 수의 합이 해당연령별 교사 대 아동비율의 아동수 미만이어야 한다.

반별 정원을 탄력편성하는 시설은 보조교사(정부 지원 보조교사는 미인정)를 배치하여 해당반을 우선 지원하도록 하거나, 탄력편성에 따라 발생하는 수입금의 30% 이상을 해당 반 보육교사에게 추가로 지급[1]하여야 한다.

시·도지사는 관할 지역의 보육환경, 어린이집 운영 여건 등을 고려하여 지방보육정책위원회의 심의를 거쳐 반별 영유아 수를 〈표8-7〉 범위 내에서 달리할 수 있으며, 탄력편성 요건 등을 강화하여 세부기준을 정할 수 있다.

㉵ 통합반 운영

당초 편성된 반 유지를 원칙으로 하되, 조기 등원 및 귀가 등으로 보육아동이 현저히 적을 경우 당초 편성된 동일 연령반 및 혼합반을 연령별 교사 대 아동비율을 준수하는 범위 내에서 통합하여 '통합반' 편성운영이 가능하다. 이때 보육일지에 통합반 운영을 기록·관리해야 한다.

맞춤형 자격 아동과 종일형 자격 아동을 동일한 반에서 통합하여 운영 가능하다. 맞춤형 이용아동만으로 단일반 구성이 가능한 경우 종일반(종일 단독반)과 맞춤반(맞춤 단독반)을 구분하여 편성·운영하는 것을 원칙으로 하되, 어린이집 원장은 시설 운영상황 및 이용아동 현황 등을 고려해 자율적으로 종일반과 맞춤반을 구분하여 편성하거나 합반(종일반 이용아동 + 맞춤반 이용아동)으로 편성하여 운영 가능하다.

(3) 입소 및 퇴소

① 입소 우선순위

㉮ 1순위

- '국민기초생활보장법'에 따른 수급자
- '한부모가족지원법'에 의한 보호대상자의 자녀
- '국민기초생활보장법'에 의한 차상위계층의 자녀
- '장애인복지법'에 의한 장애인 중 보건복지부령이 정하는 장애등급 이상에 해당

[1] 만 1세반은 120,000원 이상, 만 2세반은 99,300원 이상, 만 3~5세반은 78,000원 이상을 지급해야 한다.

하는 자(장애부모[2]))의 자녀

- 아동복지시설에 생활 중인 영유아
- 부모가 모두 취업 중이거나 취업을 준비 중인 영유아
- '다문화가족지원법'에 따른 '다문화가족'의 영유아
- '국가유공자 등 예우 및 지원에 관한 법률'에 따른 국가유공자 중 전몰자, 순직자, 상이자로서 보건복지부령으로 정하는 자의 자녀
- 자녀가 3명 이상인 가구 또는 영유아가 2자녀 가구의 영유아
- 제1형 당뇨를 가진 경우로서 의학적 조치가 용이하고 일상생활이 가능하여 보육에 지장이 없는 영유아
- 산업단지 입주기업체 및 지원기관 근로자의 자녀로서 산업단지에 설치된 어린이집을 이용하는 영유아

㉯ 2순위

- 기타 '한부모가족지원법'에 따른 한부모 가족 또는 조손 가족
- 가정위탁 보호아동 및 입양된 영유아
- 동일 어린이집 재원 중인 아동의 형제·자매

② 입소 우선순위 적용 예외

- 법인·단체 등이 부지 또는 건물을 국가 또는 지방자치단체에 기부체납하거나 무상임대하여 국·공립어린이집으로 운영하는 경우 해당 법인·단체 등의 근로자 자녀로서 그 어린이집을 이용하는 영유아
- '주택법'에 따른 공동주택에 '주택건설기준 등에 관한 규정'에 따라 설치해야 하는 어린이집의 부지 또는 건물을 국가 또는 지방자치단체에 기부체납하거나 무상임대하여 국·공립어린이집으로 운영하는 경우 해당 공동주택의 거주자 자녀로서 그 어린이집을 이용하는 영유아

③ 입소자 결정

어린이집의 원장은 신청순위에 따라 어린이집 이용신청자명부를 작성·비치하여 이를 열람할 수 있도록 해야 한다. 또한 입소대기 관리 시스템을 통하여 입소 시 원장

2) 장애인복지법 시행규칙 별표1의 장애등급 중 1급 또는 2급에 해당하거나 3급에 해당하는 지적장애인 또는 자폐성장애인으로서 다른 장애가 중복된 사람

은 증빙서류를 제출받아 반드시 확인해야 하고, 입소확정 후 신청자는 증빙서류를 입소 전 7일(휴일 포함) 이내에 제출하여 입소순위에 대한 증빙을 해야 한다.

거짓이나 그 밖에 부정한 방법으로 증빙서류를 제출하거나 영유아보육법 등 관련 법령을 위반한 경우, 신청한 전체 어린이집에 대한 입소대기신청이 취소된다. 입소우선순위 해당 여부 및 증빙서류는 '입소일'을 기준으로 판단하며 입소대기대상아동의 범위(일반아동 만0세~만5세, 장애아동 만12세)를 초과하는 경우 입소대기가 자동으로 삭제된다.

어린이집의 원장은 당해시설이 결원이 생겼을 때마다 '입소 우선순위'를 기준으로 선 순위자를 우선 입소 조치해야 하며, 동일 입소신청자가 1, 2순위 항목에 중복 해당되는 경우 해당 항목별 점수를 합하여 고득점자 순으로 명부를 작성한다.

입소 우선순위 적용대상은 대한민국 국적을 가진 만0~5세(장애동은 만 12세) 아동에 한한다.

(4) 보육 운영 시간

① 어린이집 운영시간 원칙

어린이집의 운영은 주 6일 이상, 연중 계속 운영하는 것을 원칙으로 한다. 다만, 지역 및 시설여건 등을 고려하여 미리 보호자의 동의를 받은 후 어린이집 운영위원회의 결정에 따라 토요일 휴무를 할 수 있다. 또한 보호자의 근로시간 등을 고려하여 미리 보호자의 동의를 받은 경우에는 영유아 및 그 보호자에게 불편을 주지 않는 범위에서 어린이집 운영일 및 운영시간을 조정하여 운영이 가능하다.

근로자의 날(5.1)은 사전 보육조사를 통해 보육에 지장을 주지 않는 범위 내에서 교사 배치를 조정하여 운영하되, 근로자의 날 근무자에 대하여 관련법에 따라 휴일근로수당을 지급해야 한다.

어린이집 운영시간 중 아동 외출 시에는 안전을 고려하여 부모와 협의 하에 지정된 보호자에게 인계하여야 한다.

② 휴원명령 및 임시휴원

보건복지부장관, 시·도지사 또는 시장·군수·구청장은 천재지변, 감염병 발생 등의 긴급한 사유로 정상적인 보육이 어렵다고 인정될 경우 어린이집 원장에게 휴원을 명할 수 있으며, 이 경우 어린이집의 원장은 지체 없이 어린이집을 휴원해야 하며, 휴원 시 보호자가 영유아를 가정에서 양육할 수 없는 경우 등 긴급통신문 등을 통해 보호자에게 미리 안내하는 등 어린이집 운영에 필요한 조치를 해야 한다. 어린이집 원장은 천재지변 등 긴급한 상황 발생으로 어린이집 운영이 어렵다고 판단될 경우 보호시간 단축 또는 휴원을 할 수 있으며 지체 없이 보호자에게 알리고 맞벌이 가정 등 긴급보육에 대비하여 당번 교사를 배치하는 등 영유아와 보호자의 불편이 최소화 될 수 있도록 조치해야 한다.

③ 하절기 등 집중휴가기간 운영원칙

어린이집은 연중 운영이 원칙(공휴일 제외)이므로 교사의 하계휴가사용 등을 이유로 임시휴원(일명 '방학')은 불가하며, 보육공백을 최소화하고 보육에 지장을 주지 않는 범위 내에서 반구성, 교사 대 아동비율을 달리하여 운영할 수 있으며, 이 경우 반드시 보호자의 보육수요조사를 거쳐야 한다. 그리고 맞벌이 가정 등 긴급보육이 필요한 아동을 위하여 당번교사를 배치해야 한다.

④ 맞춤형보육 어린이집 이용시간

종일반은 주중 7:30~19:30(12시간), 토요일 7:30~15:30, 맞춤반은 주중 9:00~15:00(6시간, 차량운행시간 제외) 운영하며, 단, 지역별 어린이집 사정에 따라 보호자와 협의하여 일 6시간 서비스 제공을 준수하면서 9~15시 전·후 1시간 범위 내에서 이용시간의 탄력 조정이 가능하다. 뿐만 아니라 이용아동현황, 시설운영상황 등에 따라 필요시 어린이집 운영위원회 결정에 따라 맞춤반 이용시간을 조정할 수 있고, 보호자의 맞춤반 이용시간 조정 요구가 있는 경우 어린이집 원장은 맞춤반을 이용하는 보호자의 의견을 조사하여 협의해야 한다.

⑤ 낮잠 및 급·간식

낮잠 및 급·간식 제공 시간은 아동의 발달 및 어린이집 운영 상황, 맞춤반 이용시간과의 정합성 등을 고려하여 합리적으로 운영해야 한다.

종일반 아동, 맞춤반 아동 구분 없이 급·간식시간에 어린이집을 이용하고 있는 모든 아동에게 급·간식을 지급해야 한다.

(5) 어린이집 운영계획 수립

모든 어린이집은 아동 및 보호자의 보육수요를 조사한 후 조사결과를 반영하여 어린이집 운영계획을 수립·안내해야 한다. 어린이집 운영계획은 어린이집 유형, 영·유아반 또는 종일반·맞춤반 운영 여부를 불문하고 모든 어린이집에서 수립하여야 한다.

어린이집 운영계획을 수립하기 위해 희망 등·하원시간을 포함한 어린이집 이용신청서 작성을 통해 서면 수요조사를 실시해야 하며, 어린이집 이용 신청서를 보관해야 한다. 수요조사 결과를 반영하여 시간대별 교사배치, 하원시간별 아동 현황, 시간대별 보육프로그램, 차량운행 계획 등이 포함된 어린이집 운영계획을 수립하여야 한다.

서면 수요조사 및 어린이집 운영계획 수립은 신학기 시작 시 실시하는 것을 원칙으로 하며, 희망 등·하원시간의 변경을 희망하거나 신규 입소아동이 있는 경우 해당 아동에 대해 서면 수요조사를 즉시 실시하여 어린이집 운영계획에 반영해야 한다.

(6) 보험가입

① 영유아 생명 · 신체 피해보상 관련 공제 가입

모든 어린이집은 입소 아동 전원에 대하여 의무적 가입해야 하는데, 모든 어린이집에서는 보육통합정보시스템을 통해 어린이집안전공제회 회원 및 '영유아 생명·신체 피해'공제에 가입하고, 영유아 등 입소 아동의 생명·신체 피해보상을 위한 공제료는 납부해야 한다. 또한 집단급식소로 신고·운영하는 어린이집이나 어린이놀이시설 관리 주체인 어린이집은 '액화석유가스의 안전관리 및 사업법' 및 '어린이놀이시설 안전관리법'에 따라 어린이집안전공제회의 '가스사고 배상책임'공제 및 '놀이시설 배상책임'공제에 가입해야 한다.

공제료 부담은 어린이집 부담을 원칙으로 한다.

② 화재보험(공제) 가입

모든 어린이집은 의무적으로 화재보험(공제)을 가입하되, 어린이집안전공제회의 '화재공제'에 가입이 가능하며, 보험료(공제)는 어린이집이 부담하는 것을 원칙으로 한다.

③ 자동차보험 가입

차량을 운행하는 모든 어린이집은 교통사고로 인한 피해를 전액 배상할 수 있도록 대비하기 위하여 자동차보험에 가입해야 하며, 보험료는 어린이집이 부담하는 것을 원칙으로 한다.

④ 보육교직원 관련 보험

어린이집의 대표자는 보육교직원을 위하여 '국민연금법'에 따른 국민연금, '국민건강보험법'에 따른 건강보험, '고용보험법'에 따른 고용보험 및 '산업재해보상보험법'에 따른 산재보험에 가입해야 한다.

(7) 어린이집의 통학차량 운행

어린이집의 통학차량 운행은 의무사항이 아니나, 어린이집을 이용하는 아동 보호자로부터 비용을 받아 차량을 운행하는 경우에는 정당한 사유 없이 차량운행을 중단해서는 안 되며, 차량고장 등 불가피한 사유로 차량운행이 불가능하여 어린이집 원장이 보호자에게 사전통지를 한 경우에는 중단할 수 있다. 통학차량 운행 횟수 및 시간은 보호자와 협의하여 어린이집에서 자율적으로 결정하나, 차량 이용 수요가 많은 시간에 통학 차량을 운행하는 것이 바람직하며, 맞춤반 아동의 긴급보육바우처 사용을 유도할 수 있는 차량운행시간 결정은 지양되어야 한다.

(8) 장부 비치

어린이집의 장은 영유아의 발달 등을 종합적으로 관찰・평가하여 영유아 생활지도 및 초등학교 교육과의 연계지도에 활용할 수 있도록 생활기록부(전자서식 포함)를 작성・관리해야 한다.

어린이집에는 영유아보육법 시행규칙 별표8에 의한 장부를 비치해야 한다.

〈표 8-8〉 어린이집 작성 · 비치 서류

1. 재산목록과 그 소유를 증명하는 서류(부동산을 임차하는 경우에는 임대차 계약서 포함)
2. 어린이집 운영일지 및 출석부
3. 보육교직원의 인사기록카드(채용구비서류, 이력서 및 사진 포함)
4. 예산서 및 결산서
5. 총계정원장 및 수입·지출 보조부
6. 금전 및 물품출납부와 그 증명서류
7. 소속 법인의 정관 및 관계 서류
8. 어린이집 이용신청자 명부
9. 생활기록부, 영유아보육일지
10. 보육교직원의 인사·복무 및 어린이집 운영에 관한 규정 등
11. 통합안전점검표
12. 영상정보 열람대장
13. 그 밖에 어린이집 운영에 필요한 서류
※상시 영유아 20명 이하인 어린이집으로서 어린이집의 원장이 보육교사를 겸임하는 어린이집의 경우에는 1, 3, 4, 5, 6, 8, 9, 11, 12 외의 장부 및 서류(전자문서 포함)는 갖춰 두지 않을 수 있음.

2) 어린이집운영위원회

(1) 설치 및 운영

어린이집의 장은 어린이집 운영의 자율성과 투명성을 높이고 지역사회와의 연계를 강화하여 지역 실정과 특성에 맞는 보육을 실시할 수 있도록 하기 위하여 협동어린이집 제외한 모든 어린이집에서는 어린이집운영위원회를 설치 · 운영하도록 하고 있다.

어린이집운영위원회는 분기별로 1회 이상 운영해야 하며, 1분기(3~5월) 정기 운영위원회는 반드시 3월에 실시해야만 한다. 그러나 아동학대 예방 등의 사유로 학부모 대표, 지역사회 인사 등의 요구 시에는 수시로 개최 가능하다. 그리고 전체 학부모를 대상으로 공개를 원칙으로 하며, 회의록을 작성하고 보관해야 한다.

어린이집운영위원회는 당해 어린이집의 장, 보육교사 대표, 학부모 대표 및 지역사회인사(직장어린이집의 경우 당해 직장어린이집 업무담당자)를 포함한 5인 이상 10인 이내로 구성하되, 학부모가 대표가 1/2 이상이 되어야 한다. 단, 가정어린이집의 경우 지역사회 인사는 제외할 수 있도록 해야 한다. 위원장은 보육교직원이 아닌 위원 중에서 호선한다.

(2) 기능

어린이집운영위원회는 다음의 사항을 심의한다.

첫째, 어린이집 운영규정 제・개정에 관한 사항

둘째, 어린이집의 예산 및 결산의 보고에 관한 사항

셋째, 영유아의 건강・영양, 안전 및 학대예방에 관한 사항

넷째, 보육시간・보육과정의 운영방법 등 어린이집의 운영에 관한 사항

다섯째, 보육교직원의 근무환경 개선에 관한 사항

여섯째, 영유아의 보육환경 개선에 관한 사항

일곱째, 어린이집과 지역사회의 협력에 관한 사항

여덟째, 보육료 외의 필요경비를 받는 경우, 영유아보육법 제38조에 따른 범위에서 그 수납액 결정에 관한 사항

아홉째, 그 밖에 부모모니터링단의 모니터링 결과 등 어린이집 운영에 대한 제안 및 건의사항

3) 부모 모니터링단

(1) 운영목적 및 기능

부모 모니터링단은 부모의 보육・보건 전문가가 직접 어린이집의 급식, 위생, 건강 및 안전관리 등 운영상황을 모니터링하여 수요자인 부모의 어린이집 운영 참여를 도모하고, 어린이집에 대해서는 컨설팅을 제공하여 보육서비스의 질을 향상함으로써 부모가 믿고 맡길 수 있는 보육환경을 조성하는 데 있다.

(2) 구성 및 운영

운영주체는 각 시・도지사 또는 시장・군수・구청장이며, 육아종합지원센터 등에 교육 및 운영 위탁이 가능하다. 구성은 시・군・구별 10명(부모 및 보육・보건전문가로 구성) 이내로 하되, 어린이집 수 등 지역실정에 따라 조정할 수 있다.

〈표 8-9〉 부모 모니터링단 선정기준

구 분	선정요건
보육전문가	▪보육교사 1급 자격 소지자로서 보육현장 근무경력 3년 이상인 자 ▪전직 육아종합지원센터 전문요원 또는 컨설턴트로서 경력 1년 이상인 자 ▪영유아보육 관련학과 대학(교) 전임강사 이상 등
보건전문가	▪근무경력 3년 이상인 영양사(임상영양사 포함), 간호사, 의사(한의사, 치과의사 포함) ▪보건 관련학과 대학(교) 전임강사 이상 등
부모	▪현재 어린이집을 이용하는 영유아를 둔 부모
컨설턴트	▪전·현직 육아종합지원센터장 및 평가인증 담당 보육전문요원 ▪전직 육아종합지원센터 영양사, 컨설턴트 ▪전직 보육교사·원장으로 평가인증 1회 이상 수행자로 인증 결과 90점 이상 또는 A등급 이상인 자(보육교사 1급, 보육업무경력 5년 이상인 자)

(3) 모니터링 대상

모니터링 대상은 관할 지역 내 모든 어린이집으로, 모니터링 신청이 있는 어린이집, 최근 3년간 지도·점검을 받지 않은 어린이집, 전년도 모니터링 실시 어린이집 중 컨설팅 대상 어린이집, 어린이집 품질 관리 사각지대 해소를 위해 평가 미인증 어린이집, 최근 1년 내 대표자 또는 원장을 변경했거나, 최근 1년 내 신규인가 어린이집, 최근 3년 이내 지도·점검에서 1회 이상 급·간식 및 안전관리 등 부적정 사유로 지적되거나 행정처분을 받은 어린이집 등은 우선 선정하여 실시해야 한다.

그러나 평가인증(재인증)일로부터 1년 이내의 어린이집, 2018년 지방자치단체형 열린어린이집, 당해 연도에 평가인증 확인점검을 받은 어린이집은 부모모니터링 대상에서 제외하고, 언론(방송, 인터넷, 신문) 보도 또는 보육과정 중 사고 발생 어린이집은 모니터링 대상에서 제외하고, 지방자치단체 지도점검 대상으로 우선적으로 선정한다.

모니터링단의 활동 기간은 3월부터 12월까지로 10개월간 활동하며, 시·도지사는 관할 시·군·구 모니터링단 대상으로 모니터링 및 컨설팅에 필요한 현장 및 이론교육을 반드시 1회 이상 실시 후 사업시행하고, 하반기에 1회 이상 보수교육을 실시하는 등 연 2회 이상 교육을 실시해야 한다.

모니터링 방법으로 모니터링단은 대상 어린이집 원장과 방문 일정을 사전에 협의하고, 방문시 모니터링 승인서와 신분증을 어린이집 원장에게 제시해야 한다.

모니터링 결과를 해당 어린이집 운영위원회 심의사항에 포함하고, 아동학대 등 법 위반 행위가 의심될 경우 즉시 지방자치단체 및 경찰에 통보하고, 그 외의 경우 컨설팅을 위한 기초자료로 활용한다.

시・도지사 또는 시・군・구청장은 모니터링 사업 완료 후 모니터링단 대상으로 평가를 실시하고 다음연도 모니터링단 선정에 반영한다.

■ 주요 모니터링 분야
- 건강관리: 건강검진 및 관리, 응급조치 체계
- 급식관리: 식단 및 영양 관리, 조리 및 식자재 관리
- 위생관리: 급식 위생 관리, 조리실 청결, 시설·비품 위생 관리
- 안전관리: 물리적·인적 환경 관리, 차량 안전 관리, 아동학대 예방·조치

참고문헌

보건복지부, 2019년 보육사업안내.
영유아보육법.
영유아보육법 시행령.
영유아보육법 시행규칙.

제 9 장

보육과정

1. 표준보육과정

공통의 보육·교육 과정의 내용은 보건복지부장관과 교육부장관이 협의하여 정하며, 보육과정의 목적은 영유아의 전인적인 성장과 발달을 돕고 민주시민으로서의 자질을 길러 영유아가 심신이 건강하고 조화로운 사회 구성원으로 자랄 수 있도록 하는 데 있다.

1) 표준보육과정 도입의 필요성

1991년 1월 영유아보육법 제정으로 종전의 단순 "탁아"사업이 "보육"사업으로 확대 발전되면서 보육시설수가 급증하였고 이에 따른 보육의 질적 수준 향상에 대한 요구가 대두 보육시설에서 영유아에게 어떤 경험을 제공할 것인가에 대한 국가수준의 지침이 필요하게 되었고 2004년 1월 29일 전면 개정된 '영유아보육법' 제 29조 2항에 표준보육과정을 개발, 보급하여야 함이 명시된 후, 표준보육과정은 다음의 과정을 거쳐 개발되고 보급되었다.

〈표 9-1〉 표준교육과정 연혁

시 기	내 용	개 요
2005. 11	표준보육과정 연구	보육관련 6개 학회가 참여한 기초연구에 이어 총 30명의 보육관련 여러 학계 교수와 현장 보육교사들이 참여하여 내용을 개발하고 영역전문가와 초등학교 교사의 자문을 거쳐 지역별 협의, 총괄자문, 공청회 실시를 통해 연구 완성
2007. 1	표준보육과정 고시	표준보육과정의 구체적 보육내용 및 교사지침 고시 (여성가족부 고시 제2007-1호)
2008. 7	제1차 표준교육과정에 기초한 0~5세별 보육프로그램	제1차 표준보육과정에 기초하여 만 0~5세용 총6권의 어린이집 프로그램·장애아용 1권 프로그램 개발 및 보급
2010. 9	표준보육과정 재고시	여성가족부의 보육업무가 보건복지부로 이관되면서 2007. 1의 표준보육과정 고시가 보건복지부 고시 제2010-71호로 재고시.
2012. 2	제2차 표준보육과정 고시	만5세 누리과정 제정과 더불어 0~4세를 포함하여 제2차 표준보육과정을 고시(보건복지부 고시 제2012-28호)
2013. 1. 21	제3차 어린이집 표준보육과정 고시	만 3~5세 누리과정을 포함한 어린이집 표준보육과정을 개정 고시(보건복지부 제2013-8호). 2013년 3월부터 적용

2) 표준보육과정의 기본전제와 구성방향

(1) 기본전제

어린이집 표준보육과정은 어린이집의 만 0-5세 영·유아들에게 국가수준에서 제공하는 보편적이고 공통적인 보육의 목표와 내용을 제시한 것이다. 어린이집 표준보육과정은 0-1세 보육과정, 2세 보육과정, 3-5세 보육과정(누리과정 포함)으로 구성한다. 국가수준의 어린이집 표준보육과정을 시행함으로써 영·유아의 전인적 발달과 우리 문화에 적합한 내용을 일관성 있고 연계적으로 실천하며, 궁극적으로 사회에서 추구하는 인간상을 구현하고 전국 어린이집의 질적 수준을 높이는 데 기여하고자 한다.

(2) 추구하는 인간상

㉮ 심신이 건강하고 행복한 사람

㉯ 자율적이고 창의적인 사람

㉰ 자신과 타인을 존중하고 배려하는 사람

㉱ 자연과 우리문화를 사랑하는 사람

㉲ 다양성을 인정하는 민주적인 사람

(3) 제3차 어린이집 표준보육과정이 추구하는 기본전제

㉮ 영·유아는 개별적인 특성을 지닌 고유한 존재이다.

㉯ 영·유아는 연령에 따라 발달적 특성이 질적으로 다르다.

㉰ 영·유아는 그 자체로서 존중 받아야 하는 존재이다.

㉱ 영·유아는 직접적으로 경험할 때 의미 있는 지식, 기술 및 바람직한 태도를 형성해 간다.

㉲ 영·유아는 일상생활이 편안하고 학습과 경험이 놀이중심으로 이루어질 때, 최대의 능력이 발휘된다.

㉳ 영·유아는 민감하고 반응적인 성인과의 신뢰로운 관계 속에서 최적의 발달을 이룬다.

㉴ 영·유아가 속한 가정, 지역사회가 함께 협력할 때 영유아에게 가장 긍정적인 영향을 미친다.

(4) 구성 방향 및 체계

① 구성방향

㉮ 영·유아의 발달 특성과 개인차를 고려하여 연령 및 수준별로 구성한다.

㉯ 어린이집에서 편안하고 행복한 일상생활이 되도록 중점을 두어 구성한다.

㉰ 질서, 배려, 협력 등 기본생활습관과 바른 인성을 기르는 데 중점을 두어 구성한다.

㉱ 자율성과 창의성을 기르는 데 중점을 두고, 전인발달을 이루도록 구성한다.

㉲ 사람과 자연을 존중하고, 우리 문화를 이해하는 데 중점을 두어 구성한다.

② 구성 체계

㉮ 어린이집 표준보육과정은 만 0-1세 보육과정, 만 2세 보육과정, 만 3-5세 보육과정으로 구성한다.

㉯ 어린이집 표준보육과정은 영역, 내용범주, 내용, 세부 내용으로 구분하고, 내용 간에 연계가 이루어지도록 구성한다.

㉰ 세부내용이라 함은 만 0-1세 보육과정, 만 2세 보육과정에서는 수준별 세부내

용을 의미하고 만 3-5세 보육과정에서는 연령별 세부내용을 의미한다.

㉣ 만 0-1세 보육과정은 기본생활, 신체운동, 의사소통, 사회관계, 예술경험, 자연탐구의 6개 영역을 중심으로 구성한다.

㉤ 만 2세 보육과정은 기본생활, 신체운동, 의사소통, 사회관계, 예술경험, 자연탐구의 6개 영역을 중심으로 구성한다.

㉥ 만 3-5세 보육과정은 신체운동·건강, 의사소통, 사회관계, 예술경험, 자연탐구의 5개 영역을 중심으로 구성한다.

㉦ 만 3-5세 보육과정은 초등학교 교육과정과의 연계성을 고려하여 구성한다.

〈표 9-2〉 **표준보육과정 구성체계**

<table>
<tr><td rowspan="2">보육과정의 구분</td><td colspan="3">총 론</td></tr>
<tr><td colspan="3">▪ 표준보육과정의 기초(추구하는 인간상, 표준보육과정의 기본전제, 구성 방향 및 체계)
- 편성과 운영
- 목적과 목표</td></tr>
<tr><td rowspan="5">구성체계</td><td>만0~1세 보육과정</td><td>만2세 보육과정</td><td>만3~5세 보육과정</td></tr>
<tr><td colspan="2">기본생활/신체운동/의사소통
사회관계/예술경험/자연탐구</td><td>신체운동·건강/의사소통
사회관계/예술경험/자연탐구</td></tr>
<tr><td colspan="3">내용범주</td></tr>
<tr><td colspan="3">내 용</td></tr>
<tr><td colspan="2">수준별 세부내용
만0~1세는 1·2·3·4수준
만 2세는 1·2수준</td><td>연령별 세부내용
만 3세
만 4세
만 5세</td></tr>
</table>

3) 표준보육과정의 목적과 목표

(1) 목적

영·유아의 심신의 건강과 전인적 발달을 도와 행복을 도모하며 민주시민의 기초를 형성하는 것을 목적으로 한다.

(2) 목표

① 0-1세 보육과정

㉮ 건강하고 안전한 일상생활을 경험한다.
㉯ 감각 및 기본 신체운동 능력을 기른다.
㉰ 말소리를 구분하고 의사소통의 기초를 마련한다.
㉱ 친숙한 사람과 관계를 형성한다.
㉲ 아름다움에 관심을 가진다.
㉳ 보고, 듣고, 만지면서 주변 환경에 관심을 가진다.

② 2세 보육과정

㉮ 건강하고 안전한 생활습관의 기초를 마련한다.
㉯ 감각, 신체조절 및 기본 운동 능력을 기른다.
㉰ 의사소통 능력의 기초를 기른다.
㉱ 나를 인식하고 다른 사람과 더불어 생활하는 경험을 한다.
㉲ 아름다움에 관심을 가지고 예술경험을 즐긴다.
㉳ 주변 환경에 호기심을 갖고 탐색하기를 즐긴다.

③ 3-5세 보육과정

㉮ 기본 운동 능력과 건강하고 안전한 생활 습관을 기른다.
㉯ 일상생활에 필요한 의사소통 능력과 바른 언어 사용 습관을 기른다.
㉰ 자신을 존중하고 다른 사람과 더불어 생활하는 능력과 태도를 기른다.
㉱ 아름다움에 관심을 가지고 예술 경험을 즐기며, 창의적으로 표현하는 능력을 기른다.
㉲ 호기심을 가지고 주변세계를 탐구하며, 일상생활에서 수학적·과학적으로 생각하는 능력과 태도를 기른다.

〈표 9-3〉 표준보육과정의 목표

만 0~1세 표준보육과정의 목표	관련영역	만 2세 표준보육과정의 목표
건강하고 안전한 일상생활을 경험한다.	기본생활	건강하고 안전한 생활습관의 기초를 마련한다.
감각 및 기본 신체운동 능력을 기른다.	신체운동	감각, 신체조절 및 기본 운동 능력을 기른다.
말소리를 구분하고 의사소통의 기초를 마련한다.	의사소통	의사소통 능력의 기초를 기른다.
친숙한 사람과 관계를 형성한다.	사회관계	나를 인식하고 다른 사람과 더불어 생활하는 경험을 한다.
아름다움에 관심을 가진다.	예술경험	아름다움에 관심을 가지고 예술경험을 즐긴다.
보고, 듣고, 만지면서 주변 환경에 관심을 가진다.	자연탐구	주변 환경에 호기심을 갖고 탐색하기를 즐긴다.

4) 편성과 운영

(1) 편성

① 어린이집의 운영시간에 맞추어 편성한다.

② 표준 보육과정에 제시된 각 영역의 내용을 균형 있게 통합적으로 편성한다.

③ 영·유아의 발달 특성 및 개인차, 경험을 고려하여 놀이를 중심으로 편성한다.

④ 영·유아의 일과 중 일상생활을 포함하여 편성한다.

⑤ 어린이집과 보육실의 특성에 따라 융통성 있게 편성한다.

⑥ 성별, 종교, 신체적 특성, 가족 및 민족 배경 등으로 인한 편견이 없도록 편성한다.

(2) 운영

① 보육계획(연간, 월간, 주간, 일일 계획 등)에 의거하여 운영한다.

② 실내·외 환경을 다양한 흥미 영역으로 구성하여 운영한다.

③ 영·유아의 능력과 장애정도에 따라 조정하여 운영한다.

④ 부모와 각 기관의 실정에 따라 부모교육을 실시한다.

⑤ 가정과 지역사회와의 협력과 참여에 기반하여 운영한다.

⑥ 교사 재교육을 통해 어린이집 표준보육과정 운영을 개선해 나간다.

(3) 교수 · 학습 방법

① 주도적인 놀이를 중심으로 교수 · 학습활동이 이루어지도록 한다.
② 흥미를 중심으로 활동을 선택하고 지속할 수 있도록 한다.
③ 생활 속 경험을 소재로 하여 지식, 기술, 바람직한 태도를 기르도록 한다.
④ 교사와 신뢰감을 형성하고 개별적인 활동이 이루어지도록 한다.
⑤ 교사, 환경, 또래와 능동적인 상호작용이 이루어지도록 한다.
⑥ 주제를 중심으로 여러 활동이 통합적으로 이루어지도록 한다.
⑦ 만 0-1세아, 만 2세아는 일상생활 및 개별 활동, 휴식 등이 균형 있게 이루어지도록 한다.
⑧ 만 3-5세아는 실내 · 실외활동, 정적 · 동적활동, 대 · 소집단활동 및 개별 활동, 일상생활 및 휴식 등이 균형 있게 이루어지도록 한다.

(4) 평가

① 운영평가

㉮ 어린이집 표준보육과정의 목표와 내용에 근거하여 보육내용이 적절히 편성 · 운영되는지 평가한다.
㉯ 어린이집 표준보육과정의 운영 내용 및 활동이 영유아의 발달 수준과 흥미, 요구에 적합한지 평가한다.
㉰ 영 · 유아의 발달수준, 흥미, 요구에 적합한 경험 및 학습을 촉진할 수 있는 다양한 활동과 교수학습 방법이 계획되고 통합적으로 운영되는지 평가한다.
㉱ 일과 운영 및 보육활동 구성 시 놀이 활동과 일상생활 활동의 양과 내용이 영아 및 유아 각 연령의 발달에 적합하게 계획되고 운영되는지 평가 한다.
㉲ 만 0-1세아, 만 2세아는 집단 활동보다 개별적인 상호작용과 교수법을 중심으로 상호작용이 진행되는지를 평가한다.
㉳ 어린이집 표준보육과정 운영 평가 결과를 수시로 반영하여 보육과정 운영 계획을 수정 · 보완하거나 다음 연도의 계획 수립 및 운영에 반영하는지 평가한다.

② 영 · 유아평가

㉮ 어린이집 표준보육과정의 목표와 내용에 근거하여 영 · 유아의 특성과 변화 정도를 평가한다.
㉯ 지식, 기술, 태도 등을 평가한다.
㉰ 일상생활과 보육과정 활동 전반에 걸쳐 평가한다.
㉱ 관찰, 활동 결과물 분석, 부모면담 등 다양한 방법을 사용하여 종합적으로 평가하고, 그 결과를 기록한다.
㉲ 평가 결과는 영 · 유아에 대한 이해와 어린이집 표준보육과정운영 개선 및 부모면담 자료로 활용한다.

2. 0-1세 보육과정

1) 0~1세 보육과정의 영역별 목표

(1) 기본생활

건강하고 안전한 일상생활을 경험한다.
㉮ 건강하고 편안한 일상생활을 경험한다.
㉯ 안전한 생활을 경험한다.

(2) 신체운동

감각 및 기본 신체운동 능력을 기른다.
㉮ 감각기능을 발달시키고 자신의 신체를 탐색한다.
㉯ 대소근육을 조절하고 걷기 등의 능력을 기른다.
㉰ 규칙적으로 신체활동에 참여한다.

(3) 의사소통

말소리를 구분하고 의사소통의 기초를 마련한다.
㉮ 주변의 소리와 말소리 듣기에 관심을 보인다.
㉯ 표정, 소리, 몸짓으로 자신의 생각과 느낌을 표현한다.
㉰ 짧은 그림책이나 친숙한 환경 인쇄물에 관심을 가진다.
㉱ 끼적이기에 관심을 가진다.

(4) 사회관계

친숙한 사람과 관계를 형성한다.
㉮ 자신과 다른 사람을 구별된 존재로 인식한다.
㉯ 기본 정서를 표현하고 다른 사람의 감정에 주의를 기울인다.
㉰ 안정적인 애착을 형성하고 또래나 교사와 함께 지낸다.

〈표 9-4〉 표준보육과정의 6개 영역 이해

영유아의	기본습관은	생활 속에서	습득한다.
	신체발달은	운동을 통해서	
	의사표현은	소통 속에서	
	사회성은	관계 속에서	
	예술에 대한 이해는	경험을 통해서	
	자연에 대한 이해는	탐구하면서	

(5) 예술경험

아름다움에 관심을 가진다.
㉮ 자신의 신체와 주변의 감각 자극에 호기심을 가지고 반응한다.
㉯ 소리와 움직임으로 반응하고, 단순한 미술을 경험하며, 모방 행동을 즐긴다.
㉰ 친근한 소리나 노래를 즐겨 듣고, 자연물, 사물, 주변 환경에 관심을 가진다.

(6) 자연탐구

보고, 듣고, 만지면서 주변 환경에 관심을 가진다.
㉮ 주변 사물에 대한 탐색을 시도한다.
㉯ 주변에서 일어나는 수학적 상황을 지각한다.
㉰ 감각과 조작을 통하여 주변 사물과 자연환경에 대해 지각한다.

3. 2세 보육과정

1) 2세 보육과정의 영역별 목표

(1) 기본생활

건강하고 안전한 생활습관의 기초를 마련한다.
㉮ 건강한 생활습관의 기초를 경험한다.
㉯ 안전한 생활습관의 기초를 경험한다.

(2) 신체운동

감각, 신체조절 및 기본 운동 능력을 기른다.
㉮ 감각능력을 기르고, 자신의 신체 움직임을 탐색한다.
㉯ 안정된 자세로 대소근육을 조절하고 기본운동능력을 기른다.
㉰ 규칙적으로 신체활동에 참여한다.

(3) 의사소통

의사소통 능력의 기초를 기른다.
㉮ 다른 사람의 말과 짧은 이야기 듣는 것을 즐긴다.
㉯ 자신의 생각과 느낌을 말로 주고받기를 즐긴다.
㉰ 그림책이나 환경 인쇄물에 관심을 가지며 글의 내용에 흥미를 가진다.

㉱ 글자 형태 끼적이기에 관심을 가진다.

(4) 사회관계

나를 인식하고 다른 사람과 더불어 생활하는 경험을 한다.

㉮ 자기 존중감을 형성한다.

㉯ 자신의 감정을 알고 다른 사람의 감정에 반응을 보인다.

㉰ 가족을 사랑하고 또래, 교사와 즐겁게 지내며 간단한 규칙 등을 지킨다.

(5) 예술경험

아름다움에 관심을 가지고 예술경험을 즐긴다.

㉮ 주변 생활에서 예술적 요소를 발견하고 흥미롭게 탐색한다.

㉯ 간단한 리듬이나 노래, 움직임, 자발적인 미술활동을 자유롭게 시도하고 모방이나 상상놀이로 표현한다.

㉰ 주변의 환경과 자연 및 다양한 표현에서 예술적 요소를 관심 있게 보고 즐긴다.

(6) 자연탐구

주변 환경에 호기심을 갖고 탐색하기를 즐긴다.

㉮ 호기심을 가지고 주변 세계에 대해 다양하게 탐색한다.

㉯ 주변에서 경험하는 수학적 상황을 인식한다.

㉰ 다양한 탐색을 통하여 주변 사물과 자연환경을 인식한다.

4. 3~5세 누리과정

1) 개요

만 3~5세가 어린이집과 유치원 어디를 이용하든 생애 첫 출발선에서 수준 높고 균등한 교육기회를 보장하기 위한 '공통의 보육·교육과정' 운영하기 위하여 2011년 누리과정 도입을 확정(만 5세는 '11년, 3~4세는 '12년 발표)하고, 관련 법령 개정

후 2012년 3월 만 5세아, 2013년 3월 만 3～4세아에 대해 도입하게 되었다.

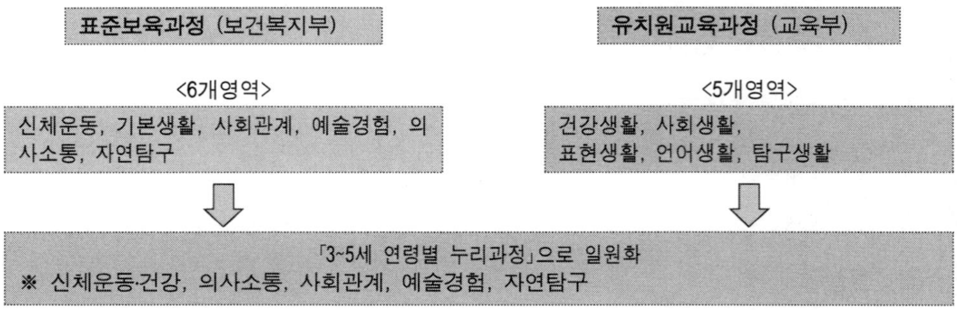

〈그림 9-1〉 누리과정 체계

2) 소요재원 및 관리체계

누리과정을 도입하며 보건복지부와 지방자치단체 일반회계에서 부담하던 예산을 2012년부터 지방교육재정교부금으로 지원하고, 2015년부터 누리과정 재원 전액을 지방교육재정교부금으로 일원화(다만, 2017년 1월부터 2019년 12월까지는 '유아교육지원특별회계법'에 따른 유아교육지원 특별회계에서 부담)하고 있다.

아동 1인당 22만원은 보육료, 7만원은 만3-5세 담당교사 처우개선비 및 누리과정 운영지원비로 활용하고 있다.

관리체계는 보건복지부-지자체(시·도 및 시·군·구)-어린이집 현행 체계를 유지하고 있다.

3) 3~5세 연령별 누리과정 담당교사의 자격

(1) 3~5세 누리과정 담당교사 자격

3～5세 누리과정의 담당교사는 1·2급 보육교사, 특수교사를 원칙으로 하며, 1급 보육교사를 우선하고 경력 등 자질을 고려하여 선정하도록 권고하고 있다. 3～5세 누리과정 장애아반을 담당할 교사는 초·중등교육법의 특수교사 자격(유치원 과정) 또는 장애영유아를 위한 보육교사 자격 소지자로 한다.

어린이집 원장의 보육교사 겸직은 불가하나, 영유아 20명 이하 어린이집 및 도서·벽지·농어촌 특례 인정 어린이집의 경우 원장 겸직이 가능하고, 보육교사 겸직 원장도 누리과정 연수를 이수해야 하며 이수 시 운영비 지원이 가능하다.

3~5세 누리과정 교사 연수는 반드시 이수해야 하며, 이수하지 않을 경우 처우개선비 및 해당 반 아동에 대한 운영비를 지급하지 않는다.

(2) 3~5세 누리과정 담당교사 연수

중앙육아종합지원센터는 만 3~5세 담당교사 연수를 개설하고 대체교사, 신규 유입교사 등에게 교육 기회를 제공하여 만 3~5세 누리과정 담당교사 수급에 차질이 없도록 조치해야 한다. 누리과정 연수교육을 이수한 교사 명단을 교사 이력관리에 포함하도록 하고, 필요할 경우 지방자치단체는 보육통합정보시스템에서 연수사실을 확인하도록 하고, 시·도 및 시·군·구는 누리과정 연수 대상 명단확정, 장소 대관 지원 등 협조해야 한다.

4) 누리과정 재정 지원

(1) 누리과정 담당 보육교사 지원

만 3, 4, 5세반으로 구성된 독립반 또는 혼합반 담당 교사에게는 월 33만원을 지원하고 만 2~3세 혼합반 또는 만2세-유아 혼합반은 누리과정 보육료 지원자격아동을 반드시 1명 이상 포함하여 반을 구성한 경우 담당 교사에게 월 22만원 지원한다. 누리과정을 운영하는 만 3~5세 장애아반의 경우 만 3~5세 누리과정 자격 장애아 1명은 월 22만원, 2명 이상은 월 33만원을 지원한다.

지방자치단체 담당자가 직접 교사 계좌로 송금하며, 보조금 신청일 이후 담임교사 교체가 필요한 경우 어린이집은 임면보고와 관련된 증빙서류를 시·군·구에 제출하고 '어린이집지원시스템'으로 교체처리한다.

(2) 누리과정 운영비 지원

전체 만 3~5세아 예산 중 보육료(수수료 포함), 담당교사 지원액 일부(30만원)를 제외한 잔액을 운영비 생성기준 아동 수로 균분(만 3~5세 누리과정 장애아반에 편성된 3~5세 장애아동은 일반아동반의 2배 단가 적용)하여 지방자치단체에서 어린이집에 지원한다.

생성된 누리과정 운영지원비 단가에 812만원을 추가 지원한다.

<예시>

S특별시에 만 3~5세 누리과정 자격(생성기준) 아동이 100명(3~5세 누리과정반 아동 95명 + 3~5세 누리과정 장애아동 5명)이라고 가정할 때

- 해당 시로 700만원 교부(100명 × 7만원)
- 해당 시에 산출한 처우개선비가 229만원이라고 가정하는 경우 700만원 중 229만원은 만 3~5세 담당교사 처우개선비로 지출
- 471만원을 105(일반아동 95명 + 장애아동 5명 × 2)으로 나누어 일반아동 1인당 44,850원, 장애아 1인당 89,700원 할당
- 생성된 누리과정 운영지원비 단가에 812만원을 추가 반영하여 일반아동 52,970원, 장애아 97,820원 지원
- 시·군·구에서 어린이집별로 누리과정 자격아동 수에 따라 1인당 산정한 금액 지급

5) 3-5세 보육과정(누리과정)의 영역별 목표

(1) 신체운동 · 건강

기본 운동 능력과 건강하고 안전한 생활 습관을 기른다.

㉮ 감각 능력을 기르고, 자신의 신체를 긍정적으로 인식한다.

㉯ 신체를 조절하고 기본 운동 능력을 기른다.

㉰ 신체 활동에 즐겁게 참여한다.

㉱ 건강한 생활 습관을 기른다.

㉲ 안전한 생활 습관을 기른다.

(2) 의사소통

일상생활에 필요한 의사소통 능력과 바른 언어 사용 습관을 기른다.

㉮ 다른 사람의 말을 주의 깊게 듣는 태도와 이해하는 능력을 기른다.

㉯ 자신의 생각과 느낌을 말하는 능력을 기른다.

㉰ 글자와 책에 친숙해지는 경험을 통하여 글자 모양을 인식하고 읽기에 흥미를 가진다.

㉱ 말과 글의 관계를 알고 자신의 생각, 느낌, 경험을 글로 표현하는 데 관심을 가진다.

(3) 사회관계

자신을 존중하고 다른 사람과 더불어 생활하는 능력과 태도를 기른다.

㉮ 자신을 소중히 여기며 자율성을 기른다.

㉯ 자신과 타인의 감정을 알고, 자신의 감정을 적절하게 표현하고 조절한다.

㉰ 가족과 화목하게 지내며 서로 협력한다.

㉱ 친구, 공동체 구성원들과 서로 돕고, 예의 · 규칙 등 사회적 가치를 알고 지킨다.

㉲ 우리 동네, 우리나라, 다른 나라에 관심을 가진다.

(4) 예술경험

아름다움에 관심을 가지고 예술 경험을 즐기며, 창의적으로 표현하는 능력을 기른다.

㉮ 자연과 주변 환경에서 발견한 아름다움과 예술적 요소에 관심을 갖고 탐색한다.

㉯ 자신의 생각과 느낌을 음악, 움직임과 춤, 미술, 극놀이를 통해 창의적으로 표현하는 것을 즐긴다.

㉰ 자연과 다양한 예술 작품을 감상하며, 풍부한 감성과 심미적 태도를 기른다.

(5) 자연탐구

호기심을 가지고 주변세계를 탐구하며, 일상생활에서 수학적 · 과학적으로 생각하는 능력과 태도를 기른다.

㉮ 주변의 사물과 자연 세계에 대해 알고자 하는 호기심을 가지고 탐구하는 태도를 기른다.

㉯ 생활 속의 여러 상황과 문제를 논리 · 수학적으로 이해하고 해결하기 위한 기초능력을 기른다.

㉰ 주변의 관심 있는 사물과 생명체 및 자연현상을 탐구하기 위한 기초능력을 기른다.

5. 특별활동 프로그램

1) 개념

특별활동프로그램은 "보건복지부령으로 정하는 특정한 시간대"인 낮 12시부터 오후 6시까지 실시하는 프로그램으로, 어린이집 원장·보육교사 등 보육교직원이 아닌 외부 강사에 의해 어린이집 내·외에서 이루어지는 표준보육과정에 따른 연령별 보육 프로그램 이외의 활동 프로그램이다.

어린이집의 원장은 보호자의 동의를 받아 24개월 이상의 영유아에 한하여 특별활동프로그램을 실시할 수 있으며, 다음의 요건에 모두 해당하는 경우에는 운영위원회의 심의를 거쳐 18개월 이상 24개월 미만의 영유아에게도 특별활동프로그램을 실시할 수 있다.

첫째, 18개월 이상 24개월 미만의 영유아가 24개월 이상의 영유아와 함께 보육을 받고 있을 것

둘째, 18개월 이상 24개월 미만의 영유아의 보호자의 요청이 있을 것

2) 특별활동 프로그램의 내용

특별활동프로그램의 내용은 영유아보육법에 따른 표준보육과정에서 제공하지 않는 내용으로서 다음의 어느 하나에 해당하는 분야에서 영유아를 건강한 사회 구성원으로 육성하는 데에 필요한 내용이어야 한다.

첫째, 음악·미술·체육 등 예체능 분야

둘째, 외국어 등 언어 분야

셋째, 수리·과학 등 창의 분야

넷째, 그 밖에 보건복지부장관이 정하여 고시하는 분야

3) 문제점

최근 어린이집의 과다한 특별활동 실시 등으로 보육 현장에서 리베이트, 부정·과다수납, 미참여 아동에 대한 별도 보육과정 미흡 등이 문제점으로 지적되어 영유아의 건전한 성장발달 저해와 부모의 보육에 대한 부담 증가 등의 문제를 초래하고, 정부의 무상보육 정책에 대한 부모의 체감도를 떨어뜨리고 있다는 판단에 따라 어린이집 특별활동에 대한 관리강화와 어린이집 특별활동 운영 등과 관련한 문제점을 보완·강화하기 위해 보건복지부는 지방자치단체, 경찰청 등과 함께 합동으로 집중적인 지도·점검을 실시하고 있다.

4) 특별활동 적정관리방안(지침)

보건복지부는 특별활동 프로그램의 운영에서 나타난 문제점들을 보완해 나가기 위하여 다음과 같은 지침을 마련하였다.

첫째, 특별활동 프로그램의 부모의 선택권을 보장하기 위해 개별 어린이 집은 매년 초 특별활동 과목, 비용, 횟수, 시간 등을 포함한 특별활동 계획을 마련하여 공개하고, 어린이집운영위원회 심의 또는 보호자와의 협의를 거쳐 실시하도록 한다.

둘째, 자발적인 참여자에 대해서만 부모의 사전 동의서를 받아 실시하고, 미참여 아동에 대한 별도의 보육과정의 운영을 의무화한다.

셋째, 특별활동 프로그램 참여 연령의 제한으로 24개월 미만의 영아에 대해 운영을 금지한다.

넷째, 특별활동 프로그램은 오전 일과 시간은 보육과정만 운영하고, 오후 일과 시간대(점심식사 이후의 시간대)에 특별활동을 운영한다.

다섯째, 시설의 관리 강화 측면에서 보육교사가 특별활동 과정에 대해 모니터링을 실시하고, 특별활동에 참여하지 않는 아동에 대한 보육과정 운영을 우선한다.

여섯째, 특별활동으로 수납하는 비용은 다른 비용과 구분하여 관리한다.

일곱째, 어린이집에서 특별활동비를 부모로부터 수납하지 않고 특별활동을 운영하는 경우, 특별활동에 소요되는 인건비 및 교재교구비는 특별활동비 지출로 회계처리한다.

여덟째, 시장 · 군수 · 구청장은 보육사업의 원활한 수행을 위해 어린이집의 특별활동 적정 관리방안 준수 여부에 대해 지도 및 명령 등의 관리 · 감독을 실시한다.

5) 특별활동 프로그램 현황

모든 어린이집이 반드시 특별활동을 운영할 필요는 없고, 어린이집 운영 상 필요하다고 판단되는 경우에만 선택적으로 운영하면 된다. 그러므로 과도한 특별활동 참여는 영유아의 인지, 사회정서 발달에 직 · 간접적으로 부정적인 영향을 미칠 수 있으므로 영유아의 발달에 적합한 수준으로 운영해야 한다.

또한 영어, 수학, 한글 등 학습 위주의 활동보다는 음악, 체육, 미술, 통합활동 등 영유아의 발달 특성을 고려하여 특별활동을 운영하는 것이 바람직하다.

보건복지부에서 발간한 2014 '어린이집 특별활동 운영 가이드 라인'에 따르면 2013년 현재 어린이집 재원 아동 중 69%가 특별활동 프로그램에 참여하고 있는 것으로 나타났다.

〈표 9-5〉 특별활동 참여 여부

	영아	유아	전체
2013년	51.9%	90.0%	69.0%

자료: 보건복지부, 2014 어린이집 특별활동 운영 가이드 라인.

특별활동 참여시 이용 개수는 평균 2.9개로 영아 2.7개, 유아 3.1개, 참여율은 영아 51.9%, 유아 90.0%로 나타났다.

〈표 9-6〉 특별활동 참여시 이용 개수

구 분		1개	2개	3개	4개	5개 이상	소계	평균(개)
2013년	계	8.2	16.8	23.4	16.8	13.5	69.0%	2.9개
	영아(%)	7.8	15.2	17.6	8.1	3.2	51.9	2.7개
	유아(%)	8.7	18.8	30.5	20.3	11.8	90.0	3.1

자료: 보건복지부, 2014 어린이집 특별활동 운영 가이드 라인.

과목 참여 비율은 영어, 체육, 음악, 미술 순으로 많이 참여하고 있는데, 이러한 참여율은 영유아의 인지, 사회정서 발달 특성을 고려하여 특별활동을 운영해야 함에도 불구하고, "영어"과목이 가장 높은 비중을 차지하고 있다는 점이다. 특히 과학, 한글 과목의 참여 비율이 낮아 통합적인 교육이 되지 못하고 있다.

〈표 9-7〉 과목별 참여 비율

(단위: %)

구 분		영어	체육	음악	미술	교구	과학	한글	통합	기타
2013년	계	79.3	67.4	51.6	30.3	28.1	9.3	7.0	6.1	5.9
	영아	64.5	64.5	56.3	26.8	31.0	3.1	6.7	8.6	3.9
	유아	89.9	69.5	48.3	32.8	26.0	13.7	7.2	4.3	7.3

자료: 보건복지부, 2014 어린이집 특별활동 운영 가이드 라인.

특별활동 참여 비율이 높고, 이용 과목의 수가 늘면서 학부모들은 평균 53,000원을 지불하고 있으며, 이러한 비용 지불에 대하여 45.7%의 학부모가 부담을 느낀다고 하여 '표준보육과정' 속에 일부 과목을 편입하는 방안을 모색해야 한다.

〈표 9-8〉 특별활동 프로그램 비용 및 부담정도

비용 지불현황	3만원 미만	3~5만원	5~7만원	7~10만원	10만원 이상	평균
2013년	9.8%	21.6%	20.4%	14.0%	3.1%	53,000원

비용 부담정도	전혀 부담 안됨	별로 부담 안됨	적당	조금 부담	매우 부담
2013년	1.7%	22.1%	30.5%	39.8%	5.9%

참고문헌

보건복지부, 2019년 보육사업안내.
보건복지부, 2014 특별활동 프로그램 가이드 라인.
영유아보육법.
영유아보육법 시행규칙.
한국보육진흥원, 표준보육과정.

제 10 장

보육서비스 인력

1. 보육교직원의 배치

1) 보육교직원의 배치

어린이집에는 보육교직원을 두어야 하며, 어린이집에는 보육교사의 업무 부담을 경감할 수 있도록 보조교사 등을 둔다. 또한 휴가 또는 보수교육 등으로 보육교사의 업무에 공백이 생기는 경우에는 이를 대체할 수 있는 대체교사를 배치한다.

보육교직원 및 그 밖의 인력의 배치기준 등에 필요한 사항은 보건복지부령으로 정하고 있다.

2) 보육교직원의 직무

어린이집의 원장은 어린이집을 총괄하고 보육교사와 그 밖의 직원을 지도·감독하며 영유아를 보육한다.

보육교사는 영유아를 보육하고 어린이집의 원장이 불가피한 사유로 직무를 수행할 수 없을 때에는 그 직무를 대행한다.

3) 보육교직원의 책무

보육교직원은 영유아를 보육함에 있어 영유아에게 신체적 고통이나 고성 · 폭언 등의 정신적 고통을 가해서는 안 되며, 업무를 수행함에 있어 영유아의 생명 · 안전보호 및 위험방지를 위하여 주의의무를 다해야 한다.

2. 보육교직원의 자격

1) 어린이집 원장의 자격기준

(1) 어린이집 원장 자격 요건

어린이집 원장 자격기준은 '영유아보육법' 시행령 제21조 별표1에 해당하는 자로서 보건복지부장관이 검정 · 수여하는 국가자격증을 받은 자이어야 한다.

(2) 어린이집 원장 자격 기준

① 어린이집 원장의 자격기준

㉮ 일반기준

㉠ 보육교사 1급 자격을 취득한 후 3년 이상의 보육 등 아동복지업무 경력이 있는 사람

㉡ '유아교육법'에 따른 유치원 정교사 1급 자격을 취득한 후 3년 이상의 보육 등 아동복지업무 경력이 있는 사람

㉢ 유치원 원장의 자격을 가진 사람

㉣ '초 · 중등교육법'에 따른 초등학교 정교사 자격을 취득한 후 5년 이상의 보육 등 아동복지업무 경력이 있는 사람

㉤ '사회복지사업법'에 따른 사회복지사 1급 자격을 취득한 후 5년 이상의 보육 등

아동복지업무 경력이 있는 사람

ⓑ '의료법'에 따른 간호사 면허를 취득한 후 7년 이상의 보육 등 아동복지업무[1] 경력이 있는 사람

ⓢ 국가 또는 지방자치단체에서 7급 이상의 공무원으로 보육 등 아동복지업무에 5년 이상 근무한 경력이 있는 사람

㉯ 가정어린이집

㉠ 일반기준에서 정한 자격을 갖춘 사람

㉡ 보육교사 1급 이상의 자격을 취득한 후 1년 이상의 보육업무 경력이 있는 사람

㉰ 영아 전담 어린이집(만 3세 미만의 영아만을 20명 이상 보육하는 어린이집

㉠ 일반기준에서 정한 자격을 갖춘 사람

㉡ 간호사 면허를 취득한 후 5년 이상의 아동간호업무[2] 경력이 있는 사람

㉱ 장애아 전문 어린이집('장애아동복지지원법'에 따른 장애영유아 어린이집 중 12명 이상의 장애영유아를 보육할 수 있는 어린이집

㉠ 일반기준에서 정한 자격을 갖춘 사람으로서 대학(전문대학 포함)에서 장애인복지 및 재활관련 학과를 전공한 사람

---

1) "보육 등 아동복지업무 경력"이란 다음의 어느 하나에 해당하는 경력을 말한다.
가. 다음의 어느 하나에 해당하는 경력. 1) 어린이집에서 어린이집의 원장, 보육교사, 특수교사['초·중등교육법' 제21조제2항에 따라 특수학교의 정교사, 준교사 또는 실기교사(담당과목이 재활복지 과목인 경우만 해당한다)의 자격증을 가진 사람과 이에 준하는 사람으로 보건복지부장관이 인정하는 사람을 말한다. 이하 같다] 또는 치료사로 근무한 경력. 2) 육아종합지원센터에서 육아종합지원센터의 장, 보육전문요원, 특수교사, 대체교사 또는 일시보육 담당 보육교사로 근무한 경력. 3) 영유아보육법 제26조의2제2항에 따른 일시보육서비스지정기관에서 기관의 장 또는 일시보육 담당 보육교사로 근무한 경력.
나. '유아교육법'에 따른 유치원에서 원장, 원감, 수석교사 또는 교사로 근무한 경력
다. '아동복지법'에 따른 아동복지시설에서 시설장, 총무, 보육사, 생활복지사, 상담지도원 또는 자립지원전담요원으로 근무한 경력
라. '장애인복지법'에 따른 장애 영유아 거주시설에서 장애영유아와 관련된 업무에 종사한 경력
마. '유아교육법' 및 '초·중등교육법'에 따른 특수학교(유치원 과정)에서 특수학교 교원으로 근무한 경력
바. 법률 제7120호 유아교육법 제정으로 폐지되기 전 '유아교육진흥법'에 따른 새마을유아원에서 근무한 경력
사. 가목부터 바목까지의 아동복지업무를 수행하는 시설 등에서 간호사로 근무한 경력
아. 국가 또는 지방자치단체에서 7급 이상의 공무원으로 보육 등 아동복지에 관한 행정업무에 종사한 경력

2) "아동간호업무 경력"이란 병원의 소아청소년과나 신생아실, 보건소 모자보건센터, 초등학교 보건실 등에서 근무한 경력을 말한다.

㉡ 일반기준에서 정한 자격을 갖춘 사람으로서 장애영유아 어린이집에서 2년 이상의 보육업무 경력이 있는 사람

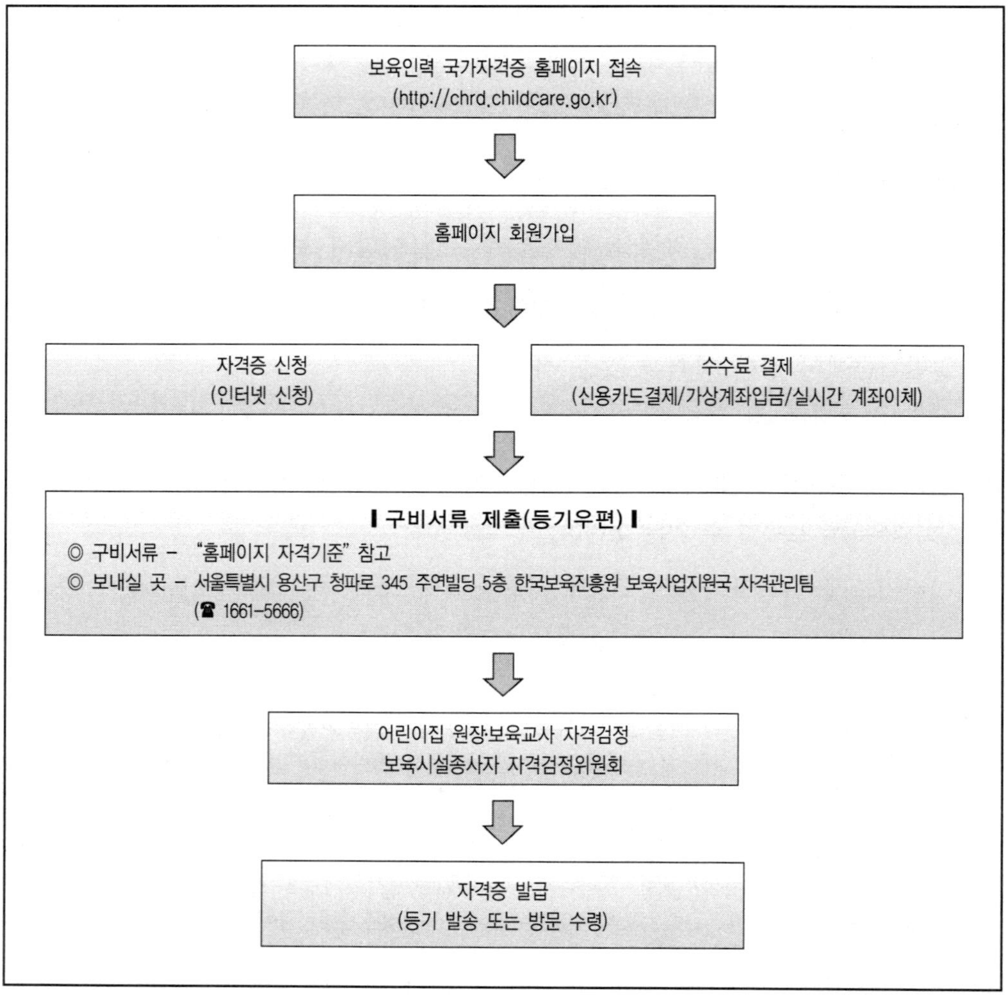

〈그림 10-1〉 자격증 발급신청 및 교부절차

㉮ '고등교육법'에 따른 대학(전문대학 포함) 또는 시·도지사가 지정한 교육훈련시설이 운영(위탁 또는 부설 운영)하는 어린이집

㉠ 일반기준에서 정한 자격을 갖춘 사람

㉡ 어린이집을 운영하는 대학의 조교수 또는 교육훈련시설의 전임교수 이상으로서 보육 관련 교과목에 대하여 3년 이상의 교육 경력이 있는 사람

㉥ "가"부터 "라"까지의 어느 하나에 해당하는 사람은 보건복지부령으로 정하는 사전직무교육을 받아야 한다.

2) 보육교사의 자격기준

(1) 보육교사의 자격 요건

보육교사는 자격기준에 해당하는 자로서 보건복지부 장관이 검정·수여하는 국가자격을 받은 자이어야 한다.

(2) 보육교사의 자격기준

〈표 10-1〉 보육교사 등급별 자격기준

등 급	자격 기준
보육교사 1급	가. 보육교사 2급 자격을 취득한 후 3년 이상의 보육업무 경력이 있는 사람으로서 보건복지부장관이 정하는 승급교육을 받은 사람
	나. 보육교사 2급 자격을 취득한 후 보육 관련 대학원에서 석사학위 이상을 취득하고 1년 이상의 보육업무 경력[3])이 있는 사람으로서 보건복지부장관이 정하는 승급교육을 받은 사람
보육교사 2급	가. 전문대학 또는 이와 같은 수준 이상의 학교에서 보건복지부령으로 정하는 보육 관련 교과목 및 학점을 이수하고 졸업한 사람
	나. 보육교사 3급 자격을 취득한 후 2년 이상의 보육업무 경력이 있는 사람으로서 보건복지부장관이 정하는 승급교육을 받은 사람
보육교사 3급	고등학교 또는 이와 같은 수준 이상의 학교를 졸업한 사람으로서 보건복지부령으로 정하는 교육훈련시설에서 정해진 교육과정을 수료한 사람

자료: 영유아보육법 시행령 별표1.

3) "보육업무 경력"이란 다음의 어느 하나에 해당하는 경력을 말한다.
가. 다음의 어느 하나에 해당하는 경력 1) 어린이집에서 어린이집의 원장, 보육교사, 특수교사 또는 치료사로 근무한 경력. 2) 육아종합지원센터에서 육아종합지원센터의 장, 보육전문요원, 특수교사, 대체교사 또는 일시보육 담당 보육교사로 근무한 경력. 3) 영유아보육법 제26조의2제2항에 따른 일시보육서비스지정기관에서 기관의 장 또는 일시보육 담당 보육교사로 근무한 경력. 나. '유아교육법'에 따른 교육과정과 방과후 과정을 운영하는 유치원에서 원장, 원감, 수석교사 또는 교사로 근무한 경력.

(3) 보육교사 2급 자격취득을 위한 보육관련 교과목 및 학점 기준

① 적용대상

㉮ '고등교육법'에 의한 전문대학, 대학 등에서 보육관련 교과목 및 학점을 이수하고 전문학사학위 이상을 취득한 사람.

㉯ '학점인정 등에 관한 법률'에 따라 학점은행제로 보육관련 교과목 및 학점을 이수하고 전문학사학위 이상을 취득한 사람.

㉰ 다른 법률에서 졸업 시 전문대학 이상의 학력이 인정되는 시설에서 보육관련 교과목 및 학점을 이수하고 전문학사학위 이상을 취득한 사람.

② 교과목 및 학점 기준

'영유아보육법' 시행규칙 별표4의 규정에 의한 보육관련 교과목 중 총 17과목 51학점 이상 이수하고 졸업하는 경우 보육교사 2급 자격증을 취득할 수 있다.

㉮ 교육영역별 교과목 및 학점

구 분		교과목	이수과목(학점)
교사 인성 영역	필수 교과목	보육교사(인성)론, 아동권리와 복지	2과목 (6학점)
보육 지식과 기술 영역	필수 교과목	보육학개론, 보육과정, 영유아발달, 영유아교수방법론, 놀이지도, 언어지도, 아동음악(또는 아동동작, 아동미술), 아동수학지도(또는 아동과학지도), 아동안전관리(또는 아동생활지도)	9과목 (27학점)
	선택 교과목	아동건강교육, 영유아 사회정서지도, 아동문학교육, 아동상담론, 장애아 지도, 특수아동 이해, 어린이집 운영관리, 영유아 보육프로그램 개발과 평가, 보육정책론, 정신건강론, 인간행동과 사회환경, 아동간호학, 아동영양학, 부모교육론, 가족복지론, 가족관계론, 지역사회복지론	4과목 (12학점) 이상
보육 실무영역	필수 교과목	아동관찰 및 행동연구, 보육실습	2과목 (6학점)
전체		17과목 51학점 이상	

㉯ 대면교과목

과목당 8시간 이상 출석수업과 1회 이상 출석 시험을 실시해야 한다.

구 분	교과목
인성 영역	보육교사(인성)론, 아동권리와 복지
보육 지식과 기술 영역	놀이지도, 언어지도, 아동음악(또는 아동동작, 아동미술), 아동수학지도 (또는 아동과학지도), 아동안전관리(또는 아동생활지도)
보육 실무 영역	아동관찰 및 행동연구, 보육실습

보육 관련 교과목이 재편되면서 이수해야 할 교과목과 학점 수가 증가함으로 체계적이고 시대의 흐름에 맞는 교육이 이루어져 보육교사의 자질이 향상될 것으로 보인다. 그러나 하나의 교과 영역이 아닌 '보육학' 또는 '영유아보육학'이라는 학문 분야로 발전하기 위해서는 기존의 "보육 지식과 기술 영역"의 선택과목을 필수과목으로 조정·변경해야 할 필요가 있다.

(4) 보육교사 자격 취득을 위한 보육실습 기준

① 보육실습 교과목 및 학점 기준

㉠ 보육실습은 '보육실습'이라는 교과목으로 이수하는 것이 원칙(보육실습은 현장실습과 이론수업으로 구성되어야 하고, 성적증명서를 통하여 교과목 확인이 가능해야 한다)이다.

㉡ 교과목 명칭이 다르더라도 보육현장실습, 교육실습, 학교현장실습 등 유사교과목을 이수한 경우로서 실습기관과 실습기간의 조건을 만족하는 경우에는 보육실습 교과목을 이수한 것으로 인정한다.

㉢ 보육실습 교과목은 반드시 3학점 이상으로 이수하여야 하고, 평가점수가 80점 이상(B학점)인 경우에만 실습을 이수한 것으로 인정하므로, 80점(B학점) 이상의 성적을 취득해야 한다. 단, '영유아보육법' 시행규칙 부칙(보건복지부령 제392호) 제3조(보육 관련 교과목 및 학점에 관한 경과조치)에 따른 종전 규정(12과목 35학점) 대상자의 경우 보육실습 교과목 2학점으로 이수 가능하다.

② 보육실습 실시 기준

㉠ 보육교사 자격증 취득을 위해서는 보육실습 교과목을 이수하고 어린이집, '유아교육법'에 따른 교육과정과 방과후 과정을 운영하는 유치원에서 보육실습을 실시하여야 하며, 대면교과목 중 보육실습에 관한 기준은 다음을 따르도록 한다.

㉡ 실습기관은 정원 15인 이상으로 평가인증을 유지하는 어린이집 또는 교육과정과 방과후 과정을 운영하는 유치원(교육청에 방과후 과정 운영 유치원으로 등록되어야 함)에서 실시해야 하며, 2017년 1월 1일 이후부터 어린이집에서 보육실습을 시작하는 경우 인가받은 정원 15명 이상으로 평가인증을 받은 어린이집에서 보육실습을 실시해야 하나, 단, 2019년 1월 1일 이후 '학점인정 등에 관한 법률'에 따라 전문학사 이상을 취득하는 사람이 2017년 3월 1일 전 보육실습 교과목을 이수한 경우에는 종전기준을 적용한다.

㉢ 실습기간은 6주, 240시간 이상을 원칙으로 하되, 2회에 나누어 실시할 수 있으며, 2017년 1월 1일 전에 대학 등에 입학한 사람이 보육실습을 2016년 12월부터 시작한 경우 4주 160시간 실시가 가능하다. 또한 학점인정 방식으로 2019년 1월 1일 이후 전문학사 이상 학위를 취득하는 사람이 2017년 3월 1일 전에 보육실습 교과목을 이수한 경우 4주 160시간 실시 가능하다. 다만, 종전기준에 따라 4주, 160시간을 실시하는 경우 야간대학, 한국방송통신대학, 원격대학에 한해 2회에 나누어 보육실습을 실시할 수 있다.

㉣ 실습 인정시간은 보육실습의 한 회는 연속하여 평일 오전 9시부터 오후 7시 사이에 한 경우에만 인정하며, 보육실습시간은 하루 8시간을 초과할 수 없다.

㉤ 실습시기는 보육실습 교과목이 개설된 학기(직전후 방학 포함)에 실시한다.

㉥ 실습 지도교사는 실습지도 이전에 보육교사 1급 또는 유치원 정교사 1급 자격증을 소지한 사람이어야 하고, 실습 지도교사는 동일한 실습 기간 내에 1명당 보육실습생을 3명 이내로 지도해야 한다.

㉦ 보육교사 자격증을 발급받고자 하는 사람은 보육교사 자격증 발급 신청 시 보육실습 내용의 적절성을 증명하는 보육실습확인서를 제출해야 한다.

㉧ 2013년 3월 1일 이후 어린이집에서 보육실습을 이수하는 경우, 어린이집지원시스템에 보육실습 내용을 등록·제출해야 한다.

❖ 어린이집지원시스템을 통한 보육실습 내용 등록·제출방법

① 보육실습 내용 등록방법 : 어린이집지원시스템 → [교육관리] → [보육실습생관리] → [등록]에서 보육실습생 정보와 실습지도교사 정보를 입력 → [저장]하여 등록 완료
② 보육실습 내용 제출방법 : 어린이집지원시스템 → [교육관리] → [보육실습생관리] → 대상자 조회 후 [선택] → [제출](메세지 창 확인) → [확인]하여 제출 완료
※ 주의 : 보육실습을 2회로 나누어서 실습한 경우에는 보육실습생 등록 및 제출을 각각 해야 함. 제출된 내용은 자격취득을 위한 정보로 전송되므로 제출 이후에는 수정 불가

실습은 해당 분야의 전문가를 양성하기 위한 교육훈련이므로 "어린이집지원시스템"을 통한 보육실습 관리와 지도 보육교사 1인당 3명의 보육 실습생을 지도하도록 하는 현행 실습체계는 "통과의례"적인 수준에서 탈피하여 전문가를 양성하기 위한 강화된 조치라고 할 수 있으며, 양질의 보육실습이 "좋은 보육교사"를 양성한다는 사실이다.

(5) 특수교사 및 장애영유아를 위한 보육교사의 자격기준

① 일반원칙

㉮ '장애아동복지지원법' 제32조에 따른 장애영유아를 위한 어린이집은 동법 시행령 제5조제1항의 자격을 갖춘 특수교사 및 동법 시행령 제5조제2항의 자격을 갖춘 장애영유아를 위한 보육교사를 2016년 3월 1일부터 순차적으로 배치하여야 한다.

㉯ 보육교직원 임면권자가 특수교사 또는 장애영유아를 위한 보육교사를 채용하는 경우에는 해당 자격기준을 갖춘 자를 채용해야 하고, 교직원 임면보고를 받은 시장·군수·구청장은 자격의 적격성 여부를 확인해야 한다.

㉰ 특수교사의 자격은 원장 또는 보육교사 자격과 달리 보건복지부 장관이 국가자격증을 발급하지 않으므로, 어린이집 및 시·군·구청에서 자격의 적격성 여부를 확인하여 무자격자가 채용되는 사례가 없도록 해야 한다.

② 장애영유아를 위한 어린이집 특수교사의 자격기준

㉮ 만 3세 이상 장애아 대상 특수교사

㉠ 만 3세 이상 장애아 대상 특수교사는 '장애아동복지지원법' 시행령 제5조제1항의 특수교사 자격기준을 따르도록 한다.

㉡ 자격의 인정범위

- '초・중등교육법' 제21조제2항에 따른 특수학교 정교사 2급 이상의 자격증(유치원 과정만 해당)을 소지한 사람
- '장애아동복지지원법' 시행령 제5조 시행당시('12.8.5.) 어린이집에 배치된 특수교사로서, 보건복지부장관이 지정하는 기관에서 실시하는 직무교육과정을 2016년 3월 1일까지 최종 이수한 사람은 '장애아동복지지원법' 시행령 제5조에 따른 특수교사 자격을 충족한 것으로 인정('장애아동복지지원법' 부칙 제3조 및 동법 시행령 부칙 제2조)한다.

㉢ 자격의 적격성 판단 기준

- 교육부장관이 발급하는 특수학교 정교사 2급 이상의 자격증(유치원 과정만 해당)을 소지한 경우 자격의 적격성을 인정한다.
- 2012년 8월 5일 당시 어린이집에 배치된 특수교사로서 경과조치에 따라 '장애아동복지지원법' 시행령 제5조의 특수교사 자격을 인정받은 경우, 직무교육과정 이수증명서를 통하여 자격의 적격성을 인정한다.

㉯ 만 0~2세 장애아 대상 특수교사

㉠ 자격의 인정범위

- '만 3세 이상 장애아 대상 특수교사' 자격에 해당하는 자
- '초・중등교육법' 제21조제2항에 의한 교사자격기준 중 특수학교 정교사 1급 및 2급, 준교사 자격증을 취득한 자
- '초・중등교육법' 제21조제2항에 의한 교사자격기준 중 치료교육 과목의 특수학교 실기교사 자격증을 취득한 자(2007년 10월 26일 이전에는 실기교사 자격증 표시과목이 치료교육, 2007년 10월 26일 이후에는 실기교사 자격증 표시과목이

재활복지인 경우에 한함).

- '고등교육법' 제2조에 따른 대학 등(대학원 포함)에서 특수교육 또는 재활관련학과를 전공하고 졸업한 자
  - 특수교육 또는 재활관련학과를 전공하고 졸업한 자란 '장애아동복지지원법' 시행규칙에 따른 기본교과목 및 학점을 이수하고 졸업한 자를 말함.
  - 교과목과 명칭이 다르더라도 '장애아동복지지원법' 시행규칙에 따른 유사교과목을 이수한 경우에도 기본 교과목을 이수한 것으로 인정한다.

ⓛ 자격의 적격성 판단 기준

- 특수학교 정교사, 준교사, 치료교육 과목의 특수학교 실기교사에 대해서는 교육부장관이 발급하는 자격증을 소지한 경우 자격의 적격성을 인정한다.
- '고등교육법' 제2조에 따른 대학 등(대학원 포함)에서 특수교육 또는 재활관련학과를 전공하고 졸업한 자에 대해서는 자격증빙서류를 제출 받아 관련 교과목 이수 여부를 확인하고 자격의 적격성을 인정한다.

㈁ 장애영유아를 위한 보육교사의 자격기준

㉠ 장애영유아를 위한 보육교사 자격 확인

- '장애아동복지지원법'에 따른 장애영유아를 위한 보육교사의 배치를 위해 "장애영유아를 위한 보육교사 자격확인서"를 발급한다.

ⓛ 장애영유아를 위한 보육교사 자격검정 및 자격확인서 발급절차

- 자격검정 및 자격확인서 발급 기관 : 한국보육진흥원[4]
- 장애영유아를 위한 보육교사 자격검정
  - '장애아동복지지원법' 시행령 제5조제2항 및 같은 법 시행규칙 제12조[별표3]에 의한 자격기준을 갖추었는지의 여부를 신청자가 제출한 서류를 심사하여 검정하고, 자격검정 및 자격확인서 발급 관련 중요사항은 보육시설종사자 자격검정위원회의 심의·의결을 통해 결정한다.
  - 장애영유아를 위한 보육교사의 자격검정에 관한 세부사항은 '장애영유아를 위

[4] 한국보육진흥원 보육사업지원국 자격관리팀(서울특별시 용산구 총파로 345 주연빌딩 5층)
• http://chrd.childcare.go.kr ☎ 1661-5666

한 보육교사 자격검정 업무편람'에 따른다.

- 장애영유아를 위한 보육교사 자격확인서 발급
  - 장애영유아를 위한 보육교사의 자격기준을 갖추고 자격검정에 합격한 사람에게는 '장애영유아를 위한 보육교사 자격검정을 위한 업무 위탁기관 지정 및 자격검정 절차 등에 관한 고시' 별지 제3호 서식에 따른 자격확인서를 발급한다.

㉢ 장애영유아를 위한 보육교사 자격요건

- '장애아동복지지원법' 시행령 제5조제2항의 규정에 의한 자격기준을 갖추어야 한다.
  - '영유아보육법' 제21조 제3항에 따른 보육교사 2급 이상의 자격증을 소지한 사람
  - 보건복지부령으로 정하는 특수교육 또는 재활관련 교과목 및 학점을 '고등교육법' 제2조에 따른 학교에서 이수하거나 '학점인정 등에 관한 법률' 제7조에 따라 인정받은 사람
- 특수교육 또는 재활 관련 교과목 및 학점 기준
  - '장애아동복지지원법' 시행규칙 제12조[별표3]의 규정에 의한 특수교육 또는 재활관련 교과목 및 학점을 이수해야 한다.

〈표 10-2〉 특수교육 또는 재활 관련 교과목 및 학점

	2012년 8월 4일 이전에 편입하거나 입학한 사람	2012년 8월 5일 이후에 편입하거나 입학한 사람
기본 교과목	교육학개론, 실기교육방법론, 치료교육 실기, 특수교육학개론, (특수아)통합교육, 개별화 교육계획, 언어치료학개론, 영유아교수방법론, 특수아(장애아)부모교육론, 특수아 행동지도, 정신지체아교육, 청각장애아교육, 정서장애아교육, 학습장애아교육, 지체부자유아교육, 언어발달장애, 자폐장애교육, 특수아 상담 및 가족지원, 특수교육 측정 및 평가, 시각장애아교육, 장애아동보육론, 감각장애아교육, 특수교구교재 제작, 보육실습, 아동발달론	특수교육학개론, (특수아)통합교육, 개별화 교육계획, 언어치료학개론, 장애영유아교수방법론, 특수아(장애아)부모교육론, 특수아 행동지도, 정신지체아교육, 청각장애아교육, 정서장애아교육, 학습장애아교육, 지체부자유아교육, 언어발달장애, 자폐장애교육, 특수아 상담 및 가족지원, 특수교육 측정 및 평가, 시각장애아교육, 장애아동보육론, 감각장애아교육, 특수교구교재제작, 장애아보육실습, 장애아보육교사론, 발달지체영유아 조기 개입
학점	8과목(16학점) 이상	8과목(24학점) 이상

3) 치료사의 자격기준

(1) 일반원칙

보육교직원 임면권자가 치료사를 채용하는 경우에는 자격기준을 갖춘 자를 채용하여야 하고, 교직원 임면보고를 받은 시장·군수·구청장은 자격의 적격성 여부를 확인해야 한다.

(2) 치료사 자격의 인정범위

치료사 자격의 인정범위는 관련분야 국가자격증 소지자(물리치료사, 작업치료사, 언어재활사, 임상심리사 등)로 하고, 관련분야 국가자격증이 없는 자는 '자격기본법' 제19조제1항에 따라 주무부장관이 공인한 치료관련 민간자격 소지자, 한국연구재단 등재(후보)학술지를 발간하는 학회가 소정의 절차를 거쳐 발급하는 치료관련 민간자격 소지자로 한다.

특수교사 자격이 인정되는 자는 치료사로 채용할 수 있다.

(3) 어린이집 근무조건

치료사 자격이 인정되는 자로서 어린이집에 채용된 자는 채용 후 6개월 이내에 일반직무 또는 특별직무 보수교육을 이수하여야 한다.

3. 보육교직원 관리

1) 보육교직원 임면

(1) 보육교직원 임면권자

① 어린이집 원장

어린이집 원장은 국·공립 어린이집의 경우 시장·군수 또는 구청장이 임면하고, 법인, 단체 또는 개인에게 위탁 운영하는 경우로서 교직원 임면권을 수탁자에게 위임한 경우에는 수탁자가 임면한다. 단, 수탁기관이 변경되는 경우에도 기존 교직원의 고용승계 등 교직원의 신분보장이 되도록 노력하여야 한다.

또한 사회복지법인, 법인·단체 등, 직장, 가정, 민간 어린이집 등의 경우 어린이집 설치자, 협동어린이집의 경우 조합을 결성하여 설치·운영하는 대표자가 임면한다.

② 보육교사 등 기타 직원

어린이집 원장의 제청으로 법인·단체의 대표자 또는 어린이집 설치자(교직원 임면권을 위임받은 수탁자 포함)가 임면한다.

(2) 보육교직원 채용

① 채용조건

어린이집 원장은 어린이집 원장 자격기준을 갖춘 자로서 어린이집 원장 국가자격증을 발급받은 자를 채용하되, 자격증 발급을 신청하고 자격검정이 완료되어 자격증 발급이 예정된 자(자격번호가 부여된 자)는 자격증 발급 조건부로 채용할 수 있다. 그러나 어린이집 원장은 전임하여야 하므로 상근이 어려운 경우 채용대상에서 제외된다.

보육교사는 보육교사 자격기준에 해당하는 자로서 보육교사 국가자격증을 발급받은 자를 채용하되, 자격증 발급을 신청하고 자격검정이 완료되어 자격증 발급이 예정된 자(자격번호가 부여된 자)는 자격증을 발급받은 것으로 본다.

보육교사의 출산휴가, 육아휴직, 장기 병가 등의 사유 발생 시 채용하는 대체교사(임시교사)도 보육교사 자격기준을 갖춘 자이어야 한다.

장애영유아를 위한 보육교사, 특수교사, 치료사, 간호사, 영양사, 조리원(조리사)의 경우 장애영유아를 위한 보육교사, 특수학교 교사, 치료사, 간호사, 영양사 자격증(면허증) 소지자를 채용하도록 하고, 간호사의 경우 간호조무사 채용도 가능하며, 이 경우 간호조무사 자격증 소지자이어야 하며, 상시 1회 50인 이상에게 식사를 제공하는 어린이집의 조리원 중 1인 이상은 조리사 면허소지자이어야 한다.

② 채용방법

국가 또는 지방자치단체로부터 보육교직원의 인건비를 보조받는 어린이집의 경우 보육교직원의 채용은 공개경쟁을 원칙으로 하고, 국·공립어린이집의 경우 국가 또는 지방자치단체의 장이 선발고사 등을 통하여 별도로 보육교사를 채용·배치할 수 있다.

교직원 채용 시 임금, 근로시간 및 그 밖의 근로조건 등을 명시한 근로계약을 체결해야 하되, 이 경우 근로계약과 관련하여 부당한 내용(결혼, 출산, 육아휴직 등으로 인한 퇴직요구 등)이 포함되어서는 안 되며, 관할 행정기관은 이를 적극 지도·감독하여야 한다.

근로계약은 가능한 계약기간을 명시하지 않는 계약을 체결함을 원칙으로 한다.

③ 성범죄 경력 조회 및 관리

임면권자는 '아동청소년의 성보호에 관한 법률' 제56조에 따라 어린이집에 취업 중이거나 사실상 노무를 제공 중인 자 또는 취업하려 하거나 사실상 노무를 제공하려는 자에 대해 성범죄 경력 조회를 경찰청 온라인시스템[5](명칭 : 범죄경력회보서 발급시스템)을 통하여 신청하고 확인해야 한다. 성범죄 경력 조회는 취업자 등 본인의 동의를 받아 관계 기관에 요청하여야 하나, 취업자 등이 성범죄 경력 조회 회신서를 어린이집의 임면권자(대표자, 원장)에게 직접 제출한 경우 성범죄 경력 조회를 한 것으로 인정한다.

---

5) 경찰청 온라인시스템 이용방법: ① 시설장 : 시설정보 사전 등록 → ② 취업예정자 : 동의 → ③ 시설장 : 신청/회보서 확인.

성범죄 경력 조회 요청 시 '영유아보육법'에 의한 어린이집임을 확인할 수 있는 어린이집 인가증 사본(인가증이 없는 국공립어린이집은 고유번호증)과 채용예정자의 동의서가 첨부되어야 한다.

❖ 교직원 채용 및 임면보고 절차

보육교직원 채용 (원장, 보육교사, 특수교사, 조리원 등)	○ 채용주체 : 어린이집 설치자 ○ 채용조건 : 자격기준을 갖춘 자 ○ 채용 시 구비서류 • (공통) 인사기록카드, 주민등록등본, 채용신체검사서, 성범죄경력조회결과서, 아동학대관련범죄 전력 조회 회신서, 개인정보제공 및 고유식별정보 처리동의서 • (자격이 필요한 자) 자격증 또는 면허증 사본
⇩	
교직원 임면보고	○ 임면보고 절차 : 어린이집 → 시·군·구청장(채용 후 14일 이내) ○ 임면보고 시 구비서류 • 인사기록카드, 채용신체검사서, 자격증사본, 성범죄경력조회결과서, 아동학대관련범죄 전력 조회 회신서, 개인정보제공 및 고유식별정보 처리 동의서 ※ 자격증 사본은 보육통합정보시스템으로 확인 가능한 경우 제출 제외 ※ 인사기록카드는 "임신육아종합포털(아이사랑)", "보육통합정보시스템"을 통해 임면보고 가능('15. 2. 2~) ※ 어린이집 및 시·군·구에서는 교직원 임면보고를 시스템을 통해 실시하고 적극 지도
⇩	
교직원 자격의 적격성 확인	○ 확인주체 : 시·군·구청장 ○ 확인대상 : 어린이집 원장, 보육교사, 특수교사, 장애영유아를 위한 보육교사, 치료사, 간호사, 영양사, 조리원 중 조리사 ○ 확인방법 : 각 자격별 자격증명 서류 및 보육통합정보시스템
⇩	
교직원 결격사유조회 및 범죄경력조회	○ 결격사유조회 및 범죄경력조회 주체 : 시·군·구청장 ○ 내용 : 교직원 결격 사유(법 제20조)
⇩	
경력관리시스템 입력 관리	○ 교직원 임면 사항을 경력관리시스템에 입력 관리

특별활동 강사, 노인일자리 사업 파견 인력, 보육실습생, 누리과정 운영 도우미 등 어린이집에 사실상 노무를 제공하는 자에 대해서도 반드시 성범죄 경력조회를 실시하여야 하고, 성범죄 경력 조회 위반 시 '아동·청소년의 성보호에 관한 법률' 제67조에 따라 과태료가 부과된다.

성범죄 경력 조회 결과 어린이집에 취업 또는 사실상 노무 제공이 제한되는 자는 배제하여야 하고, 근무 중인 자에 대해서는 해임해야 하며, 어린이집을 설치·운영하고자 하는 자(대표자)에 대해서도 지방자치단체에서는 성범죄 경력 조회를 실시하여 조회 결과 어린이집을 설치·운영 할 수 없는 자에 대해서는 어린이집 인가를 승인하지 않고 설치·운영 중인 자에 대해서는 인가를 취소해야 한다.

관할 시·군·구청장은 '아동·청소년의 성보호에 관한 법률' 제57조에 따라 임면보고 된 보육교직원에 대하여 '성범죄 경력자의 취업 점검·확인(연간) 계획'을 수립하고 연1회(상·하반기, 부분 또는 전수조사 가능) 이상 점검·확인 실시하고 시·도에서 취합하여 보건복지부로 보고해야 한다.

④ 아동학대관련 범죄 전력 조회 및 관리

임면권자는 '아동복지법' 제29조의3에 따라 교직원으로 채용하기(사실상 노무를 제공하려는 경우 포함) 전에, 또는 채용 중(사실상 노무를 제공하는 경우 포함)인 경우에 아동학대관련 범죄 전력 조회를 경찰청 온라인시스템(명칭 : 범죄경력회보서 발급 시스템)을 통하여 신청 하고 확인해야 한다.

아동학대관련 범죄 전력 조회 요청 시 '영유아보육법'에 의한 어린이집임을 확인할 수 있는 어린이집 인가증 사본(인가증이 없는 국공립어린이집은 고유번호증)과 채용 예정자의 동의서를 첨부해야 한다. 또한 특별활동 강사, 노인일자리 사업 파견 인력, 보육실습생, 누리과정 운영 도우미 등 어린이집에 사실상 노무를 제공하는 자에 대해서도 반드시 아동학대관련 범죄 전력 조회를 실시해야 한다.

아동학대관련 범죄 전력 조회 위반 시 '아동복지법' 제75조에 따라 과태료 부과대상이며, 아동학대관련 범죄 전력 조회 결과 어린이집에 취업 또는 사실상 노무 제공이 제한되는 자는 배제해야 하고, 근무 중인 자에 대해서는 해임해야 한다. 또한 어린이집을 설치·운영하고자 하는 자(대표자)에 대해서도 지방자치단체에서는 아동학대범죄관련 전력 조회를 실시하며 조회 결과 어린이집을 설치·운영 할 수 없는 자에 대해서는 어린이집 인가를 승인하지 않고 설치·운영 중인 자에 대해서는 인가를 취소해야 한다.

관할 시·군·구청장은 '아동복지법' 제29조의4에 따라 임면보고 된 보육교직원에 대하여 '아동학대관련범죄전력자의 취업 점검·확인(연간) 계획'을 수립하고 연1회 (상·하반기, 부분 또는 전수조사 가능) 이상 점검·확인 실시하고 시·도에서 취합하여 보건복지부로 보고하도록 한다.

⑤ 보육교직원 퇴직

임면권자는 보육교직원이 퇴직할 경우에는 사직서를 제출받아 퇴직처리하고 퇴직사실을 관할 시·군·구청에 보고하도록 한다. 그러나 사용자와 근로자의 합의에 의한 퇴직인 경우에 적용되는 것으로 사용자가 근로자와의 근로계약을 일방적으로 해지하는 해고(폐업으로 인한 통상해고 등)에 대해서는 그러하지 않는다. 이 경우 관할 시·군·구청에서는 임면권자 및 보육교직원에게 유선연락 등을 통하여 사직서를 제출하지 않은 경위에 대해 확인하고 보육교직원의 권익이 침해되지 않도록 해야 한다.

퇴직에 대하여 임면권자와 상호 합의가 되었음에도 불구하고 퇴직처리하지 않아 본인의 의사와 무관하게 어린이집 원장 또는 보육교사 자격증을 대여한 경우가 발생하지 않도록 해야 한다.

⑥ 보육교직원 임면관련 자료 관리

"보육교직원 임면보고 필수서류 제출 및 보육교직원 관리대장 등" 서식 전산화를 추진하고,

보육교직원 임면보고는 시스템으로 하는 것이 원칙이므로 어린이집에서는 시스템을 통해 임면보고 실시 및 보관하며, 불가피시 서류로 직접 제출하되 관련 서류를 보관·비치해야 한다.

※ <u>임면보고 미대상자(파견인력, 특별활동강사, 보육실습생 등) 구비서류 안내</u>
- 성범죄 경력조회 회신서
- 아동학대관련 범죄 전력 조회 회신서
- 보건소의 전염성 질환(폐결핵, 장티푸스, 전염성피부질환 등)에 대한 건강진단결과서(구 보건증)
- 보육실습생 신상카드<서식 Ⅳ-6><u>(보육실습생만 해당)</u>

2) 보육교직원 임면 보고

(1) 일반원칙

어린이집 원장은 보육교직원의 채용, 휴직, 출산전후휴가, 육아휴직, 육아기 단축근무, 1개월 이상의 장기병가·연수·휴가, 퇴직 등의 임면사항을 보육통합정보시스템에 즉시 등록하고, 이를 14일 이내에 관할 시·군·구청장에게 보고하도록 한다.

보육교직원이란 어린이집에서 영유아의 보육, 건강관리, 보호자와의 상담, 그 밖에 어린이집의 관리·운영 등의 업무를 담당하는 자로서 어린이집 원장 및 보육교사와 그 밖의 직원을 말한다.

어린이집에 근무하는 보육교직원은 직종, 근무기간 및 근무시간에 관계없이 보육통합정보시스템에 등록하고 시장·군수·구청장에게 임면보고를 해야 한다(대체교사, 보조교사, 누리과정 운영 도우미, 운전원, 단기간 근로자 등 모든 보육교직원에 대하여 임면 보고).

어린이집 대표자가 실제로 해당 어린이집에서 보육교직원으로 근무하는 경우 반드시 보육통합정보시스템에 등록하고 시장·군수·구청장에게 임면보고를 해야 하며, '영유아보육법' 제44조제3호의2에 따라"보육교직원의 임면에 관한 사항을 보고하지 않거나 거짓으로 보고한 경우" 시정명령의 대상이 된다.

(2) 임면보고 방법 및 첨부서류

보육교직원 임면보고시 원칙적으로 보육통합정보시스템에 첨부서류와 함께 등록해야 하고, 시·군·구에 시스템을 통하지 않고 직접 하는 경우 보육교직원은 임면보고서식〈서식 Ⅲ-6〉에 따라 시·군·구청에 제출해야 한다.

제출해야 될 첨부서류는 인사기록카드 사본(시스템을 통하지 않고 시·군·구에 직접 임면보고 하는 경우), 자격(면허)을 요하는 자의 경우 자격증(면허증) 사본(단, 원장 및 보육교사, 장애영유아를 위한 보육교사 등 보육통합정보시스템을 통한 자격조회가 가능한 경우에는 제출 제외), 채용신체검사서 사본, 성범죄 경력 조회 결과서, 아동학대관련범죄 전력 조회 회신서, 개인정보제공 및 고유식별정보 처리 동의서 등이다.

3) 보육교직원 자격의 적격성 확인

(1) 일반원칙

교직원 임면보고를 받은 시장·군수·구청장은 자격 조건이 필요한 원장, 보육교사, 장애영유아를 위한 보육교사, 특수교사, 치료사, 간호사, 영양사 등의 자격의 적격성을 확인해야 한다.

(2) 확인방법

① 원장 및 보육교사

국가자격증을 발급받은 자는 보육통합정보시스템을 통하여 자격의 적격성 여부를 확인한다. 특히, 정원 40인 미만 어린이집 원장의 경우 '일반어린이집 원장' 또는 '40인 미만 어린이집 원장' 자격증을 발급받았는지 여부를 확인하여 무자격자가 근무하는 사례가 없도록 관리해야 한다.

② 장애영유아를 위한 보육교사, 특수교사, 치료사, 간호사, 영양사 등

관련 자격증·면허증 사본(장애영유아를 위한 보육교사, 특수교사의 경우 자격 증빙서류 포함)을 통하여 자격의 적격성을 확인한다.

③ 자격증 발급 및 임면관리

원장 자격의 종류는 일반, 가정, 영아전담, 장애아전문으로 나누어지며, 40인 미만 어린이집의 원장 자격증은 종전법(2005.1.29.이전)에 따라 별도로 발급한다. 따라서 정원 40인 미만 어린이집의 원장으로 근무하고자 하는 자는 '40인 미만 어린이집 원장' 이상의 원장 자격증을 발급받은 자이어야 한다.

4) 보육교직원 결격 사유 확인

(1) 일반원칙

교직원 임면보고를 받은 시장·군수·구청장은 어린이집에 채용된 자가 '영유아보육법' 제20조에 의한 어린이집에 종사할 수 없는 결격사유에 해당하는지 여부를 범죄경력조회 및 결격사유 조회(구: 신원조회) 등을 통하여 확인할 수 있으며, 결격사유 조회는 행정안전부 '민원행정 및 제도개선 기본지침' 중 '결격사유조회 업무처리요령'에 따라 처리하며, 결격사유 조회와 별개로 '영유아보육법' 제20조의 결격사유 확인을 위해서 범죄경력 조회 실시가 필요하며, '보육통합정보시스템 업무매뉴얼' 중 '보육교직원 범죄경력조회 기능 사용 매뉴얼'에 따라 처리한다.

(2) 교직원 결격사유(법 제16조 및 제20조)

① 교직원 결격사유에 해당하는 자는 다음의 '영유아보육법' 제16조 각호의 어느 하나에 해당하는 자(어린이집을 설치·운영할 수 없는 자)이다.

㉠ 미성년자·피성년후견인 또는 피한정후견인

㉡ '정신보건법' 제3조제1호의 정신질환자

㉢ '마약류 관리에 관한 법률' 제2조제1호의 마약류에 중독된 자

㉣ 파산선고를 받고 복권되지 아니한 자

㉤ 금고 이상의 실형을 선고받고 그 집행이 종료(집행이 종료된 것으로 보는 경우를 포함한다)되거나 집행이 면제된 날부터 5년('아동복지법' 제3조제7호의2에 따른 아동학대관련범죄를 저지른 경우에는 20년)이 경과되지 아니한 자

㉥ 금고 이상의 형의 집행유예를 선고받고 그 유예기간 중에 있는 사람. 다만, '아동복지법' 제3조제7호의2에 따른 아동학대관련범죄로 금고 이상의 형의 집행유예를 선고받은 경우에는 그 집행유예가 확정된 날부터 20년이 지나지 아니한 사람

㉦ '영유아보육법' 제45조에 따라 어린이집의 폐쇄명령을 받고 5년이 경과되지 아니한 자

㉧ '영유아보육법' 제54조에 따라 300만원 이상의 벌금형이 확정된 날부터 2년이

지나지 아니한 사람 또는 '아동복지법' 제3조제7호의2에 따른 아동학대관련범죄로 벌금형이 확정된 날부터 10년이 지나지 아니한 사람

ⓩ 영유아보육법 제23조의3에 따른 교육명령을 이행하지 아니한 자

'영유아보육법' 제16조의 개정규정(제5호 중 '아동복지법' 제3조제7호의2에 따른 아동학대관련범죄를 저지른 경우에는 20년이 경과되지 아니한 자, 제6호 중 '아동복지법' 제3조제7호의2에 따른 아동학대관련범죄로 금고 이상의 형의 집행유예를 선고받은 경우에는 그 집행유예가 확정된 날부터 20년이 지나지 아니한 사람)은 이 법 시행 이후의 행위로 형이 확정된 사람부터 적용한다.

② 영유아보육법 제46조 및 제47조의 규정에 의하여 자격이 정지중인 자

원장 및 보육교사 자격정지 기간에는 어린이집에서 다른 직종으로도 근무할 수 없다.

③ 영유아보육법 제48조제1항의 규정에 의하여 자격이 취소된 후 자격 재교부 기한 2년(제48조제1항제3호에 따라 취소된 경우는 10년)이 경과되지 아니한 자

㉠ '아동복지법' 제3조제7호의2에 따른 아동학대관련범죄로 금고 이상의 실형을 선고받고 그 집행이 종료되거나 집행이 면제된 날부터 20년이 지나지 아니한 사람 또는 '아동복지법' 제3조제7호의2에 따른 아동학대관련범죄로 금고 이상의 형의 집행유예가 확정된 날부터 20년이 지나지 아니한 사람

㉡ 원장 및 보육교사 자격취소 후 재교부 기한이 경과하지 않은 경우 어린이집에서 다른 직종으로도 근무할 수 없다.

㉢ 어린이집 원장 및 보육교사의 자격정지 및 자격취소로 인한 결격사유에 대하여는 보육통합정보시스템, 한국보육진흥원, 시·군·구를 통하여 자격정지 및 취소 여부를 확인하여 자격정지자 및 자격취소자가 어린이집에 근무하는 경우가 발생하지 않도록 관리를 철저히 해야 한다.

(3) 결격사유(구: 신원조회) 및 범죄경력 조회

결격사유 조회는 행정안전부 '민원행정 및 제도개선 기본지침' 중 '결격사유조회 업

무처리요령'에 따라 처리하며, 결격사유 조회와 별개로 '영유아보육법' 제20조의 결격 사유 확인을 위해서 범죄경력 조회를 실시해야 한다.

① 공통사항

시·군·구의 보육교직원 결격사유 및 범죄경력 조회 업무처리 담당자는 행정정보 공동이용시스템을 이용하여 결격사유 및 범죄경력이 존재하는지를 우선 확인하여야 한다.

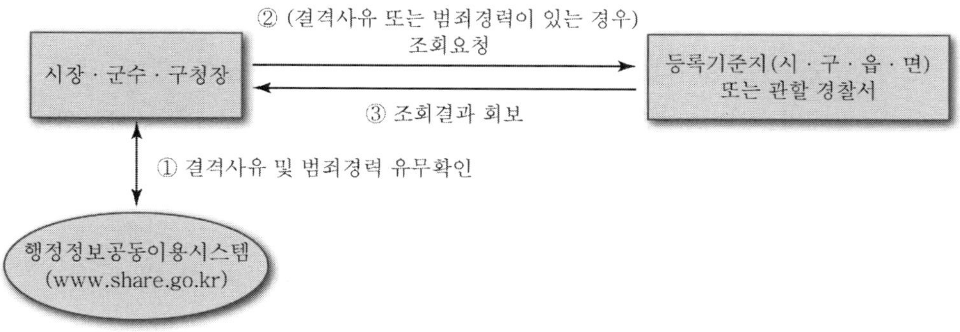

〈그림 10-1〉 결격사유 및 범죄경력의 유무에 따라 업무처리

② 결격사유조회(구: 신원조회) 업무처리 요령

㉮ 결격사유조회 대상자

❖ 결격사유 조회 대상자

① 미성년자·피성년후견인 또는 피한정후견인
② 파산선고를 받고 복권되지 아니한 자
③ 금고 이상의 실형을 선고받고 그 집행이 종료(집행이 종료된 것으로 보는 경우를 포함한다)되거나 집행이 면제된 날부터 5년(「아동복지법」 제3조제7호의2에 따른 아동학대관련범죄를 저지른 경우에는 20년)이 경과되지 아니한 자
④ 금고 이상의 형의 집행유예를 선고받고 그 유예기간 중에 있는 사람. 다만, 「아동복지법」 제3조제7호의2에 따른 아동학대관련범죄로 금고 이상의 형의 집행유예를 선고받은 경우에는 그 집행유예가 확정된 날부터 20년이 지나지 아니한 사람

㉯ 결격사유조회 방법[6] 및 처리 절차

어린이집으로부터 임면보고를 받은 시·군·구의 업무처리 담당자는 행정정보공동이용시스템을 이용하여 결격사유가 존재하는지를 우선 확인하고, 결격사유가 없는 경우(無) → 회보기관에 결격사유조회를 요청하지 않고 결격사유 유무 열람결과를 근거로 업무처리하며, 결격사유가 있는 경우(有) → 〈서식 Ⅲ-7〉에 따라 회보기관에 결격사유 조회를 요청하여 회보결과의 상세 내역을 확인하여 업무처리를 하도록 한다.

조회요청기관은 조회요청대장, 회보기관은 조회요청 회보대장을 기록·비치·관리하며, 조회방법은 행정전산망, FAX, 우편의 방법으로 조회하도록 한다. 또한 회보기관으로부터 통지받은 결격사유조회 회보서를 별도로 편철·관리 및 보관하며, 결격사유조회·회보업무를 최대한 신속하게 처리하여 보육교직원의 불이익이 없도록 하여야 한다.

결격사유조회와 관련하여 지득한 비밀에 대하여는 누설해서는 안 된다.

③ 범죄경력조회 대상자

❖ 범죄경력조회 대상자 (「영유아보육법」 제16조)

① 금고 이상의 실형을 선고받고 그 집행이 종료(집행이 종료된 것으로 보는 경우를 포함한다)되거나 집행이 면제된 날부터 5년(「아동복지법」 제3조제7호의2에 따른 아동학대관련범죄를 저지른 경우에는 20년)이 경과되지 아니한 자
② 금고 이상의 형의 집행유예를 선고받고 그 유예기간 중에 있는 사람. 다만, 「아동복지법」 제3조제7호의2에 따른 아동학대관련범죄로 금고 이상의 형의 집행유예를 선고받은 경우에는 그 집행유예가 확정된 날부터 20년이 지나지 아니한 사람
③ 제54조에 따라 300만원 이상의 벌금형이 확정된 날부터 2년이 지나지 아니한 사람 또는 「아동복지법」 제3조제7호의2에 따른 아동학대관련범죄로 벌금형이 확정된 날부터 10년이 지나지 아니한 사람

---

6) 조회요청기관 : 민원을 접수받아 처리하는 기관으로, 관련법령에 따라 결격사유의 확인이 필요한 기관(어린이집으로부터 임면보고를 받은 시·군·구)
회보기관(등록기준지) : 결격사유조회 결과를 회보하는 기관으로, 가족관계등록사무를 처리하는 시·구·읍·면(출장소장을 포함)
결격사유조회 : 결격사유의 확인을 위하여 조회요청기관이 회보기관(등록기준지)에 결격사유기록의 확인을 요청하는 것
결격사유조회 회보 : 결격사유조회에 따라 회보기관이 보유하고 있는 결격사유기록의 내용을 조회요청기관에게 그 내용을 통보하는 것

㉮ 범죄경력조회 방법 및 처리 절차

어린이집으로부터 임면보고를 받은 시·군·구의 업무처리 담당자는 행정정보공동이용시스템을 이용하여 범죄경력이 존재하는지를 우선 확인하고, 범죄경력이 없는 경우(無) → 관할 경찰서에 범죄경력 사실조회를 요청하지 않고 범죄경력 유무 확인결과를 근거로 업무처리하며, 범죄경력이 있는 경우(有) → 관할 경찰서에 범죄경력 조회 회보를 공문으로 요청하여 회보결과의 상세 내역을 확인 후 업무처리를 하도록 한다.

㉯ 유의사항(「형의 실효 등에 관한 법률」 제6조제2항 내지 제4항, 제10조)

직무상 범죄경력조회를 하는 사람은 그 수사자료표의 내용을 누설해서는 안되고, 보육교직원의 결격사유를 확인하기 위한 목적 외에는 범죄경력자료를 취득해서는 안되며, 법령에 규정된 용도 외 이를 사용하여서도 안 된다. 위의 사항을 위반한 경우, '형의 실효 등에 관한 법률' 제10조에 따라 형사처벌 대상이 된다.

○ '16. 3월부터 「보육통합시스템」을 통해 범죄경력조회가 가능하며, 자세한 사항은 「보육통합정보시스템 업무매뉴얼(보육교직원 범죄경력조회 기능 사용 매뉴얼)」 참고

5) 보육교직원 배치기준

① 일반기준

구 분	배 치 기 준	자격기준	비 고
원 장[1]	전 어린이집별 1인 ※ 다만, 영유아 20인 이하를 보육하는 어린이집은 어린이 집의 원장이 보육교사를 겸임할 수 있음	영유아보육법 시행규칙 제10조 [별표2]	정원기준
보육교사	• 만 1세 미만 ⇒ 영아 3인당 1인 • 만 1세 이상 만2세 미만 ⇒ 영아 5인당 1인 • 만 2세 이상 만3세 미만 ⇒ 영아 7인당 1인 • 만 3세 이상 만4세 미만 ⇒ 유아 15인당 1인 • 만 4세 이상 미취학 유아 ⇒ 유아 20인당 1인 ※유아 40인당 1인은 보육교사 1급 자격자여야 함 • 취학아동 ⇒ 20인당 1인 • 장애아 3인당 1인 ※장애아 9인당 보육교사 1인은 특수교사 자격소지자여야 함	영유아보육법 시행규칙 제10조 [별표2]	현원기준
간호사[2]	• 영유아 100인 이상을 보육하는 어린이집	-	현원기준
영양사[3]	• 영유아 100인 이상을 보육하는 어린이집	-	현원기준
조리원[4]	• 영유아 40인 이상을 보육하는 어린이집	-	현원기준 (방과후 제외)

주 1) 원장이 보육교사 겸직 시 원장 자격증과 보육교사 자격증을 모두 소지하여야 함

2) 간호조무사도 가능함

3) 어린이집 단독으로 영양사를 두는 것이 곤란한 때에는 동일 시·군·구의 5개 이내 어린이집이 공동으로 영양사를 둘 수 있으며, 영양사 채용시 현원을 기준으로 함

4) 영유아 40인 이상 80인 이하를 보육하는 어린이집의 경우 조리원 1인을 두며, 영유아 매 80인을 초과할 때마다 1인씩 증원, 영유아 현원은 방과후 아동을 제외한 영유아를 기준으로 함

※보육교직원 배치기준에 따라 근무하는 조리원의 경우에는 취사 업무에 지장을 주지 않는 범위 내에서 8시간 미만 근무도 가능함. 다만, 정부에서 인건비를 지원받는 경우에는 평일 8시간 근무를 하여야 함

② 교사 대 아동비율의 특례인정

㉮ 근거법령(법 제52조 및 시행규칙 제40조)

시장·군수·구청장은 도서·벽지·농어촌 지역 등에 있는 어린이집으로서 교직원 배치기준 중 교사 1인이 보육할 수 있는 영유아 수를 적용하기 어렵다고 인정하는 경우 지방보육정책위원회의 심의를 거쳐 관할 시·도지사의 승인을 얻어 이를 달리 적용할 수 있음

※ 도서·벽지·농어촌지역의 범위

1. 「도서 · 벽지교육 진흥법」 제2조의 규정에 의한 도서 · 벽지 지역
2. 행정구역상 읍·면지역
3. 동 지역(특별시 및 광역시의 동 지역은 제외한다) 중 국토의계획및이용에관한법률 제36조제1항의 규정에 따라 지정된 주거지역·상업지역 및 공업지역을 제외한 지역

㉯ 특례인정 범위

시장 · 군수 · 구청장은 교사 1인이 보육할 수 있는 영유아 수를 총 정원을 초과하지 않는 범위 내에서 아래의 기준에 따라 달리 정할 수 있다.

구 분	0세	1세	2세	3세	4세 이상
원 칙	3명	5명	7명	15명	20명
특례인정범위	4명 이내	7명 이내	9명 이내	19명 이내	24명 이내

※특례가 인정된 경우 반별 초과보육(어린이집 반편성원칙)은 불가능함

㉰ 특례인정 조건

교사 대 아동비율의 특례를 인정받은 어린이집은 교사 1인이 보육할 수 있는 영유아 수가 증가하여 발생하는 수입금을 보육교사 처우개선을 위한 급여 등에 사용해야 하고, 관할 시장 · 군수 · 구청장은 이를 적극 지도 · 감독해야 한다. 또한 수입금 중 보육교사 처우개선 급여 등 사용 비율은 반별 정원 탄력편성 기준을 준용한다.

시 · 도지사 또는 시장 · 군수 · 구청장은 관할 지역의 보육환경, 어린이집 운영 여건 등을 고려하여 지방보육정책위원회의 심의를 거쳐 교사 대 아동비율의 특례인정 범위를 기준범위 내에서 달리 정할 수 있으며, 특례인정 조건 등을 강화하여 세부기준을 정할 수 있다.

③ 어린이집 원장의 보육교사 겸임 특례인정

㉮ 일반원칙

원장은 보육교사를 겸임할 수 없는 것이 원칙이나, 정원 20인 이하 어린이집의 원장은 보육교사를 겸임할 수 있으며, 정원 21~39인 어린이집의 경우 시장 · 군수 · 구청장이 특례를 인정할 경우 원장이 보육교사를 겸임할 수 있다.

㉯ 특례인정

시장·군수·구청장은 '영유아보육법' 제52조 규정에 의한 도서·벽지·농어촌지역에 있는 어린이집으로서 교사 수급이 어렵다고 인정되는 경우에는 지방보육정책위원회의 심의를 거쳐 관할 시·도지사의 승인을 얻어 정원 21~39인 어린이집의 원장·보육교사 겸임을 허용할 수 있다. 또한 시장·군수·구청장은 교사 채용이 어렵다고 예상되는 도서·벽지·농어촌 지역에 대해 원장·보육교사 겸임을 허용할 수 있다.

4. 보육교사 훈련기관

1) 보육교사교육원의 정의

'영유아보육법'에 따라 3급 보육교사 양성을 위한 소정의 교육과정을 운영하도록 시·도지사가 지정한 교육훈련시설이다.

2) 교육훈련시설의 운영기준

(1) 교육훈련시설의 교육과정

영 역	교 과 목(학 점)	이수과목(학점)
교사 인성	보육교사(인성)론(3학점), 아동권리와 복지(3학점)	2과목(6학점)
보육지식과 기술	보육학개론(3학점), 보육 과정(3학점), 영유아 발달 및 지도(3학점), 아동생활지도(3학점), 영유아 문제행동지도 및 상담(3학점), 특수아동 이해와 지도(3학점), 놀이지도(3학점), 언어지도(3학점), 아동음악과 동작(3학점), 아동미술지도(3학점), 아동수학지도·아동과학지도(3학점), 영유아 교수방법론(3학점), 교재교구개발(3학점), 부모교육(3학점), 영유아 건강지도(2학점), 영유아 영양지도(2학점), 아동안전관리(3학점), 어린이집 운영관리(3학점)	18과목(52학점)
보육 실무	아동관찰 및 실습(3학점), 보육실습(4학점)	2과목(7학점)
계	22과목(65학점) 이상	

주: 1) 각 과목당 평가점수가 70점 이상인 경우에만 이수한 것으로 인정
2) 학점당 시간은 15시간을 기준으로 함.

(2) 교육훈련시설의 시설기준과 교수요원의 수 및 자격기준

① 교육훈련시설의 시설기준

구분	시설기준
기본시설	1. 강의실 : 교육인원 1명당 1제곱미터 이상, 총전용면적 100제곱미터 이상으로 한다. 2. 실기 · 실습실 : 교육인원 1명당 1.2제곱미터 이상, 총전용면적 120제곱미터 이상으로 한다. 3. 삭제 <2015.1.28.> 4. 어린이집: 전용면적 181.5제곱미터 이상으로 하되, 교육인원 1명당 1.815제곱미터 이상으로 한다. 5. 교수연구실 및 사무실은 교수연구 및 사무에 적절한 시설을 갖추어 설치하되 겸용할 수 있다. 6. 화장실 · 급수시설 · 소방시설 · 방음장치 · 채광 · 환기 · 냉난방 · 조명시설 및 그 밖에 학습에 필요한 교재 · 교구 등을 갖추어야 한다.
지원시설	세미나실 · 자료실 · 휴게실 · 체육시설 · 기숙사 · 양호실, 그 밖에 여가 선용 및 운영관리에 필요한 시설을 갖출 수 있다.

※ 비고: 교육훈련시설에서 부설 또는 위탁 운영하는 어린이집은 교육훈련시설의 기본시설로 인정하되, 교육훈련시설과 동일한 시 · 군 · 구 안에 있어야 한다.

② 교육훈련시설 교수요원의 수 및 자격기준

구분	교수요원의 수	자격기준
전임교수	교육인원 50명당 1명	보육 관련 각 과목을 전공하여 석사 이상의 학위를 받은 사람으로서 해당 분야 강의 경력이 3년 이상인 사람
외래교수		1. 보육 관련 각 과목을 전공하여 석사 이상의 학위를 받은 사람으로서 해당 분야 강의 경력이 1년 이상인 사람 2. 어린이집의 원장으로서 보육업무 경력이 5년 이상인 사람 3. 보육교사로서 보육업무 경력이 8년 이상인 사람 4. 7급 이상 공무원으로서 보육행정업무에 3년 이상 종사한 사람

※ 비고: 보육 관련 각 과목은 별표 4 및 별표 5의 교과목을 말한다.

(3) 교육훈련시설의 장의 자격요건

교육훈련시설의 장은 학사 이상의 학위소지자로 보육 또는 교육업무에 10년 이상 종사한 경력이 있는 자로 한다.

(4) 교육훈련시설의 지정 및 지정취소

교육훈련시설의 지정대상은 '고등교육법' 제2조의 규정에 의한 대학(전문대학 포함) 또는 이와 동등 이상의 학교로, 당해 시・도의 보육교사 수급상황[7](보육교사교육원의 수료자 수 및 당해 시·도지역내의 대학 보육관련학과 졸업생 수 등)을 감안하여 교육훈련시설을 건실하게 운영할 수 있는지 여부[8]와 교육훈련시설의 시설기준의 적정성 여부[9](시행규칙 제14조제2항[별표 6])를 파악하도록 한다.

또한 교육훈련시설 지정의 취소는 교육훈련시설의 시설기준, 교수요원의 수 및 자격기준이 시행규칙 [별표 6]에서 정하는 기준에 미달한 때, 교육훈련시설로 지정받은 후 1년 이내에 교육훈련을 실시하지 않을 때, 교육훈련 자격 미달자에게 교육을 실시하고 수료증을 발급하거나 교육수료 인정기준 미달자에게 수료증을 발급한 때, 교육훈련시설을 1년 이상 휴지하거나 폐지하는 경우이다. 시・도지사는 관할 지역의 교육훈련시설이 지정 취소 요건에 해당되는지 여부를 정기적으로 지도・점검하여 지정취소 요건 교육훈련시설이 운영되는 일이 없도록 관리 감독을 철저히 해야 한다.

시・도지사는 지정취소 요건에 해당될 경우 행정절차법에 의한 청문절차를 거친 후 지방보육정책위원회의 심의를 거쳐 지정을 취소하며, 교육훈련시설의 양성과정 및 보수교육과정을 운영 중에 있는 때에는 해당 교육과정이 종료될 때까지는 지정취소를 유예할 수 있으며, 양성교육과정 및 보수교육과정을 수료 중에 있는 교육생들의 권리를 최대한 보장하여야 하며, 시・도지사는 지도감독을 철저히 하여야 한다.

(5) 교육훈련시설의 휴지 또는 폐지

교육훈련시설의 휴지 또는 폐지신고의 신고권자는 교육훈련시설의 대표자이며, 휴지 또는 폐지사유가 발생하였을 경우 교육훈련시설휴지(폐지)신고서를 제출해야 하며, 교육훈련시설을 1년 이상 휴지하거나 폐지하는 경우에는 지정을 취소한다.

---

7) 특별한 사유가 없는 한 신규 지정을 억제하여야 하며 신규 지정을 위한 불가피한 상황 발생 등에 대해서는 보건복지부와 협의하여야 함.

8) 운영경비와 유지방법에 관한 타당성 여부, 현지조사결과에 따른 입지조건 등 적정 여부, 설립재산, 시설, 설비 등의 소유권 또는 사용권이 확실한지 여부와 지상권 등의 제한물권이 설정되어 있는지 여부, 교육훈련시설로 사용하고자 하는 건물 용도의 건축법상 적정 여부

9) 1개 반을 50명 기준으로 교육생 100명마다 전용면적 401.5㎡ 이상의 시설(강의실・실기실습실 및 어린이집) 및 교수요원 기준 적합 여부, 기타 교육훈련시설의 설치와 관련하여 지원시설을 갖추었는지 여부. 특히, 수탁 운영하는 어린이집은 교육훈련시설과 동일 시・군・구내에 소재하여야 함.

3) 보육교사 양성교육의 실시

(1) 보육교사 양성교육과정

① 교육과정

시도지사가 지정하는 교육훈련시설에 2016년 8월 1일 이후 입학한 사람부터 교육훈련시설의 교육과정(시행규칙 제12조제2항 [별표 5])('16.8.1. 시행)을 적용한다.

영 역	교 과 목(학 점)	이수과목(학점)
교사 인성	보육교사(인성)론(3학점), 아동권리와 복지(3학점)	2과목(6학점)
보육지식과 기술	보육학개론(3학점), 보육 과정(3학점), 영유아 발달 및 지도(3학점), 아동생활지도(3학점), 영유아 문제행동지도 및 상담(3학점), 특수아동 이해와 지도(3학점), 놀이지도(3학점), 언어지도(3학점), 아동음악과 동작(3학점), 아동미술지도(3학점), 아동수학지도·아동과학지도(3학점), 영유아 교수방법론(3학점), 교재교구개발(3학점), 부모교육(3학점), 영유아 건강지도(2학점), 영유아 영양지도(2학점), 아동안전관리(3학점), 어린이집 운영관리(3학점)	18과목(52학점)
보육 실무	아동관찰 및 실습(3학점), 보육실습(4학점)	2과목(7학점)
계	22과목(65학점) 이상	

※1) 각 과목당 평균점수가 70점 이상인 경우에만 이수한 것으로 인정
2) 학점당 시간은 15시간을 기준으로 함.
3) 보육실습은 시행규칙[별표 4]의 보육실습에 관한 기준을 준용

② 교육훈련기간

과 정 명	교 육 대 상	교육훈련기간	비 고
보육교사 양성교육과정	교육생으로 등록한 자 (고졸 이상 학력자)	975시간 이상 (실습 240시간 별도)	교육훈련지정기관 (22과목, 65학점 이상)

※보육실습 240시간과 별도로 4학점(60시간)의 보육실습 이론 교육과정을 필히 편성·운영하여야 함

보육교사 양성교육과정은 주간반, 야간반(혹은 오후반) 등 교육훈련기관별로 하나의 교육과정을 운영하며, 2005년 1월 29일 이전 시·도지사가 평일 3종 이상의 시간대별 양성교육과정을 승인한 경우에는 이미 승인된 정원 범위 내에서 주간반 또는

야간반(혹은 오후반)에 정원을 조정할 수 있도록 해야 한다(오후반이 편성되어 있는 교육훈련시설은 오후반을 폐지).

다만, '영유아보육법' 시행규칙 부칙 〈보건복지부령 제392호〉 제4호(교육훈련시설의 교육과정에 관한 경과조치)에 따라 2016년 8월 1일 이전에 입학한 사람이 이수해야 하는 교육훈련시설의 교육과정은 아래와 같은 종전 규정(25과목 65학점)을 따르도록 한다.

영 역	교 과 목[학 점]	이수과목(학점)
보육기초	아동복지(론)[3], 보육학개론[3], 보육과정[3]	3과목(9학점) 필수
발달 및 지도	아동발달(론)[3], 인간행동과사회환경[3], 아동생활지도[3], 아동상담(론)[3], 특수아동지도(특수교육학)[3], 영유아보육의 실제[3], 방과후아동지도[2]	7과목(20학점) 필수
영유아 교육	놀이지도[3], 언어지도[2], 아동음악과 동작[2], 아동미술[2], 아동수·과학지도[2], 교재교구개발[3], 영유아교수방법(론)[3]	7과목(17학점) 필수
건강·영양 및 안전	아동간호학[2], 아동안전관리[2], 아동영양학[2]	2과목(4학점) 이상 선택
가족 및 지역사회 협력 등	부모교육[3], 지역사회복지[3], 보육정책[2], 어린이집운영과 관리[3], 정보화교육[2]	5과목(13학점) 필수
보육실습	보육실습[2]	1과목(2학점) 필수
계	25과목(65학점) 이상	

※비고 1) 각 과목당 평가점수가 70점 이상인 경우에만 이수한 것으로 인정
2) 학점당 시간은 15시간을 기준으로 하되, 보육실습시간은 4주 이상, 연속하여 160시간 이상으로 함
3) 보육실습은 시행규칙[별표 4]의 보육실습에 관한 기준을 준용

③ 양성교육과정의 운영

㉮ 보육교사교육원의 업무추진일정

보육교사교육원	보고 및 승인일정		비 고
	보고기일	승인기일	
○ 당해 연도 양성교육과정 교육생 모집 및 홍보 (전년도 12.1 ~ 당해 연도 2.20일까지)			
○ 당해 연도 양성교육과정 교육계획서 제출	1월말까지	2월말까지	시·도지사승인
○ 당해 연도 교육대상자 선정 및 교육생 등록 보고	2.21일까지	2월말까지	시·도지사승인
○ 다음 연도 양성교육과정 모집계획 및 교육생 모집 홍보계획 보고	10월말까지	-	시·도지사에게 보고
○ 다음 연도 세입세출예산서 제출	11월말까지	12월말까지	시·도지사승인
○ 다음 연도 양성교육과정 등록금 승인요청	12월말까지	다음 연도 1월말까지	등록금범위 고시승인
○ 양성교육과정 수료결과 보고	교육종료 후 10일 이내	-	시·도지사에게 보고

㉯ 교육대상자 및 모집기간

교육대상자는 고등학교 또는 이와 동등 이상의 학교를 졸업한 자로서, 교육대상자 자격여부를 사전에 철저히 확인해야 하며, 특히, 외국학력에 대한 학력인정 여부를 철저히 확인하도록 한다. 다음연도 교육생 모집기간은 당해연도 12월 1일부터 다음연도 2월 20일까지로 한다.

㉰ 등록금 수납

등록금은 매년 시·도지사가 정하고, 등록금은 교육 시간당 1,700원 이상으로 산출하며, 시·도 관할 지역 내 사립전문대학 1년 등록금(입학금 포함)의 60% 범위 내에서 결정하도록 한다.
등록금의 상한액 산정시 교육훈련시간은 보육실습 교과목에 대한 교육훈련시간(60시간)을 포함하여 산정하나, 보육실습기관에서 이루어지는 보육실습시간(240시간)은 등록금 산정에서 제외한다.

등록금은 반 편성 인원에 따라 차등하여 정할 수 있으며, 연 2회 수납을 원칙으로 하고, 등록금은 현금으로 납부할 경우 현금영수증을 발급해야 하며, 신용카드로 결제

할 수 있도록 해야 한다.

㉣ 등록금 환불

제적, 자퇴, 출석시간 미달자 등에 대한 등록금 환불은 '대학 등록금에 관한 규칙'(교육부령) 제6조제2항 별표의 기준을 준용하며, 수강생의 환불 신청이 있은 날부터 7일 이내에 지급하고, 질병 또는 사고 등 특별한 사유가 없는 한 휴학기간 만료 후 복학하지 않을 경우 휴학기간 만료 후 자퇴한 것으로 처리한다.

㉤ 교육훈련 과목

교육훈련시설의 교육과정은 시행규칙 제12조 제2항 관련 [별표 5]에 의하며, 각 과목당 평가 점수가 70점 이상인 경우에만 이수한 것으로 인정하고, 학점당 시간은 15시간을 기준으로 하되, 보육실습 기간은 6주, 240시간 이상(2회에 나누어 실시 가능) 연속하여 실시하도록 한다.

보육실습은 영유아보육법 시행규칙 제12조 제2항 관련 [별표 4] 기준을 준용하며, 실습운영은 이론수업과 보육 현장실습으로 운영하고, 실습기관은 정원 15인 이상으로 평가인증을 유지하는 어린이집 또는 교육과정과 방과후 과정을 운영하는 유치원(교육청에 방과후 운영 유치원으로 등록되어야 함)에서 실시한다. 실습시간은 6주 240시간(2회에 나누어 실시 가능) 연속하여 실시하고, 평일(월요일~금요일) 오전 9시부터 오후 7시 사이에 한 경우에만 인정하며, 실습시간은 하루에 8시간을 초과할 수 없다.

실습 지도교사는 보육교사 1급 또는 유치원 정교사 1급 자격증 소지자, 실습 지도교사 1명당 보육 실습생 3명 이내로 지도해야 한다.

실습의 평가는 실습계획서에 근거하여 행하되, 평가점수가 80점 이상인 경우에만 실습을 이수한 것으로 인정하며, 특별한 경우를 제외하고 교육훈련시설의 장이 지정하는 어린이집 또는 유치원에서 보육실습을 실시하되, 현장참관은 부설(위탁) 어린이집에서 상시 실시한다.

㉥ 반 편성

교육인원 50명당 1개 반으로 편성(단, 강의는 합반이 가능하나 100명을 초과할 수 없음)하고, 반별 정원을 초과하여 반을 편성·운영하는 경우가 발생하지 않도록 하고 반별로 출석부를 비치하여 관리해야 한다.

㉳ 평가기준

25개 교과목별로 중간평가(이론 · 실기) 및 기말평가(이론 · 실기)를 실시하고, 중간평가 및 기말평가는 각 1회 실시하며, 각 1회에 한해 재시험이 가능하다. 이론평가는 교과목별 20문제 이상 출제하고, 실기평가는 교과목별 특성에 따라 실시여부를 결정한다.

교과목별 성적은 교과목별 시험, 교과목별 출결상황 및 근태를 종합하여 평가하며, 수료인정을 위한 교과목별 종합평가(성적)기준은 교과목별 시험 80%(중간평가 40%, 기말평가 40%),

교과목별 출결상황 및 근태 20%로 한다. 수강생이 시험도중 부정행위 또는 출석상황 및 근태에 문제가 있다고 판단할 경우 학칙 또는 교칙이 정하는 바에 따라 운영위원회의 심의를 거쳐 제적 등의 조치를 취하되, 지체 없이 시 · 도지사에게 서면으로 보고하도록 한다.

㉴ 수료인정

교육훈련교과목 중 이수해야 할 이수시간별 총 시간의 80%이상을 수강하고, 과목별 교육훈련성적이 70점 이상인 자로 하고, 일부 교과목에 대하여 출석시간 미달 또는 교육훈련성적미달로 인하여 교과목을 이수하지 못한 경우 이수하지 못한 교과목에 대하여 재이수토록 해야 한다. 전체 출석시간 80% 미달자는 제적 처리하고, 교육훈련시설의 장은 출결관리를 위하여 특단의 대책을 강구하고, 성적미달자 등에게 수료를 인정하는 사례가 없도록 해야 한다.

㉵ 교수요원 관리

㉠ 교육훈련시설의 교수요원의 수 및 자격기준

구 분	교수요원의 수	자 격 기 준
전임교수	교육인원 50인당 1인	• 보육관련 각 과목을 전공하여 석사 이상의 학위를 받은 자로서 해당분야에 강의 경력이 3년 이상인 자
외래교수	-	• 보육관련 각 과목을 전공하여 석사이상의 학위를 받은 자로서 해당분야 강의 경력이 1년 이상인 자 • 어린이집의 원장으로서 보육업무 경력이 5년 이상인 자 • 보육교사로서 보육업무 경력이 8년 이상인 자 • 7급 이상 공무원으로서 보육행정 업무에 3년 이상 종사한 자

※교육인원 50인당 1인의 전임교수를 두어야 하며, 주·야간(또는 오후반) 교육 인원이 각각 50명인 경우에는 전임교수를 각각 1명씩 두어야 함.

ⓛ 행정사항

- 교수임면보고 : 전임교수의 임면 후 20일 이내에 관할 시 · 도지사에게 보고
- 전임교수 채용 : 교육인원 50인당 1인을 채용
- 겸직교수 허용
  - 대학(전문대학 포함) 또는 이와 동등이상의 학교에서 보육관련학과의 전임강사 이상으로 재직 중인 자는 교육훈련시설의 소재지를 관할하는 시 · 도지사의 승인을 얻어 교육훈련에 지장이 없는 범위 안에서 전임교수요원을 겸직하게 할 수 있음
  - 최소 1명 이상의 전임교수가 상근하여야 하며, 교육인원 50명마다 1명씩 증원

ⓒ 대학원에서 관련학과로 인정되는 학위

- 교육학석사
  - 교육심리전공(상담심리, 생활지도, 교육철학 포함)
  - 교육과정전공(영유아보육, 유아교육, 초등교육 포함)
  - 교육행정전공(교육이론, 교육정책 포함)
  - 교육방법전공, 간호교육전공, 특수교육전공
- 문학석사 : 교육학전공(교육심리, 보육학, 특수교육, 교육철학 포함), 사회복지전공(사회사업학 포함), 심리학전공
- 행정학석사 : 사회복지행정전공(보건, 사회교육 포함)
- 가정학석사, 간호학석사, 이학석사(간호학, 영양학, 식품학 전공)
- 기타 시행규칙 [별표4] 또는 [별표5]의 보육관련 교과목을 전공한 것으로 시 · 도지사가 인정하는 경우

㉾ 기타

정원변경시에는 시 · 도지사의 승인을 받아야 하며, 시 · 도지사는 특별한 경우를 제외하고는 증원 승인을 관리(억제)해야 한다.

교육훈련시설의 장 운영세칙의 제 · 개정에 관한 사항, 교육훈련시설의 예산 및 결산에 관한 사항, 교육훈련시설은 교육계획 수립, 교재편찬, 학사관리, 학생관리, 평가관리 및 전임교수 임면 등 교육훈련시설운영에 관한 사항 등을 심의하도록 한다.

㉮ 교육훈련시설 운영의 내실화

㉠ 교육훈련시설 운영에 대한 행정지도 강화

교육훈련시설의 시설기준, 교수요원의 수 및 자격기준 및 예산회계의 독립채산제 등을 준수토록 행정지도를 강화하고, 교육훈련시설의 운영에 따른 일체의 수입은 교육훈련시설에 전액 재투자될 수 있도록 '사회복지법인재무회계규칙'을 준용하여 시·도지사는 철저하게 지도·감독(독립채산제 실시)해야 한다.

허가된 시설(강의실, 실기·실습실 등)의 타용도 전용, 전임교수의 미확보 시설 등은 정원 및 수강료를 적정한 범위내로 삭감 조치하고, 각 시·도는 매년 관할 교육훈련시설에 대한 지도·점검 계획을 수립하고, 지도·점검 실시 후, 그 결과를 12월말까지 보건복지부로 제출하도록 한다. 특히, 수료인정기준 미달자의 편법수료 등 수탁사무를 현저하게 위법 또는 부당하게 처리하는 시설은 지정취소 및 형사고발 등 제재조치를 시행하고 관계자는 인사 조치를 하도록 요구하고, 각 교육훈련시설은 시·도지사의 지도·점검 시 관련서류 제출요구 등에 협조하여야 한다.

㉡ 행정 조치사항

전년도 말 기준 기본시설 미설치 교육원에 대해서는 당해 연도 교육생 모집중지 및 교육훈련시설의 지정을 취소하고, 수탁운영하는 어린이집은 교육원의 기본시설로 인정하나 교육훈련시설과 동일 시·군·구내에 소재하여야 한다.

교육훈련대상자를 철저히 확인하고, 교육훈련시설의 지정취소 및 폐지시 행정지도를 강화하여, 지정취소 및 폐지시 시설, 교수요원 및 수료자 명부 등 교육훈련시설관련 각종 자료를 첨부하여 당해 시·도에 반납토록 하고, 지정취소 및 폐지된 교육훈련시설 관련 각종 자료를 보관·관리하되, 교수요원 및 수료자 등이 요청하는 경우 시·도지사는 각종 증명서류[10]를 발급[11]하도록 한다.

---

10) 교수요원 등 시설종사자 경력 및 재직증명서, 수료자 명부에 의한 수료증명서

11) 발급방법 : 반납된 관련서류를 확인하여 요청한 증명서를 발급하되, 보육교직원 경력(재직)증명서 및 수료증을 준용하여 발급

제 11 장

어린이집 평가인증제도

어린이집 평가인증제도는 보육서비스에 대한 효과적인 질 관리 시스템을 마련하고, 부모들이 합리적으로 어린이집을 선택할 수 있도록 정보를 제공하는 것으로서, '영유아보육법' 제30조에 의해 보건복지부장관은 보육서비스의 질적 수준 향상을 위하여 어린이집에 대한 평가인증을 실시하고, 업무는 공공 또는 민간 기관·단체 등에 위탁하여 실시할 수 있도록 하고 있다.

평가인증제도 대상어린이집은 '영유아보육법'에 따라 설치한 모든 종일제 어린이집(방과후 전담 어린이집 제외)으로, 제3차 평가인증 통합지표에 따라 실시되며, 통합지표의 평가영역 및 항목, 평가방법, 평가절차 등에 관한 세부사항은 한국보육진흥원에서 정하도록 하고 있다.

1. 신청단계

신규인증 어린이집은 '영유아보육법' 제12조, 제13조, 제14조에 의하여 설치된 국·공립 어린이집, 사회복지법인 어린이집, 법인·단체 등 어린이집, 직장 어린이집, 가정 어린이집, 협동 어린이집, 민간 어린이집(방과후 전담 어린이집 제외)으로서 현재 미인증 상태인 어린이집이 대상이다.

재인증 어린이집은 현재 인증을 유지하고 있는 어린이집으로서 인증 유효기간 만료시점이 도래한 어린이집이 대상이다.

신청 시기는 연초 접수 개시일로부터 상시가능하며, 진행은 기수별로 모집하여, 평가인증 참여를 원하는 어린이집(신규인증, 재인증)은 어린이집지원시스템에서 원하는 기수(신규인증) 또는 정해진 기수·시기(재인증)에 대해 신청하도록 한다.

1) 1단계: 참여확정

참여확정 자격(아래 요건 중 어느 하나라도 충족하지 못할 경우 참여확정 대상에서 제외)은평가인증 참여확정 마감일 기준으로 행정처분[1](영유아보육법 제45조, 제45조의2, 제46조, 제47조, 제48조)이 종료된 어린이집, 영유아보육법 제40조제2호 또는 제3호의 반환명령을 이행 완료한 어린이집이며, 지방자치단체의 기본사항 확인 결과 필수항목[2]을 모두 준수한 어린이집이 이에 해당한다.

자체점검을 완료한 후 자체점검보고서를 작성·제출하고 참여수수료를 납부한 어린이집, 기수별 모집정원 범위 내에서 신청을 완료한 어린이집 중 상기 기본사항 확인 관련 요건을 충족한 경우 자체점검보고서 제출 및 참여수수료를 납부하면 참여대상으로 확정되나, 상기 1단계 "참여확정 자격"에서 정한 요건(처분 종료, 기본사항 중 필수항목 모두 준수, 자체점검보고서 제출), 참여수수료 납부 중 어느 하나라도 미충족 시 참여확정 대상이 될 수 없다.

신규인증 및 재인증 신청을 마친 어린이집은 신청 기수의 참여확정월이 도래하면 아래 절차와 같이 기본사항 확인, 자체점검보고서 제출 및 참여수수료 납부를 완료하여야 한다. 시·군·구는 기수별 참여확정월이 도래하면 해당 기수에 신청한 어린이집의 기본사항(필수항목 및 기본항목) 준수여부에 대해 확인한 후, 그 결과를 정해진 기한 내에 시·도 및 한국보육진흥원에 통보하고 필수항목이 미준수된 어린이집에 대해서는 참여확정 대상에서 제외됨을 안내하도록 한다.

1) 영유아보육법 제48조의 경우 종료시점을 행정처분 시행일로부터 1년 경과 후로 함.
2) 필수항목 : 총정원준수, 예결산서 회계서류 구비, 안전사고에 대한 보험(상해, 화재, 배상보험) 가입, 영유아보육법 관련 행정처분 등, 어린이집 설치기준, 보육실의 설치기준, 보육교직원 배치 기준, 보육교직원의 정기 건강검진, 비상재해대비시설 설치

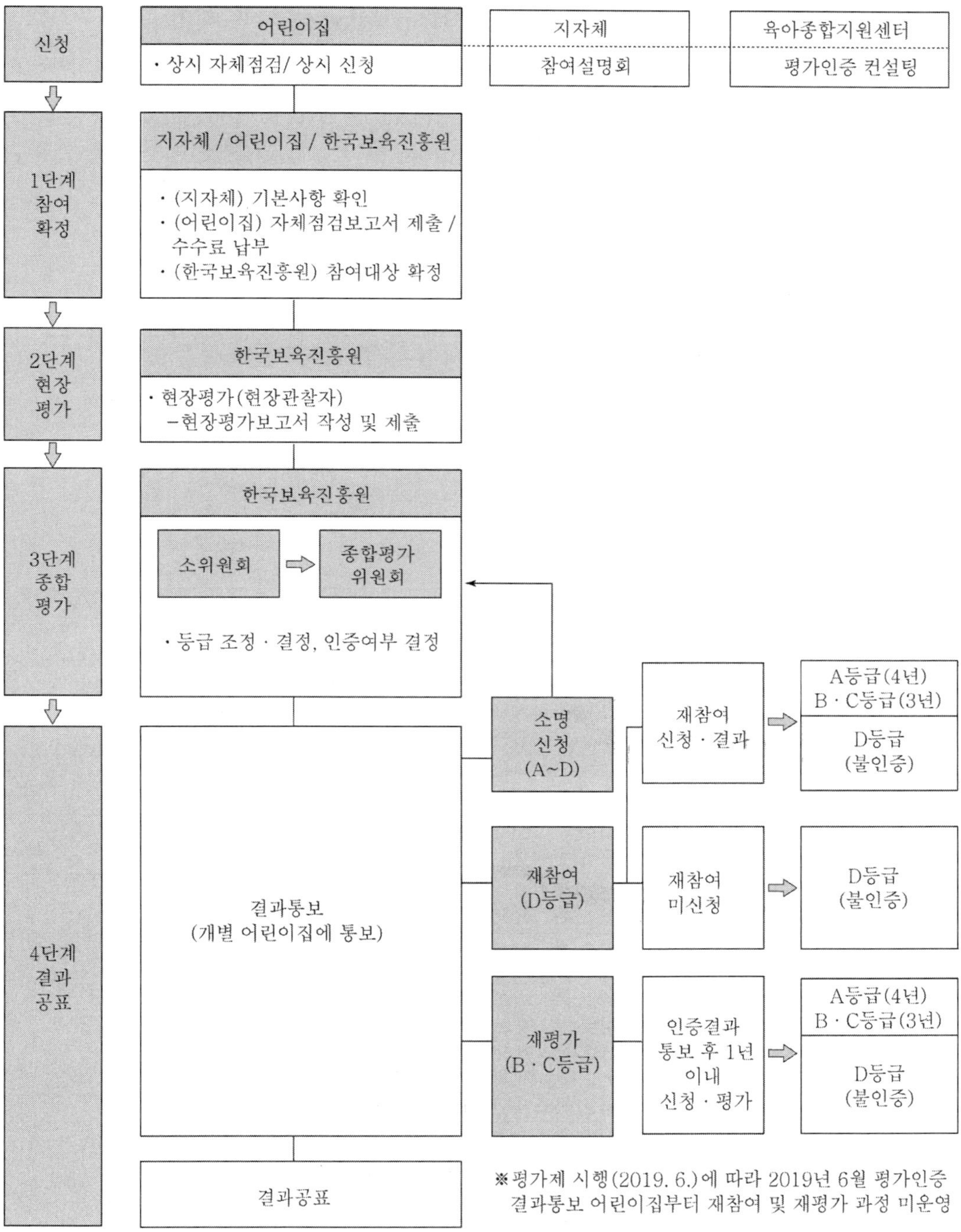

〈그림 11-1〉 어린이집 평가인증 운영체계

평가인증을 신청하는 어린이집은 '영유아보육법' 제30조 및 동법 시행규칙 제32조에 따라 보건복지부장관이 결정・고시한 참여수수료를 납부해야 하며, 참여수수료는 25만원(정원 39인 이하), 30만원(정원 40인 이상), 45만원(정원 100인 이상)이고, 장애아전문 어린이집도 정원에 따라 상기와 동일한 수수료가 적용된다. 평가인증 과정 중 부득이하게 참여를 중단하는 어린이집의 참여수수료는 다음과 같이 환불하도록 한다.

〈표 11-2〉 참여수수료 환불 규정

참여확정 마감일까지	현장관찰자 파견 전	현장관찰자 파견 후
90%	50%	0%

① 필수항목 : 9항목

〈표 11-3〉 어린이집 기본사항

항 목	평 정	평정기준
총 정원 준수	준수	어린이집의 현원이 총 정원 이내인 경우
	미준수	어린이집의 현원이 총 정원을 초과한 경우
예·결산서 및 회계서류 구비	준수	예산서와 결산서 및 회계서류가 구비되어 있는 경우 *영유아보육법 시행규칙 제23조 [별표8] 참조
	미준수	예산서 또는 결산서가 없는 경우 회계서류가 전혀 없는 경우
안전사고에 대한 보험 (상해, 화재, 배상보험) 가입	준수	모든 영유아에 대한 상해보험과 어린이집에 대한 화재 및 배상보험에 가입되어 있는 경우
	미준수	영유아 상해보험에 가입되지 않은 경우 화재보험 또는 배상보험에 가입되지 않은 경우
영유아보육법 관련 행정처분 등	준수	참여확정 마감일까지 아래 행정처분이 종료되거나, 과징금 납부 또는 보조금 반환명령이 이행 완료될 예정인 경우 - 영유아보육법 제40조제2호, 제3호 - 영유아보육법 제45조, 제45조의2 - 영유아보육법 제46조 - 영유아보육법 제47조 - 영유아보육법 제48조
	미준수	참여확정 마감일까지 아래 행정처분이 종료되지 않거나, 과징금 납부 또는 보조금 반환명령이 이행될 수 없는 경우 - 영유아보육법 제40조제2호, 제3호 - 영유아보육법 제45조, 제45조의2 - 영유아보육법 제46조 - 영유아보육법 제47조 - 영유아보육법 제48조
어린이집의 설치기준	준수	어린이집 내 영유아용 화장실, 목욕실, 조리실이 설치되어 있고, 보육실, 공동놀이실 등에 폐쇄회로 텔레비전이 설치되어 있는 경우 *폐쇄회로 텔레비전의 경우 보호자 전원이 서면으로 동의하여

항 목	평 정	평정기준
		시·군·구청장에게 설치하지 않을 것으로 신고하거나, 네트워크 카메라를 설치한 경우 설치 면제 *「영유아보육법」 시행규칙 제9조 [별표 1] 참조
	미준수	어린이집 내 영유아용 화장실, 목욕실, 조리실이 설치되어 있지 않거나, 보육실, 공동놀이실 등에 폐쇄회로 텔레비전이 설치되어 있지 않은 경우 인가공간을 무단 전용하는 경우 *「영유아보육법」 시행규칙 제9조 [별표 1] 참조
보육실의 설치기준	준수	인가정원 대비 보육실의 면적이 설치기준을 충족한 경우 *영유아보육법 시행규칙 제9조 [별표 1] 참조 *기존어린이집('05. 1. 29 이전 설치 신고된 어린이집)은 구법 적용
	미준수	인가정원 대비 보육실의 면적이 설치기준 미만인 경우, 인가공간을 무단 전용하는 경우 *영유아보육법 시행규칙 제9조 [별표 1] 참조
보육교직원 배치기준	준수	보육교직원 배치기준 중 일반기준을 모두 충족한 경우 *영유아보육법 시행규칙 제10조 [별표 2] 참조
	미준수	보육교직원 배치기준 중 일반기준을 충족하지 못한 경우 *영유아보육법 시행규칙 제10조 [별표 2] 참조
보육교직원의 정기 건강검진	준수	모든 보육교직원에 대하여 연 1회 건강검진을 실시한 경우 *해당년도 (또는 전년도) 기록 검토
	미준수	건강검진에서 누락된 보육교직원이 있는 경우
비상재해대비시설 설치	준수	비상재해대비시설 설치기준을 충족한 경우(보육사업안내 Ⅰ-11참조) *「영유아보육법」 시행규칙 제9조 [별표 1] 참조
	미준수	비상재해대비시설 설치기준을 충족하지 못한 경우(보육사업안내 Ⅰ-11참조) *「영유아보육법」 시행규칙 제9조 [별표 1] 참조

② 기본항목

구 분	확인내용	결과반영
운영정지*	영유아보육법 제45조제1항제1호에 따라 3백만원 이상 보조금을 거짓이나 그 밖의 부정한 방법으로 교부받거나 유용하여 6개월 이상의 운영정지 행정처분을 받은 경우	종합평가 시 차하위 등급 부여
	영유아보육법 제45조제1항제2호에 따라 3백만원 이상 비용 또는 보조금 반환명령을 받고 반환하지 않는 경우	
	영유아보육법 제45조제1항제3호에 따라 제44조에 따른 시정 또는 변경명령을 위반하여 6개월 이상의 운영정지 행정처분을 받은 경우	
	영유아보육법 제45조제1항제4호에 따라 운영정지 이상의 행정처분을 받은 경우	
	영유아보육법 제45조제1항제5호에 따라 6개월 이상의 운영정지 행정처분을 받은 경우	
과징금 처분*	영유아보육법 제45조의2에 따라 제45조제1항제1호·제2호·제3호·제5호의 6개월 이상의 운영정지 행정처분에 갈음한 과징금을 부과 받은 경우	
	영유아보육법 제45조의2에 따라 제45조제1항제4호의 운영정지 이상의 행정처분에 갈음한 과징금을 부과 받은 경우	
보조금 반환명령*	영유아보육법 제40조제2호 또는 제3호에 따라 3백만원 이상 보조금의 반환명령을 받은 경우	
원장 자격정지 또는 자격취소*	영유아보육법 제46조에 따른 자격정지 6개월 이상인 경우	
	영유아보육법 제48조에 따른 자격취소	
보육교사 자격정지 또는 자격취소*	영유아보육법 제47조에 따른 자격정지 6개월 이상인 경우	
	영유아보육법 제48조에 따른 자격취소	
식품위생법 위반*	식품위생법 제94조제1항제1호 또는 제2호, 제95조제1호 또는 제4호, 제97조제1호 또는 제2호를 위반하여 징역 또는 벌금형을 받은 경우	
아동복지법 등 위반*	아동복지법 제17조를 위반하거나, 아동·청소년의 성보호에 관한 법률 제2조제2호의 아동·청소년대상 성범죄 또는 제2조제3호의 아동·청소년대상 성폭력범죄를 저지른 경우	

*참여확정 마감일로부터 직전 1년 이내에 위의 기본항목 위반사항이 발생한 경우 종합평가 시 차하위 등급으로 조정

단 계	주 체	내 용
신청단계 (상시)	어린이집	• 상시 자체점검 • 상시 신청
참여 확정	한국보육진흥원	• 기본사항 확인 대상, 방법 및 일정 안내 (시·도, 시·군·구 대상)
	시·도, 시·군·구	• 기본사항 확인 및 결과 입력
	한국보육진흥원	• 기본사항 결과 확인 • 자체점검보고서 제출 및 참여수수료 납부 안내 (필수항목 준수 어린이집 대상)
	어린이집	• 자체점검보고서 제출 및 참여수수료 납부
	한국보육진흥원	• 참여대상 어린이집 확정

〈그림 11-2〉 참여확정 업무흐름도

2) 2단계: 현장평가

(1) 현장평가

현장평가 시에는 현장관찰자를 파견하며, 현장관찰자의 거주지와 어린이집 소재지를 지역별로 교차하여 배치 및 파견하고, 어린이집 1개소당 2인(정원 99인 이하 어린이집) 또는 3인(정원 100인 이상 어린이집)의 현장관찰자가 방문하여 1일간 현장평가를 실시한다.

한국보육진흥원은 사전에 어린이집 각각에 대해 1주간의 평가주간을 지정하여 어린이집에 통보하며, 해당 평가주간 중 현장평가일을 정하여 사전 고지 없이 어린이집에 파견하나, 어린이집의 정상적인 운영 또는 보육교직원의 정상적인 근무가 어려운 경우에 한하여 한국보육진흥원에서 정하는 기준에 따라 참여 어린이집별로 조정 가능하다.

(2) 현장평가 실시

현장관찰자의 어린이집 도착 예정시간은 08:30~09:30이며, 현장평가 종료 예정시간은 16:30~17:30이며, 필요시에는 연장하여 진행이 가능하다. 또한 현장평가일에는 미임용 보육교직원을 확인하며, 타 어린이집에 임용 중인 보육교직원(원장 포함)은 평가대상 어린이집에 근무 또는 지원활동이 불가하다.

현장관찰자는 평가대상 어린이집의 보육교직원 근무 및 영유아 재원상황, 어린이집에서 제시한 하루일과표와 실내외배치도를 확인하여 관찰을 시작하고, 현장관찰자는 무작위로 선정된 보육실 2개반을 중심으로 어린이집의 실내외 전체를 관찰하며, 현장평가는 하루 일과 전반에 걸쳐 관찰, 문서검토, 면담 등의 방법을 통해 진행하도록 한다.

❖ 현장평가 시 어린이집에서 준비해야 할 사항

① 일상적 일과 진행 및 현원·출석 기준 충족
- 현장평가 주간에는 어린이집에 견학 등 행사 없이 일상적 일과가 진행되어야 함
- 현장평가 당일에는 영유아 정원의 1/4 이상이 현원으로 재원(다만, 정원 15명 이하는 3명, 정원 16~20명은 4명)하고 현원의 2/3 이상이 출석하여야 함
  ※현장평가일에 현원·출석기준이 충족되지 않아 평가가 불가능한 경우 현장평가가 중단되며, 추후 불인증 처리 예정(종합평가시 필수확인 항목에 해당)

② 현장평가 시 필요한 서류 준비
- 원아명단, 실내외배치도, 하루일과표, 평가인증지표 관련 문서 등

현장평가 종료 전 어린이집의 원장과 현장관찰자는 상호확인 항목에 대해 확인한 후 '현장평가 상호확인서[3)]'에 서명하도록 한다.

❖ 현장관찰자 자격

○ 영유아 관련학과 석사학위 소지자로서 교사 경력 3년 이상인 자
○ 영유아 관련학과 학사학위 소지자로서 교사 경력 3년을 포함하여 총 경력이 5년 이상인 자
- 교사 경력은 유치원 교사 경력을 포함하되, 반드시 1년 이상 어린이집 근무경력(보육교사 또는 원장)이 있어야 함
※ 당해 연도 평가인증 참여어린이집에 근무하는 경우, 평가인증 관련 업무(강의, 자문, 컨설팅 등)를 수행하는 경우, 평가인증 심의위원으로 참여하는 경우에는 현장관찰자로 활동할 수 없음
※ 기타 현장관찰자 선발 및 현장관찰 운용 등에 관한 세부사항은 한국보육진흥원에서 별도로 정하여 고지

(3) 어린이집 운영기준[4)] 확인

어린이집 운영기준 확인항목으로 영유아 재원사항, 보육교직원의 근무상황, 유통기한 경과 식자재 등이 있으며, 한국보육진흥원은 현장평가 시 어린이집 운영기준 개선필요사항이 확인된 경우 시・도 및 시・군・구에 통보하여 개선여부를 확인하도록 하며, 종합평가 전일까지 개선여부가 통보되지 않거나, 미개선된 어린이집에 대해서는 종합평가 1단계에서 확인 후 불인증 처리한다.

---

3) (상호확인서 항목) 영유아 정원/현원/출석 현황, 보육실 정보, 어린이집 운영기준, 평가인증 관련문서 구비 등

4) '어린이집 운영기준'은 2017년 보육사업안내(보육정책과-1719, 2017.2.28.)의 '부적절사례'에 해당함

업무주체	주요업무	상세내용
한국보육진흥원	현장평가	• 어린이집 운영기준 개선필요사항 발생여부 확인, 지자체 통보
시 · 군 · 구	어린이집 운영기준 개선 확인	• 어린이집 운영기준 확인 및 개선결과 시 · 도 통보
시 · 도	어린이집 운영기준 개선결과 통보	• 어린이집 운영기준 개선결과 최종확인 및 한국보육진흥원 통보
한국보육진흥원	어린이집 운영기준 개선결과 확인	• 어린이집 운영기준 개선결과 확인 (단, 어린이집 운영기준 개선필요사항 미개선 시 종합평가 회부 등 관련 조치)

〈그림 11-3〉 어린이집 운영기준 확인 업무흐름도

3) 3단계: 종합평가

종합평가를 위하여 종합평가위원회는 학계전문가, 현장전문가, 보육담당공무원으로 구성하고, 종합평가위원의 위촉기간은 1년을 원칙으로 하되, 재위촉 가능하다.

종합평가는 학계전문가, 현장전문가, 보육담당공무원으로 구성된 소위원회와 종합평가위원회에서 진행하며, 기본사항 확인서, 자체점검보고서, 현장평가보고서 등을 검토한 후, 종합평가 기준에 따라 최종 등급을 결정한다. 검토한 결과를 토대로 어린이집의 질적 개선 방향을 제시하는 평가결과서를 작성한다.

인증 참여 중인 어린이집에서 참여확정 마감일 이후 아래 사항 중 어느 하나 이상 발생할 경우, 해당 어린이집 및 시 · 군 · 구에서는 보건복지부(한국보육진흥원)에 변동사항[5] 발생사실을 통보해야 한다.

5) 행정처분(영유아보육법 제40조제2호 또는 제3호, 제45조, 제45조의2, 제46조, 제47조, 제48조)을 받은 경우, 평가인증 참여 전후에 어린이집에서 발생한 성폭력, 아동학대, 운영 부조리 등으로 인하여 대표자 및 보육교직원이 고발 또는 고소되거나 수사, 재판 계류 중에 있는 경우, 어린이집의 소재지가 변경된 경우, -어린이집의 대표자가 변경된 경우, 어린이집이 휴지 또는 폐지된 경우

〈표 11-3〉 종합평가 절차 및 내용

구 분	내 용
(1단계) 소위원회	○ 학계, 행정, 현장전문가 3인 1조로 구성된 소위원회에서 기본사항확인서, 자체점검 보고서, 현장평가보고서 등을 검토한 후, 종합평가 기준에 맞추어 등급 및 인증 여부 결정, 평가결과에 영향을 미치는 사안 등에 대해 심의하여 종합평가위원회에 안건 상정 - 기본사항 확인 결과, 현장평가 결과 및 확인사항 - <종합평가 필수확인 항목>인 아래 사항 중 하나 이상 해당 되면 "불인증" 결정 · 참여 어린이집 또는 시군구에서 통보한 "참여변동사항" 중 어느 하나라도 해당될 경우 · 평가인증 진행 일정을 준수하지 않은 경우 · 평가인증과 관련하여 허위 사실이 발견된 경우 · 현장평가 시 발견한 어린이집 운영기준 개선필요사항이 종합평가 전일까지 개선되지 않은 경우 · 현장평가일의 현원·출석기준을 충족하지 못하여 현장평가가 진행되지 않은 경우 · 필수항목 미준수 사례가 발견된 경우
(2단계) 종합평가위원회	○ 소위원회를 거쳐 상정된 안건에 대해 종합평가위원회에서 심의 후 최종등급 및 인증여부를 결정

어린이집 또는 시 · 군 · 구에서 통보한 상기 참여변동사항 확인결과를 종합평가 시 반영하며, 변동사항 중 어느 하나 이상 해당될 경우 "불인증" 처리하나, 2011년 8월 4일 개정된 '영유아보육법'에 따른 국공립/사회복지법인/법인 · 단체 등/직장/협동 어린이집 또는 타 법령에 따른 법인 · 단체가 설치한 어린이집에서 대표자가 변경되었으나, 어린이집의 실소유권이 기존 기관/단체/법인 명의와 동일한 것으로 확인된 경우는 변동사항에 해당되지 않는 것으로 본다.

시 · 도 또는 시 · 군 · 구는 참여변동사항 발생 사실을 확인하고 관련서류를 첨부하여 한국보육진흥원에 통보하고, 참여확정 마감일 이후부터 결과통보 전에 참여변동사항이 발생한 어린이집은 한국보육진흥원에서 보낸 업무연락 및 결과통보 전 설문지를 통해 참여변동사항을 한국보육진흥원에 통보하도록 한다.

한국보육진흥원에서는 통보받은 참여변동사항을 종합평가 시 반영하여 인증을 결정하는데, 현장평가 결과(100%)를 바탕으로 하되, 참여확정 마감일로부터 1년 이내 아래의 중대한 법 위반사항이 발생한 경우 종합평가 시 차하위 등급으로 조정한다.

❖ 차하위등급으로 조정되는 사항

① 영유아보육법 제40조제2호 또는 제3호에 따라 3백만원 이상 보조금의 반환명령을 받은 경우
② 영유아보육법 제45조제1항제1호에 따라 3백만원 이상 보조금을 거짓이나 그 밖의 부정한 방법으로 교부받거나 유용하여 6개월 이상의 운영정지 행정처분을 받은 경우
③ 영유아보육법 제45조제1항제2호에 따라 3백만원 이상 비용 또는 보조금 반환명령을 받고 반환하지 않는 경우
④ 영유아보육법 제45조제1항제3호에 따라 제44조에 따른 시정 또는 변경명령을 위반하여 6개월 이상의 운영정지 행정처분을 받은 경우
⑤ 영유아보육법 제45조제1항제4호에 따라 운영정지 이상의 행정처분을 받은 경우
⑥ 영유아보육법 제45조제1항제5호에 따라 6개월 이상의 운영정지 행정처분을 받은 경우
⑦ 영유아보육법 제45조의2에 따라 제45조제1항제1호·제2호·제3호·제5호의 6개월 이상의 운영정지 행정처분에 갈음한 과징금을 부과 받은 경우
⑧ 영유아보육법 제45조의2에 따라 제45조제1항제4호의 운영정지 이상의 행정처분에 갈음한 과징금을 부과 받은 경우
⑨ 영유아보육법 제46조, 제47조, 제48조에 따라 6개월 이상 원장·보육교사의 자격정지 또는 자격취소된 경우
⑩ 아동복지법 제17조를 위반하거나, 아동청소년의 성보호에 관한 법률 제2조제2호의 아동청소년대상 성범죄 또는 제2조제3호의 아동·청소년대상 성폭력범죄를 저지른 경우
⑪ 식품위생법 제94조제1항제1호 또는 제2호, 제95조제1호 또는 제4호, 제97조제1호 또는 제2호를 위반하여 징역 또는 벌금형을 받은 경우

어린이집 평가등급은 4등급(A, B, C, D)으로 하고, 등급에 따라 인증과 불인증으로 구분하는데, A, B, C등급은 인증으로 하되, B, C등급의 경우는 1년 이내 1회에 한하여 재평가 신청을 할 수 있다(2019년 5월 결과통보 어린이집까지에 한함).

D등급은 불인증 처리하며, '종합평가 필수확인 항목'에 해당하는 경우 '불인증'으로 결정하되, 재인증 참여과정 중 기본사항 확인 시작일부터 현장평가 이전에 확인방문 사유가 발생한 경우에는 현장평가와 확인방문의 중복실시를 방지하기 위하여 한국보육진흥원에서 조정 가능하다. 평가결과 D등급 어린이집(신규 또는 재인증)은 재참여 신청이 가능하며, 재참여 시 인증결정이 유보된다(2019년 5월 결과통보 어린이집까지에 한함).

〈표 11-4〉 평가인증 기준

어린이집 등급	인증구분
A등급, B등급, C등급	인 증
D등급	불인증

4) 결과공표

어린이집 평가결과는 매월 15일 전 · 후에 어린이집지원시스템 업무연락 등을 통해 통보하고, 보건복지부(한국보육진흥원)는 평가인증을 통과한 어린이집에 대하여 보건복지부장관 명의의 인증서 및 인증현판을 배부하도록 한다. 인증현판 발급의 경우 신규인증 어린이집에 한한다(재인증 어린이집은 기 발급된 현판 사용).

인증참여 어린이집은 인증결과(A～D등급)에 대한 소명신청이 가능한데, 평가인증 결과 통보월의 말일까지 어린이집지원시스템을 통해 소명신청(소명신청서와 관련 증빙자료 제출)이 가능하다.

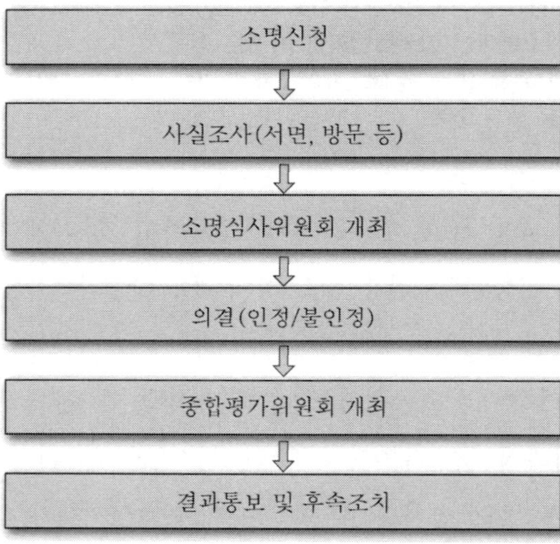

〈그림 11-4〉 소명절차

소명결과는 어린이집지원시스템으로 개별 통보하고, 최종 인증결과를 공표한다.

인증참여 어린이집(신규, 재인증) 중 인증결과가 불인증(D등급)인 어린이집은 재참여[6]가 가능하다.

---

6) 재참여 신청 불가 대상: 참여변동사항에 해당되어 불인증(D등급)된 어린이집, 종합평가 필수확인 항목에 해당되어 불인증(D등급)된 어린이집, 재평가 결과가 불인증(D등급)된 어린이집
○재참여 신청
-결과통보월의 말일까지 어린이집지원시스템을 통해 평가인증 재참여 신청 및 재참여수수료 납부

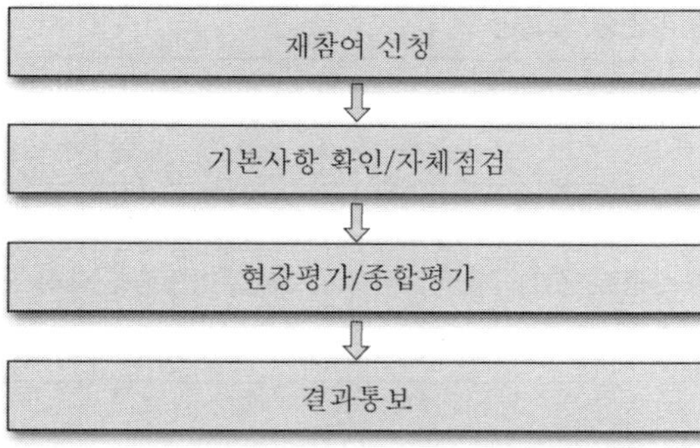

〈그림 11-5〉 재참여 절차

인증참여 어린이집에 대한 평가결과(인증, 불인증), 평가인증 미참여·변동(취소, 만료 등)정보를 통합정보공시 홈페이지(www.childinfo.go.kr)를 통해 공개하고, 결과통보 후 익월 1일부터 공표하며, 공표 내용은 인증여부, 등급(영역별 등급, 어린이집 등급), 평가결과통보서(총평, 개선필요 사항 등)이며, 재참여 및 소명신청 어린이집은 해당 과정 완료 후 최종 결과를 공표한다.

-수수료 : 13만원(39인 이하), 15만원(40인 이상), 23만원(100인 이상)
-환불 : 재참여 과정 중 부득이하게 참여를 중단하는 어린이집의 수수료는 다음과 같이 환불

재참여 신청 마감일까지	현장관찰자 파견 전	현장관찰자 파견 후
100%	50%	0%

○기본사항 확인/자체점검
-시·군·구는 재참여 어린이집에 대한 기본사항(필수항목 및 기본항목)을 재확인하여 그 결과를 통보
-재참여 신청을 완료한 어린이집은 재점검 기간 동안 어린이집의 질적 수준을 보완하고 정해진 기간 내에 자체점검보고서를 제출
○현장평가/종합평가
-재참여 신청 어린이집은 전체 영역에 대하여 현장평가를 진행하며, 기본사항 확인 및 어린이집 운영기준 개선 필요사항 발생 여부를 재확인
-기본사항 확인서, 자체점검보고서, 현장평가보고서 등을 검토한 후, 종합평가 기준에 맞추어 최종 등급 및 인증여부 결정
○재참여 결과
-재참여 결과는 인증여부 및 등급으로 공개하며 재참여 결과에 상관없이 추가적인 평가기회(재참여, 재평가) 제공은 불가
-재참여 결과 인증인 경우, 신규인증은 재참여 결과통보월의 15일부터, 재인증은 당초 참여기수의 유효기간 시작시점부터 유효기간 시작

〈표 11-5〉 어린이집 평가인증 결과공표

구 분	결과공표
A~C등급	인증(A~C등급)
D등급	불인증(D등급)
미인증(인증취소·종료·만료)	미인증(인증취소·종료·만료)
평가 미참여	미인증(평가인증 미신청)

인증유효기간은 인증결과가 통보된 달의 15일부터 3년간 인증유효하며, 인증통과 어린이집 중 A등급은 1년 연장한다. 'A등급' 어린이집은 평가인증 유효기간을 1년 연장(4년), 'B · C등급'은 3년으로 한다.

어린이집의 대표자가 변경된 경우 대표자 변경 전까지 인증은 유효한 것으로 하며, 어린이집의 운영을 6개월 이상 중단하거나 폐지하는 경우 어린이집 휴지 신고 후 6개월이 되는 날 또는 폐지 신고일 전일까지 인증은 유효한 것으로 한다.

시 · 군 · 구는 인증 어린이집에 인증유효기간 종료 사유가 발생한 경우 7일 이내에 발생 사실 및 관련 서류를 첨부하여 시 · 도에 통보하고, 시 · 도는 시 · 군 · 구로부터 통보 받은 인증유효기간 종료 사항을 확인한 후 발생 사실 및 관련 서류를 7일 이내에 한국보육진흥원에 통보[7]하도록 한다. 한국보육진흥원은 시 · 도로부터 통보 받은 사항 확인 후 인증유효기간 종료 처리 및 관련 조치로 해당 시 · 도에 인증유효기간 종료 처리 결과 안내 및 인증서 · 현판 회수 조치를 요청하고 해당 어린이집에 인증유효기간 종료 처리 결과를 안내(보육통합정보시스템 업무연락)하도록 한다.

시 · 군 · 구는 인증유효기간이 종료된 어린이집의 인증서 및 인증현판을 인증유효기간 종료 사실을 통보받은 즉시 회수 · 폐기하도록 한다.

---

7) 인증유효기간이 종료되는 대표자 변경, 어린이집의 운영을 6개월 이상 중단하거나 폐지하는 경우만 통보(시 · 군 · 구 → 시 · 도 → 한국보육진흥원)

업무주체	주요업무	상세내용
어린이집	–	• 인증유효기간 종료 사유 발생
⇩		
시 · 도 및 시 · 군 · 구	인증유효기간 종료 사유 발생 통보	• 인증유효기간 종료 사유 확인 후 한국보육진흥원에 통보
⇩		
한국보육진흥원	인증유효기간 종료 처리 및 관련 조치	• 인증유효기간 종료 사유 확인 후 처리 • 해당 시 · 도에 인증유효기간 종료 처리 결과 안내 및 인증서 · 현판 회수 협조 요청 • 해당 어린이집에 인증유효기간 종료 처리 결과 안내 (보육통합정보시스템 업무연락)
⇩ ⇩		
어린이집 / 시 · 도 및 시 · 군 · 구	인증유효기간 종료 사후처리 협조	• 인증서 및 인증현판 회수

〈그림 11-6〉 인증유효기간 종료 절차 업무흐름도

2. 재평가관리

1) 재평가 대상 및 신청

(1) 재평가 대상

신청 대상은 평가결과(신규, 재인증) 등급이 B·C인 어린이집 중 재평가 희망 어린이집으로서, 2019년 5월 결과통보 어린이집에 한한다. 결과발표월로부터 1년 이내에 재평가를 신청·평가하되, 재참여 평가결과 B, C등급인 어린이집은 재평가 신청이 불가하다.

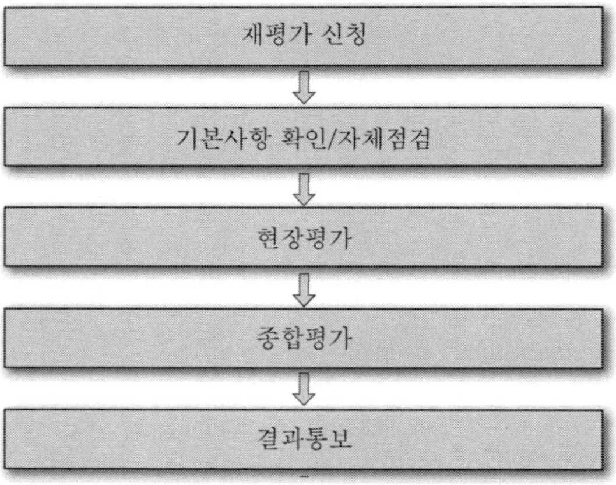

〈그림 11-7〉 재평가 절차

(2) 재평가 신청

평가결과 통보월부터 6개월 경과 후 15일 이내에 어린이집지원시스템을 통해 평가인증에 대한 재평가를 신청하고, 재평가 수수료[8])를 납부해야 한다.

---

8) 수수료 : 25만원(39인 이하), 30만원(40인 이상), 45만원(100인 이상)

(3) 재평가 과정 및 결과공표

재평가 과정은 평가인증 과정과 동일하게 1단계 기본사항 확인/자체점검, 2단계 현장평가, 3단계 종합평가로 진행한다. 재평가 결과를 공표하며, 재평가 결과는 인증여부 및 등급으로 공개되며, 재평가 결과에 상관없이 추가적인 평가기회(재참여, 재평가) 제공은 불가하다. 재평가에 따른 결과통보, 소명, 결과공표, 인증유효기간은 〈평가인증 결과공표〉의 내용을 적용하도록 한다.

3. 평가인증 어린이집 사후관리

1) 연차별 자체점검

평가인증 어린이집은 인증기간 동안 자체점검위원회를 구성하고, 연차별 자체점검 보고서를 작성하여 결과통보 후 익년도부터 매년 1회 정해진 기간 내에 어린이집지원시스템으로 제출해야 한다. 자체점검보고서는 제3차 어린이집 평가인증 통합지표를 적용하고, 연차별 자체점검 및 보고서 제출은 상·하반기로 나누어 관리한다. 연차별 자체점검보고서를 기한 내 제출하지 않은 어린이집에 대해서는 확인방문을 실시하여 인증유지 여부를 결정한다.

2) 평가인증 관련 보육교직원 교육, 정보 제공

한국보육진흥원은 어린이집 보육교직원의 잦은 이동 등 보육현장의 특성을 고려하여 보육교직원(인증 어린이집의 교체된 원장 포함)을 대상으로 평가인증지표 관련 지식과 정보를 교육(온라인 포함) 등을 통해 제공하도록 한다.

환불 : 재평가 과정 중 부득이하게 참여를 중단하는 어린이집의 수수료는 다음과 같이 환불 조치한다.

재평가 신청 마감일까지	현장관찰자 파견 전	현장관찰자 파견 후
100%	50%	0%

〈표 11-6〉 연차별 자체점검보고서 제출시기

구 분	상반기	하반기
제출대상	인증결과 통보시기가 1~6월인 어린이집	인증결과 통보시기가 7~12월인 어린이집
보고서 제출 시기	5.1. ~ 6.15.	11.1. ~ 12.15.

3) 확인점검

평가인증 유지 중인 어린이집 중 일부를 방문하여 인증수준의 보육서비스 질이 유지되고 있는지 여부를 확인하도록 한다. 확인해야 될 내용은 통합지표 전체 영역, 필수항목 및 어린이집 운영기준이며, 확인점검 결과 일정 기준 이상일 경우 인증유효기간을 연장하며, 일정 기준 이하일 경우 자체 개선 기회를 부여하여 품질이 지속 유지될 수 있도록 지원한다.

최초 확인점검 결과 어린이집 등급이 A등급이면서 필수항목 준수 및 어린이집 운영기준 개선필요사항이 발생하지 않은 경우, 당초 인증유효기간 종료일로부터 유효기간 1년 연장(잔여 유효기간동안 A등급으로 결과 공표)하고, 최초 확인점검 결과 어린이집 등급이 C등급 이상이면서 필수항목 준수인 경우 자체 개선하도록 하고, 확인점검 결과가 D등급이거나 필수항목 미준수 또는 확인점검이 진행되지 않았을 경우 자체 개선 후 일정 기간 이후에 재확인점검[9])을 실시, 재확인점검 결과가 D등급이거나 필수항목 미준수 또는 재확인점검이 진행되지 않았을 경우 당초 인증유효기간에서 6개월 감축한다.

한국보육진흥원은 확인점검 실시 이후 점검결과를 어린이집으로 통보하고, 결과에 따른 사후조치 사항이 발생한 경우에는 관련 내용을 지방자치단체로 통보하는데, 지방자치단체에서는 사후조치 관련 사항을 해당 어린이집으로 통보하고 한국보육진흥원으로 결과를 회신하도록 한다.

9) 재확인점검 결과 기준 미충족 시 어린이집의 실비 부담(확인방문 수수료에 준함)으로 재확인점검을 계속 실시하며, 재확인점검 대상이 될 때마다 인증유효기간을 6개월씩 감축한다. 단, 2019년 상반기까지 확인점검 대상 어린이집은 유효기간 감축 없이 재확인점검 실시함.

4) 인증이 취소되는 경우

(1) 인증 취소 사유

① 거짓 또는 부정한 방법으로 평가인증을 받은 경우

㉠ 어린이집과 현장관찰자의 이해관계가 드러난 경우

㉡ 참여과정 중 어린이집에서 제시한 서류나 진술 등에서 허위사실이 발견되었을 경우

- 어린이집의 대표자 및 보육교직원이 현장관찰자와 직계 존·비속의 관계인 경우
- 현장관찰자의 자녀가 해당 어린이집에 재원한 경험이 있는 경우
- 현장관찰자가 해당 어린이집에 근무한 적이 있는 경우
- 원장이 현장관찰자에게 금품을 제공한 사실이 발견된 경우

② 대표자 또는 원장이 영유아보육법을 위반하여 금고 이상의 형을 선고받고 그 형이 확정된 경우

③ 인증 후 영유아보육법 관련 행정처분을 받은 경우

㉠ 영유아보육법 제40조 제2호 또는 제3호에 따른 보조금의 반환명령

㉡ 영유아보육법 제45조 또는 제46조부터 제48조의 규정에 따른 행정처분

※영유아보육법 제44조에 따른 시정 또는 변경명령을 받은 경우는 제외

④ 대표자, 원장 또는 보육교직원이 '아동복지법' 또는 '아동 · 청소년의 성보호에 관한 법률'을 위반한 경우

⑤ 인증 후 아래와 같이 주요 품질변동요인이 발생하거나 사후관리 절차를 준수하지 않는 경우에 해당되어 확인방문 실시 절차에 따라 평가를 실시한 결과, 인증 기준에 적합하지 않은 경우

㉠ 소재지 변경

㉡ 정원 · 운영형태 변경*(40인 이상 ↔ 39인 이하, 40인 이상 · 39인 이하 ↔ 장애아전문과 같이 지표의 유형이 상호 변경되는 경우에 한함)

※ 정원 · 운영형태 변경은 2차 지표 적용 어린이집에 한함

㉢ 연차별 자체점검보고서 기한 내 미제출(확인방문을 신청기한 내에 신청하지 않은 경우 인증취소)

(2) 인증취소 절차 및 지방자치단체 업무

① 시 · 군 · 구는 인증 어린이집에 인증취소 사유가 발생한 경우 7일 이내에 발생 사실 및 관련 서류를 첨부하여 시 · 도에 통보해야 하며, 시 · 군 · 구는 인증취소 사유 발생 시 이를 보육통합정보시스템 업무연락을 통해 해당 어린이집에 안내해야 한다.

② 시 · 도는 시 · 군 · 구로부터 통보 받은 인증취소 사항을 확인한 후 발생 사실 및 관련 서류를 7일 이내에 한국보육진흥원에 통보하도록 한다.

③ 보건복지부(한국보육진흥원)는 시 · 도로부터 통보 받은 인증취소 사항을 확인하고 해당 어린이집에 인증취소 처분의 내용을 사전 통지하고 의견이 있을 경우 의견서를 제출할 수 있도록 안내하도록 한다. 해당 어린이집은 의견이 있을 경우 통지일로부터 10일 이내에 의견서를 보건복지부에 제출할 수 있으며, 정해진 기간 내에 의견서를 제출하지 않을 경우 의견이 없는 것으로 간주한다. 보건복지부는 어린이집에서 제출한 의견에 대해 자문이 필요한 경우, 전문기관(한국보육진흥원)에 자문을 요청할 수 있으며 한국보육진흥원에서는 관련 전문가로 구성된 자문회의를 개최하고 그 결과를 보건복지부에 보고한다.

④ 보건복지부(한국보육진흥원)는 의견제출 기한 경과 이후에 해당 어린이집에 대한 인증취소처분 확정 및 관련 조치로서, 보건복지부는 해당 어린이집에 대해 처분서를 통지하고, 시 · 도에 인증취소 처분 확정 사실 안내 및 인증서 · 현판 회수를 요청한다. 인증취소 처분시점부터 인증취소 효력이 발생한다. 인증 취소된 어린이집은 시 · 군 · 구로 인증서 및 인증현판을 반납해야 한다.

⑤ 시 · 군 · 구는 인증이 취소된 어린이집의 인증서 및 인증현판을 인증취소 처분 사실을 통보받은 즉시 회수 · 폐기해야 한다.

업무주체	주요업무	상세내용
어린이집	-	• 인증취소 사유 발생
시 · 도 및 시 · 군 · 구	인증취소사유 발생 통보	• 인증취소 사유 확인 후 보건복지부(한국보육진흥원)에 통보 • 인증취소 사유 확인 후 보육통합정보시스템 업무연락을 통해 해당 어린이집에 인증취소사유 발생 안내
보건복지부 한국보육진흥원	처분 사전통지 후 인증취소 처분 통지	• 인증취소 사유 확인 후 어린이집에 처분 사전통지 • 사전통지 기간 경과 후 어린이집에 처분서 통지 • 시도 및 시군구에 인증취소 처분내용 통보 및 협조 요청
어린이집 / 시 · 도 및 시 · 군 · 구	인증취소 사후처리	• 인증서 및 인증현판 회수

〈그림 11-8〉 인증취소 절차 업무흐름도

(3) 확인방문

인증취소 또는 인증유효기간 종료 사유 중 확인방문 사항이 발생한 어린이집은 아래의 신청기한 내에 한국보육진흥원으로 확인방문을 신청해야 한다.

배우자 또는 직계존비속 간 대표자 변경, 보육교직원(해당 어린이집에서 연속하여 1년 이상 재직 중인 보육교직원(원장 또는 담임교사)이 대표자로 변경된 경우)이 대표자로 변경된 경우, 소재지 변경 또는 정원·운영형태 변경(2차 지표 적용 어린이집에 한함) 시에는 변경인가 통보일로부터 1개월 이내, 연차별 자체점검보고서 미제출 시에는 확인방문 대상 통보일로부터 1개월 이내이다.

〈유의사항〉

○ 확인방문의 미신청 또는 수수료 미납에 따른 인증취소 또는 인증유효기간 종료

- 인증취소 또는 인증유효기간 종료 사유 중 확인방문 사항이 발생한 어린이집이 정해진 기간 내 수수료를 납부하지 않는 경우 인증유지의 의사가 없는 것으로 간주하여 인증취소 및 인증 유효기간 종료 처리

확인방문 수수료는 확인방문자 파견인원에 따라 1인 20만원, 2인 40만원, 3인 60만원이며, 확인방문 대상 어린이집은 통보된 기간 내 수수료를 납부하여야 한다. 또한 확인방문 과정 중 부득이하게 참여를 중단하는 어린이집의 참여수수료는 다음과 같이 환불하도록 한다.

구 분	확인방문자 파견 전	확인방문자 파견 후
환 불	100%	0%

배우자 또는 직계존비속 간 대표자 변경, 보육교직원이 대표자로 변경된 경우 확인방문을 실시하도록 한다.

(4) 인증유지 여부 결정

필수항목 준수 및 통합지표 적용 결과 모든 영역이 C등급 이상인 경우 인증유지, 필수항목 미준수 또는 영역별 등급이 D등급일 경우 인증취소 또는 인증유효기간이 종료되나, 대표자 변경에 따른 확인방문 미신청 또는 자체포기 하는 경우 인증종료일자는 확인방문 사유발생일 전까지로 하며, 확인방문을 통해 인증유효기간 종료가 결정되는 경우 인증유효기간 종료일자는 확인방문 결과통보일로 한다.

(5) 확인방문 결과통보

한국보육진흥원은 확인방문 실시 익월 중순경에 해당 어린이집의 확인방문 결과를 지방자치단체 및 해당 어린이집으로 통보하고, 지방자치단체에서는 사후조치 관련 사항을 해당 어린이집으로 통보해야 한다.

참고문헌

보건복지부, 2019년 보육사업 안내.
영유아보육법 시행규칙.

제 12 장

한국형 일 · 가정 양립지원

일과 가정의 충돌을 줄이고 더 나아가 직업적 의무와 가족적·사회적 의무의 조화를 지원하는 정책의 접근들을 통칭하는 표현들은 다양하게 나타나고 있다. 대표적으로 이와 관련된 표현으로 '가족친화(family-friendly)', '일·가정 양립(work-family reconciliation)', '일·생활 균형(work-life balance)' 등이 있다. 이 가운데 "일·가정 양립"은 '남녀고용평등과 일·가정 양립 지원에 관한 법률'과 같이 법률의 명칭에도 사용되는 등 이 영역을 포괄하는 공식적인 용어로 자리매김하고 있다.[1)]

1. 일 · 가정 양립의 개념

Caracciolo di Torella & Masselot(2010)은 일·가정 양립을 "가정 자원(family resources)이 적절하게 공급되고, 자녀의 발달이 향상되고, 일과 양육에 있어서 부모의 자율적인 선택이 가능하고, 남녀 모두의 고용기회가 촉진되고, 더 나아가 성평등이 이루어지는 상태"라고 정의를 내린다.[2)]

일·가정 양립 지원 정책은 남녀 근로자가 경제활동에 참가하는 과정에서 발생할 수 있는 직장생활과 가정생활의 충돌을 완화하고자 도입된 정책이다. 근로자의 임신, 출산, 자녀 양육기의 모성보호와 경력단절을 방지하여 경제활동을 촉진하고 자녀 양

1) 김근주, "일·가정 양립지원제도의 유형과 체계", 월간 노동리뷰 2017년 2월호, 한국노동연구원, p. 9.
2) 상게서, p. 10에서 재인용.

육기의 가족생활을 보장하는 데 정책의 초점을 두고 있다. 대표적인 정책으로 출산전후휴가제도, 육아휴직제도, 근로시간 유연화 관련 제도를 들 수 있으며, 돌봄 정책을 포괄하기도 한다.[3] 일 · 가정 양립정책은 여성의 경제활동과 관련된 출산의 기회비용을 낮춤으로써, 여성의 경제활동과 출산 간 음(-)의 관련성을 완화하고 여성 경제활동 증진과 출산율 제고를 함께 도모하는 제도라 할 수 있다.[4] Lewis(2006)는 일 · 가정 양립정책이 "남성의 태도를 변화시키고, 아동 돌봄 서비스를 확대하는 것"에 초점을 맞춰 왔다고 설명한다. 한편, Sümer(2016)은 탈가정주의(defamilialism) 및 지원적 가정주의(supported familialism)의 개념과 관련하여 일 · 가정 양립 정책을 "제도화된 아동 돌봄 서비스를 통하여 부모들이 육아로 인한 노동의 중단 없이 취업을 지속할 수 있도록 지원하고 남녀 근로자의 출산 휴가와 자녀 양육 휴가 보장을 통하여 성별에 관계없이 육아 참여를 장려함으로써 성평등적인 노동생활과 가정생활을 병행할 수 있도록 지원하는 것"이라고 정의한다.[5]

2. 일 · 가정 양립 정책 추진 현황

정책의 목표는 1차적으로 여성의 경력단절을 방지하여 고용을 촉진하는 것이지만 성별 없이 모든 근로자의 일 · 가정 양립을 위한 사회경제적 환경을 구축하는 것이 궁극적인 목표이다. 우리나라의 노동시장에서 여성이 혼인, 임신과 출산, 자녀 양육과 같은 생애사적 사건과 "독박육아"[6] 문제로 노동시장을 이탈하는 문제를 고려하면 일 · 가정 양립 정책은 매우 중요한 정책이다.

3) 박종서, "일 · 가정 양립 정책 추진 현황과 개선 방향", 보건복지포럼 2017년 7월호, 한국보건사회연구원, p. 18.
4) 김인경, 일-가정 양립정책의 효과성과 정책적 시사점, 한국개발연구원, 2017, p. 26.
5) 김근주, 전게서, p. 10.
6) 친정이나 시댁 등 보조 양육자가 없이 대부분의 시간을 엄마 혼자서 아이를 키우고, 친정이나 시댁 등 보조 양육자가 없이 대부분의 시간을 엄마 혼자서 아이를 키우는 것으로, '육아를 독박 쓰다'를 의미하는 전업주부들의 은어임. 남편이 있더라도 도와주지 않아서 혹은 남편의 늦은 퇴근으로 인해서 여성 혼자서 아이 양육을 전부 도맡아 하다시피 하는 의미로 사용되고 있음.

〈표 12-1〉 저출산 · 고령사회 기본계획 내 일 · 가정 양립 지원 정책의 변화

구 분	제1차(2006~2010)	제1차(보완판 2008~2010)	제2차(2011~2015)	제3차(2016~2020, 2016. 8 보완 대책)
출산전후 휴가관련	중소기업 90일분 급여 고용보험에서 지급(2009)		휴가 분할 사용 허용 (2012)	휴가 급여 상한액 인상 (2017)
	유사산휴가 도입 및 고용보험에서 급여 지원 (2006)			
	배우자 출산휴가 무급 3일 도입(2008)		배우자 출산휴가 유급 3일 무급 2일(2012)	
육아휴직 관련	대상아동 연령 만1세 → 만3세(2006) 급여 40만 →50만원 인상(2007)	대상아동 연령 만3세 → 6세 미만(2010)	급여 정률제(통상임금 40%) 전환(2011) 급여 일부(15%) 복귀 후 지급(2011) 급여 복귀 후 지급비율 15 → 25%(2015) 대상 아동 연령 만6세 → 만8세(2014) 아빠의 달 도입(2014)	자동육아휴직제 (2016~2017) 아빠의 달 1 → 3개월 확대(2016) [보완] 아빠의 달 둘째아 상한액 인상(2017)
	육아기 근로시간단축제 도입(2008)	육아기 근로시간단축 청구권 검토(2009)	육아기 근로시간단축 청구권 도입(2012)	근로시간 단축 사용 기간 확대 및 분할 사용 횟수 확대(2016) 근속기간 인정(2016)
	비정규직 여성 근로자 계속 고용장려금 지급 (2006)			비정규직 육아휴직 지원금 인상(2017)
근로 유연화	근로시간 유연화 모델 개발		공공 부문 유연근무제 도입	
	단시간 일자리 모델 개발		공무원 시간제 근무 활성화	전환형 시간선택제 활성화(2016)
			단시간 일자리 지원 (단시간 근로자 임금의 50% 1년 지원)	

우리나라의 출산율이 급격히 하락하면서 2006년 처음으로 시행된 '저출산 · 고령사회 기본계획'에 일 · 가정 양립정책이 포함됨으로써 이 정책은 출산율 제고라는 또 하나의 정책적 목표를 갖게 되었다. 우리나라에서 일 · 가족 양립정책은 2000년대 초반 양성평등, 2000년대 중반 저출산 현상에 대한 관심이 증가하면서 본격적으로 발전 단계에 접어들게 된다. 특히 출산전후휴가와 육아휴직제도를 중심으로 하는 모성보호제도의 발전이 두드러진다. 이 제도가 본격적으로 발전하기 시작한 것은 2000년대 초반이지만 제도의 기본 틀은 1953년 근로기준법과 1987년 남녀고용평등법에 반영되어

있었다. 출산전후휴가는 1953년 근로기준법에 유급제로 도입되었고, 2001년에 휴가 기간이 60일에서 90일로 늘어나면서 연장된 30일분에 대해 고용보험 급여가 신설되었다. 육아휴직제도는 1987년 남녀고용평등법에 무급제로 도입되었고, 역시 2001년에 20만원 고용보험 급여가 신설되었다.[7)]

1995년 '고용보험제도'[8)]가 도입되면서 출산전후휴가와 육아휴직제도 이용자는 점차 증가하였고, 2006년부터 시행된 '저출산 · 고령사회 기본계획'에서 출산전휴휴가와 육아휴직제도와 같은 일 · 가정 양립제도가 주목을 받으면서 2000년대 후반에는 제도가 정착되었다. 출산전후휴가와 육아휴직뿐만 아니라 육아기 근로시간단축청구권, 유연근무제 등도 같은 취지에서 도입되었다. 그러나 근로시간단축청구권이나 유연근무제도는 아직 도입 초기로 제도가 활성화되지 않고 있다. 우리나라도 핀란드와 같은 '근로시간은행(time bank)제'나, '육아가 유연 근로제(flexible-workingtime period)'를 적극적으로 도입하여 현재의 저출산 또는 노동력 부족 문제를 선제적으로 해결해야 한다.

일 · 가정 양립 정책이 저출산 대응 정책으로 중요하게 포함된 이유는 일 · 가정 양립 환경이 곧 출산 결정에 영향을 미칠 수 있기 때문이다. 일 · 가정 양립 환경이 조성되지 않는다면 여성의 경우 경제활동과 출산 중 하나를 선택할 수밖에 없고, 결국 출산을 위해 일을 그만두거나, 일을 위해 출산을 중단 또는 연기할 수밖에 없다. 반면 일 · 가정 양립환경이 조성되면 출산 시기와 자녀 양육기에도 일을 그만두지 않아도 되고, 남녀 근로자의 직장생활과 가정생활의 질적 만족도가 높아져 자연스럽게 출산율도 회복될 수 있기 때문이다.[9)]

7) 박종서, 전게서, p. 19.

8) '고용보험법'은 고용안정 및 직업능력개발사업을 통해 1차적으로는 취업 중인 근로자의 고용안정을 촉진하고, 부득이 실업이 되더라도 2차적으로 실업급여를 지급하고 재취업을 촉진함으로써 근로자의 실업으로 인한 사회 · 경제적인 어려움을 해소하는 것을 주된 내용으로 하고 있다. 또한 여성근로자들의 고용기회 확보를 위해 직장과 가정생활의 양립을 지원하는 육아휴직급여 및 산전후휴가급여를 실시한다.

9) 박종서, 전게서, p.20.

3. 일 · 가정 양립지원제도의 유형과 체계

일 · 가정 양립에 관한 유형과 체계를 파악하는 국제연구자 그룹인 국제 휴가정책 및 연구 네트워크(International Network on Leave Policy & Research: INLPR)에서는 일 · 가정 양립제도를 크게 2개, 세부적으로 4개로 구분하고 있다.

INLPR의 전통적 구분법에 따른 대표적인 일 · 가정 양립제도는 첫째, 모성휴가(maternity leave)로 출산을 전후하여 산모의 건강을 보호하기 위한 것으로, 출산자의 건강 회복과 소득활동이 중단되는 데 따른 기본적인 소득보장을 내용으로 한다.

둘째, 배우자의 출산으로 부여되는 부성휴가(paternity leave)로, 출산 영아의 아버지로 인식되는 법적 · 사실적 남성에 대하여 휴가를 부여하는 것으로 '배우자출산휴가제도'가 이에 해당한다.

셋째, 최근 영유아의 돌봄권(right to care)에 근간한 부모휴가 역시 일 · 가정 양립제도의 대표적인 유형으로, 자녀가 일정 연령에 도달할 때까지 필요한 특정기간을 부모가 휴직(또는 휴가)할 수 있는 제도이다.

넷째, 부모휴가(parent leave)는 일정한 요건 속에서 동일한 기간을 부모 중 일방이 선택적으로 휴가를 갈 수 있도록 하는 것을 내용으로 하는데, 현행 '육아휴직제도'가 이에 해당한다.

마지막으로, 일 · 가정 양립을 위한 유연근무제(flexible working for work-life balance)로 최근 많은 국가에서 활용하고 있는 정책이며, 일 · 가정 양립을 위하여 고용변경 청구를 할 수 있는 권리로서, 근로자의 청구를 바탕으로 근로 장소, 근로 형태, 근로 시간 등을 변경하도록 하는 제도이다.

최근에는 일 · 가정 양립제도의 발전에 따라 현대 사회에서는 다양한 목적을 위하여 모성과 부성의 역할을 명확하게 구분하지 않는 '하이브리드(hybrid)형' 제도들이 일 · 가정 양립제도가 체계적으로 발전하지 못한 국가를 중심으로 나타나고 있다.

1) 임신 및 출산지원제도

(1) 출산전후휴가

출산전후휴가는 출산을 전후하여 여성근로자에게 제공되는 휴가로, 1953년 '근로기준법'에서 "산전후휴가"라는 명칭으로 도입되었다. 고용노동부의 '2017년 일·가정 양립 실태조사'에 따르면 출산전후휴가에 대한 인지도는 92.4%로 나타났고, 모성보호 및 일·가정 양립제도 중 가장 높았으며, 제도 도입률은 81.1%, 활용률은 62.8%로 조사되었다. 특히 영세사업장의 경우 제도에 대한 인지도는 86.6%에 이르고 있으나 도입률은 63.4%로, 대체인력을 추가적으로 투입할 수 있는 여력이 되지 않으므로 남은 인력끼리 일을 분담해야 한다는 부담이 존재하고 있는 것으로 판단된다. 따라서 국가의 재정지원 및 고용보험제도의 기금을 활용하는 방안 또는 국가와 고용보험, 회사가 삼자부담 형태로 나아가는 방향도 고려해야 할 것이다.

〈표 12-2〉 출산휴가로 인한 업무공백에 대한 대응

내용	비율(%)	내용	비율(%)
계약직 대체인력 고용	24.2	남은 인력끼리 나눠서 해결	51.4
일반직 고용	3.7	상황에 따라 대처	0.4
정규직 채용	8.6	사례 없음	11.7

(2) 배우자 출산휴가제도

2007년 '남녀고용평등과 일·가정 양립 지원에 관한 법률'에 따라, 양성 평등의 출산문화의 정착과 저출산·고령화 문제의 해소, 근로자의 직무만족도를 높이기 위한 목적으로 "배우자 출산휴가제도"가 도입되었다. 도입 당시 "사업주는 근로자가 배우자의 출산을 위해 휴가를 청구하는 경우 3일의 휴가를 주어야 하며, 근로자의 배우자가 출산할 날부터 30일이 지나면 청구할 수 없다"고 규정하였다. 또한 제도의 실현을 위하여 "사업주가 배우자 출산휴가 청구 거부 시 500만원 이하의 과태료를 부과"하도록 규정하였다.

배우자 출산휴가제도는 일과 가정의 양립을 중시하는 사회적 요구로 도입을 결정하게 되었고, 남성과 여성의 출산 공동책임이라는 관념 하에서 제도가 도입되었지만, 실제 사업장에서는 이에 대한 활용도가 저조한 실정이다.

고용노동부의 '2017년 일 · 가정 양립 실태조사'에 따르면, 인지도는 81.2%로 높은 수준이며, 제도 도입률 60.9%, 제도 활용률은 47%로 점차 정착 중인 것으로 분석되었다. 도입률의 경우도 사업체 규모에 비례하여 5~9인 규모의 영세사업장은 39.1%에 불과하나, 300인 이상 사업장의 제도 도입률은 90.1%에 이르고 있다.

〈표 12-3〉 배우자 출산휴가제도 인지도 및 제도 도입률

사업장 규모	5~9인	10~29인	30~99인	100~299인	300인 이상
인지도(%)	72.6	79.4	86.1	85.2	95.1
제도 도입률(%)	39.1	53.9	73.2	80.0	90.1

배우자 출산휴가제도에 대한 인지도와 제도 도입률이 2015년에 증가한 이후 현재는 정체 상태이다.[10] 그러므로 정체 상태의 원인에 대한 다각적인 정책적 분석이 이루어져 사업장 전반적으로 보편적인 제도로 정착될 수 있도록 해야 한다.

(3) 임신기 근로시간 단축제도

'근로기준법' 제74조에 의해 "사용자는 임신 후 12주 이내 또는 36주 이후에 있는 여성 근로자가 1일 2시간의 근로시간 단축을 신청하는 경우 이를 허용하여야 한다. 다만, 1일 근로시간이 8시간 미만인 근로자에 대하여는 1일 근로시간이 6시간이 되도록 근로시간 단축을 허용할 수 있다"고 규정하고 있다.

임신기 근로시간 단축제도에 관한 인지도는 71.5%로 비교적 높은 수준이나 "모른다"는 사업체도 10.4%에 이르고 있으며, 제도 도입률은 46.6% 불과하고, 제도 활용률은 28.0%로 타 제도에 비해 낮은 편이다. 사업장 규모의 크기에 따라 제도 도입이 활발하며, 제도 도입률은 2017년 현재 46.4%로 지난 2015년 48.2%와 비교할 때 정체된 상태이다.

10)

연도	2014	2015	2016	2017
인지도(%)	78.7	83.7	81.3	81.2
제도 도입률(%)	53.2	61.9	60.8	60.9

〈표 12-4〉 임신기 근로시간 단축제도 인지도 및 제도 도입률

사업장 규모	5~9인	10~29인	30~99인	100~299인	300인 이상
인지도(%)	55.6	69.7	77.5	81.5	95.1
제도 도입률(%)	23.6	43.2	57.4	63.0	74.3

(4) 기타 모성보호제도

기타 모성보호제도로는 근로기준법 제65조 "임신여성근로자는 도덕상·보건상 유해·위험 직종에 근무 금지", 제70조 "임신여성근로자의 야간·휴일근로를 원칙 금지", 제71조 "산후 1년이 지나지 아니한 여성은 시간외근로의 1일 2시간 초과를 금지", 제74조 "임신여성근로자에게 태아검진에 필요한 시간을 허용(제2항)", "유산·사산시, 임신기간에 비례하여 휴가를 부여(제3항)", "임신여성근로자에게 시간외 근로를 금지, 임신여성근로자의 요구시 쉬운 종류의 근로로 전환(제5항)", 제75조 "생후 1년 미만의 유아를 가진 여성 근로자 청구시 1일 2회 각각 30분 이상의 유급 수유 시간을 부여"하는 등이 있다.

2) 돌봄지원제도

(1) 육아휴직제도

육아휴직제도는 노동활용의 주체이자 다음 세대를 출산하고 양육하는 모성기능을 가진 근로여성에 대하여 모성의 존중을 목적으로 1988년 '남녀고용평등법'에 의하여 도입되었다. 제도 시행 당시 대상은 영아를 가진 근로여성이었으며, 부모휴가적 성격에 기초하여 육아휴직의 적용시기, 육아휴직기간, 육아휴직의 신청대상 등 상황에 따라 점차 그 범위를 확대하여 실시하였고, 남성 근로자에 대한 육아휴직 사용을 배제하였다. 그러나 1995년 이후 육아휴직 신청요건을 "근로여성"에서 "근로여성 또는 그를 대신한 배우자인 근로자"로 근로자의 성별 구분을 철폐하고 육아휴직 신청대상을 확대함에 따라, 2001년부터는 "생후 1년 미만의 영아를 가진 근로자"로 규정 내용이 정비되었다.

육아휴직기간도 제도 도입 당시에는 '근로기준법'상 "산전·산후 유급휴가기간을 포함하여 1년 이내" 규정이 2005년부터는 "1년 이내로 하되, 당해 영유아가 생후 3

년이 되는 날을 경과할 수 없다"고 개정되었다.

고용노동부의 '2017년 일·가정 양립 실태조사'에 따르면, 제도에 대한 인지도 83.7%, 제도 도입률 59.1%, 활용률 54.5%, 육아휴직기간은 평균 12.1개월로 법정기간을 약간 초과하는 것으로 조사되었다. 여성 근로자의 가장 큰 고민거리였던 "육아휴직 이후 원직복귀 혹은 원직에 상응하는 자리에 복귀시킨다"는 사업체가 76.5%에 이르고 있으나, "육아휴직기간 전체를 승진소요기간에 산입한다"는 사업체가 51.9%에 불과하여 승진과 임금 면에서 불리한 요소로 작용하고 있음을 알 수 있다.

〈표 12-5〉 육아휴직 신청이 어려운 이유

내용	비율(%)	내용	비율(%)
동료의 업무부담	41.2	대부분 팀웍으로 업무 수행	10.4
업무의 고유성	25.2	대체인력 채용 어려움	9.1
근로자 수 부족	11.9	기타	1.9

주) 기타: 회사경영여건이 좋지 않아(1.6%), 남성중심적 조직문화(0.6%)

규모가 큰 300인 이상 대규모 사업장에서 도입률은 93.1%에 이르고 있으나, 5~9인의 영세사업장은 33.8%에 불과해 기업 규모간 격차가 매우 큼을 알 수 있다.

〈표 12-6〉 육아휴직제도 인지도 및 제도 도입률

사업장 규모	5~9인	10~29인	30~99인	100~299인	300인 이상
인지도(%)	72.6	80.8	90.4	91.8	98.0
제도 도입률(%)	33.8	46.1	76.1	86.7	93.1

육아휴직제도에 관한 인지도와 제도 도입률 모두 개선되는 추세가 뚜렷하고, 비정규직 근로자도 적용대상이라는 사업장의 비율도 완만하게 증가하고 있어 일반적인 제도로 정착되고 있다.[11]

11)

연도	2014	2015	2016	2017
인지도(%)	71.1	80.0	82.0	83.7
제도 도입률(%)	56.1	62.6	70.0	73.5
비정규직 사용 가능	41.2	58.2	58.3	59.1

〈표 12-7〉 OECD국가의 육아휴직제도(2009)

국 가	휴직형태	기 간	지원수준
스웨덴	전일제, 시간제(반일, 1/4, 1/8, 1시간 등)	출산(입양)자녀8세 내 480일(부모 각각 240일) -60일은 부모 각각 의무적 사용	최초 390일은 80% 이후 90일은 1일 60SEK
노르웨이	전일제 전일제 시간제	유급보험료 납부자 -자녀가 3세가 될 때까지 54주간9 (산전모만 3주간, 산후부모 각각 6주간, 나머지 29-39주간 부모공용) 무급 모든 부모 -자녀 2세까지 부모 1년간(단, 한부모, 실업 부모 2년간) 파트타임 -보육시설 미이용시 현금지원	54주 휴가시 통상임금의 80%, 44주 휴가시 100%(연간 341,000NIK로 제한) 최대 590EUR 무급 1달 3,657NOK(2008)
핀란드	전일제 시간제	자녀3세까지 약 26주간을 부모 중 한명 혹은 공유 -다태아 경우 자녀당 10주 추가	KELA(사회보험)에서 고용상태와 소득에 따라 지급(최소 22.04유로) -다태아 경우 둘째아 이상부터 약 60일 정도 추가 지급 부분부모수당(partial parent allowance)
덴마크	시간제	자녀9세까지 32주를 부모가 함께 사용	산전후휴가나 아버지휴가 동안 받은 수당의 60%(육체노동자의 경우 통상임금의 54%, 비육체노동자의 경우 30%에 해당)
프랑스	전일제 시간제	자녀가 3세가 될 때까지 부모당 3년(자녀1명당), 입양은 1년 자녀연령에 제한없이 시간제 가능	가구당 개별혜택: 두자녀 이상이고, 특정기간 근속하였을 때
독일	전일제	자녀3세까지 부모당 3년간 -최초 2년 출산·입양직후, 추가 1년 자녀8세까지 연장 사용 가능	최대 12개월간 통상임금의 67%(최소 300유로, 최대 1,800유로) -한부모 14개월간급여 -출산전 무노동시 300유로
이탈리아	전일제	자녀 8세(입양 6세)까지 11개월(부모 각각 최대 6개월 할당, 전가불가) -한부모 10개월 -여성자영업 자녀 3세까지 3개월	INPS에서 임금의 30%(6개월간), 나머지 5개월은 무급 -저소득층(2008년 연가구소득 14,410.4유로 이하)에게는 평상시 임금의 30%를 6개월 후에도 계속 지원
미국	가족휴가	부모 각각에게 12주간 -임신, 입양, 심각한 질병이 있는 부모·배 우자·자녀 돌봄도 함	무급
오스트레일리아	전일제 시간제	거의 모든 근로자를 대상으로 자녀1세까지 52주 -임시일용직도 12개월 고용보장시 가능	무급
영국	전일제	자녀 5세까지 13주 -맞벌이 부부가 장애아동인 경우 18주	무급
한국	전일제 단축제	자녀가 6세가 될 때까지 1년	월 50만원 정액

(2) 육아기 근로시간 단축제도

육아기 근로시간단축제도는 '남녀고용평등과 일 · 가정 양립 지원에 관한 법률'에 의해 "육아휴직을 신청할 수 있는 근로자가 육아휴직 대신 근로시간의 단축을 신청하는 경우에 이를 허용하여야 한다. 다만, 대체인력 채용이 불가능한 경우, 정상적인 사업 운영에 중대한 지장을 초래하는 경우 등 대통령령으로 정하는 경우에는 그러하지 않는다"고 규정하고 있다.

고용노동부의 '2017년 일 · 가정 양립 실태조사'에 따르면, 제도에 대한 인지도는 69.8%, 도입률 38.5%, 활용률은 24.9%인 것으로 조사되었다.

〈표 12-7〉 육아기 근로시간단축제도 인지도 및 제도 도입률

사업장 규모	5~9인	10~29인	30~99인	100~299인	300인 이상
인지도(%)	60.6	65.3	77.0	74.8	86.2
제도 도입률(%)	14.1	35.4	45.5	59.3	73.3

제도 도입 및 제도에 대한 인지도도 사업장 규모에 따라 상당한 격차가 발생하고 있고, 최근 인지도와 도입률은 지속적으로 증가하나, 이 격차를 최소화하는 것이 새로운 과제이다.

(3) 가족돌봄휴직제도

'남녀고용평등과 일 · 가정 양립 지원에 관한 법률'에 의한 '가족돌봄휴직제도'는 가족을 돌봐야 하는 근로자에게 최대 90일간의 휴직을 부여하는 제도이다.

고용노동부의 '2017년 일 · 가정 양립 실태조사'에 따르면, 가족돌봄제도의 인지도는 60.8%, 제도 도입률 26.5%, 활용률 23.4%로 인지는 하고 있으나 제도 도입이나 활용은 미흡한 것으로 드러났다. 이 제도를 도입한 경우, 무급으로 운영하는 사업체가 60.4%로 가장 많았고, 일부 기간만 유급으로 운영하는 사업체가 20.8%, 전체 기간을 유급으로 운영한 사업체는 8.7%에 불과했다. 사업장 규모가 커질수록 인지도가 높아지고, 제도 도입률도 사업체 규모에 비례하여 증가하고 있다.

(4) 직장보육시설

남녀고용평등과 일 · 가정 양립 지원에 관한 법률'과 '영유아보육법'에 따라서 일정 규모(여성근로자 300명 이상 또는 근로자 500인 이상) 사업장에 직장어린이집 설치 · 의무를 부여하고 있다.

고용노동부의 '2017년 일 · 가정 양립 실태조사'에 따르면, 300인 이상 사업체의 경우 직장보육시설을 단독 또는 공동으로 설치한 비율이 17.8%이나, 전체적으로 5.1%에 불과한 것으로 조사되었다. 현재 직장보육시설이 없는 기업 중 "향후 설치계획이 있다"는 응답이 300인 이상 사업체의 경우 16.9%이나 전체 사업체에서는 7.1%에

머무르고 있다. 이러한 응답은 직장어린이집 설치에 대한 부담이 사업체의 재정적 여건과 밀접하나 아직도 산업복지적 차원에서 인식이 부족한 사실이다.

3) 유연근로제도

유연근로제는 개인 및 사업장의 특성에 맞는 근로형태의 변경이라고 할 때, 유연근로제도는 크게 장소적 측면, 시간적 측면으로 구분할 수 있다. 장소적 측면에서 원격근무제 내지 재택근무제가 있고, 시간적 측면에서 탄력적·선택적 근로제가 있다. 유연근무제와 유사한 개념으로 탄력적 근무제도라는 용어도 사용되고 있다. 탄력적 근무제도는 일과 가정의 조화를 위해 근무 장소나 근무시간을 근로자의 선택에 따라 융통성 있게 선택하고 조정할 수 있는 제도를 의미한다.[12] 탄력적 근무제도는 '가족친화 사회환경의 조성 촉진에 관한 법률'에서 열거하고 있는데, 시차출퇴근제, 재택근무제, 시간제 근무 등을 규정하고 있다.

'가족친화 사회환경의 조성 촉진에 관한 법률'상 유연근로제도는 일·가정 양립의 필요성에 따라 사업장에서 실시하는 제도로서, 이를 실시하기 위한 별도의 요건을 규정하고 있지는 않다.

(1) 근로시간 및 장소의 자율성

고용노동부의 '2017년 일·가정 양립 실태조사'에 따르면, "근로자의 필요에 따라 일하는 시간 또는 장소를 조정할 수 있습니까?"라는 질문에 대해 긍정적 응답이 35.5%(매우 그렇다 5.2%, 그런 편이다 30.3%), 부정적 응답이 64.5%(그렇지 않은 편이다 36.2%, 전혀 그렇지 않다 28.3%)로 조사되었다.

(2) 유연근로제도 활용

'가족친화 사회환경의 조성 촉진에 관한 법률'에 "가족친화제도"로서 탄력적 근무제도로 시차출퇴근제, 재택근무제, 시간제 근무제 등이 있다.

시간제 근무제는 육아, 학업, 가족돌봄, 퇴직 준비 등의 사유로 근로자의 필요에 따라 전일제 근로자보다 짧은 시간 근무하는 제도이다.

---

12) 김근주, 전게서, p. 18.

시차출퇴근제는 근로자의 필요에 따라 출퇴근시간을 조정하여 러시아워를 피하고 유연한 시간 활용을 가능하게 하는 제도이다(예: 8시 출근 17시 퇴근" 등).

탄력근로제는 법정근로시간을 충족하는 범위 내에서 근무시간을 선택 · 조정하여 필요에 따라 시간을 활용하는 제도이다(예: 주 4일제, 1일 10시간, 주 40시간 근무 등).

재량근무제는 실제 근무시간을 따지지 않고 프로젝트 완료시 일정 근무시간을 인정하는 제도이다(예: 연구보고서 완료시 월 200시간 근무로 간주 등).

원격근무제는 주거지(자택) 또는 주거지 인근 등 근무편의를 위하여 마련된 장소에서 업무를 수행하는 형태이다.

고용노동부의 '2017년 일 · 가정 양립 실태조사'에 따르면, 시간(선택)제, 시차출퇴근제, 탄력적 근무제, 재량근무제, 원격근무제 등 5개 유연근로제도 중 하나라도 도입하고 있다는 응답 비율이 37.1%로 2016년 21.9%에 비해 크게 증가하였다. 특히 "부분 활용" 비율이 현저하게 증가하였고, 부분 활용은 특정업무담당자 또는 특정 인력만 사용가능한 경우였다.

〈표 12-8〉 유연근로제도 활용 비율

구분/제도별	시간(선택)제	시차출퇴근제	탄력적 근무제	재량근무제	원격근무제
전체(%)	26.5	23.9	20.1	10.8	9.7
부분활용(%)	21.1	17.9	15.4	8.5	7.3
전면활용(%)	5.4	6.0	4.7	2.3	2.4

유연근로제도를 전면적 또는 부분적으로 도입한 사업체의 도입 이유는 "생산성 등 업무효과를 높이기 위해"(43.4%), "근로자의 일 · 가정 양립지원"(33.7%) 순으로 유연근로제도가 일 · 가정 양립제도의 일환으로 기능하고 있음을 확인할 수 있다.

그러나 유연근로제도를 도입하지 않는 이유는 "적합 직무가 없어서" 41.2%, "현재의 제도로 충분해서" 25.0%, "직원 근태, 근무평정 등 노무관리의 어려움" 11.9%, "희망하는(혹은 필요한) 근로자가 없어서" 11.4%, "거래기업/고객관계 때문" 5.9% 순이었다. 향후 정부를 비롯하여 업무의 효율성을 높이고, '핀란드의 사례'처럼 형식적인 노동 시간 준수가 아닌 노동생산성을 향상시키기 위한 정부 및 기업의 노동 문화를 전환해야 할 필요가 있다.

4) 일하는 문화

1970년대 "한강의 기적"이라는 고도의 경제성장을 이룩한 이면에는 장시간 노동 또는 초과 노동이라는 요인이 크게 작용했다. 그러나 2000년대 들어와서 일하는 문화는 조금씩 변화하기 시작하였다. 최근에는 "워라밸(work and life balance)"을 중시하면서 삶의 질(Quality of Life)을 강조하는 수직적 노동문화에서 수평적 노동문화로 바뀌고 있다.

(1) 초과근로 실태

고용노동부의 '2017년 일 · 가정 양립 실태조사'에 따르면, 퇴근 후 연장근로는 "거의 없다" 42.5%, "바쁠 때만 가끔 한다" 36.5%로, 휴일근로는 거의 없어진 것으로 보이며(76.7%), 월 1회 정도가 11.8%로 조사되었다.

초과근로를 줄이는데 가장 효과적인 것으로 CEO의 의지와 관심(31.0%), 인력 채용 등을 통한 업무량의 조정(30.7%), 일 · 가정 양립을 위한 사회적 분위기 조성(16.1%), 직장문화개선(9.9%), 비효율적인 업무방식 개선(7.7%) 순으로 나타났다.

(2) 연차 사용

연차 사용 부분에 있어서 고용노동부의 '2017년 일 · 가정 양립 실태조사'에 따르면, 개인 형편에 따라 연차를 자유롭게 사용하는 편인지에 대해 "매우 그렇다"가 27.5%, "그런 편이다"가 47.6%로 조사되었다. 2016년 연차소진율은 평균 69.4%로, 연차소진율이 50% 미만인 업체도 20.6%에 이르고 있다.

연차가 완전히 소진되지 않는 이유로, 미활용 연차휴가에 대한 금전적 보상(25.6%), 근로자가 쓰지 않아서(16.2%), 연차를 자유롭게 쪼개 쓰는 관행이 정착되지 않아서(9.5%), 상급자 및 동료의 눈치(8.1%) 순이었다.

따라서 연차사용 활성화를 위하여 경직된 노동문화를 개선하고, 연차사용 사유에 대해 묻지 않는 여건, 상급자의 눈치주기 등 기업문화의 개선이 이루어져야 한다.

5) 평등기회

고용노동부의 '2017년 일 · 가정 양립 실태조사'에 따르면, 사업체 내 인사관리의 성(性) 차별성을 묻는 아래 6개 문항에 대해 각 문항의 척도값이 2.5(중간값) 미만이므로 대체적으로 인사관리의 성차별성은 크지 않다고 할 수 있으나, "채용시 자격이 동일한 경우 남성을 선호하는 경향이 있다"와 "주요 업무나 보직에 여성보다 남성을 배치하는 경향이 있다" 및 "고위직으로 올라갈수록 여성이 드물다"는 응답률이 각각 40%를 넘어 이 부문에서의 성차별적인 관행은 상대적으로 잔존하고 있음을 시사하고 있다.

〈표 12-9〉 인사관리의 성 차별성

문 항	전체	전혀 아니다	아니다	그렇다	매우 그렇다	(종합)		4점척도 평균
						아니다	그렇다	
채용시 자격이 동일한 경우 남성을 선호	100.0	17.2	40.3	31.7	10.8	57.5	42.5	2.36
주요 업무나 보직에 여성보다 남성을 배치	100.0	16.6	40.1	33.8	9.5	56.7	43.3	2.36
직급이 같아도 남성과 여성의 임금이 다르다	100.0	26.4	39.0	25.5	9.1	65.4	34.6	2.17
경력과 능력이 비슷해도 남성에 비해 여성의 승진이 느리다	100.0	22.2	43.3	26.1	8.4	65.5	34.5	2.21
고위직으로 갈수록 여성의 승진이 드물다	100.0	19.5	39.4	31.7	9.4	58.9	41.1	2.31
남성보다 여성이 구조조정의 대상이 되는 경우가 많다	100.0	26.9	44.1	23.8	5.2	71.0	29.0	2.07

이 조사에 따르면 일 · 가정 양립을 위해 필요한 정책으로 장시간 근로하는 관행을 개선하고, 남녀고용 차별 개선 및 직장 내 성희롱 예방, 시차출퇴근제, 재택 및 시간제 등 유연근로제의 확산, 사회인식 및 기업문화개선 캠페인, 남성과 여성의 자유로운 육아휴직의 사용, 중소기업 · 비정규직 등 일 · 가정 양립 사각지대 계층에 대한 지원 및 노동부의 근로감독 등을 제시하고 있다.

4. 여성 경제활동과 출산 결정요인

Becker(1960)에 의하면, 출산은 자녀를 양육하는 비용이 상승하면 감소하게 된다. 자녀를 양육하는 비용은 직접적으로 지출되는 양육비와 자녀를 돌보는 데 쓰인 시간의 기회비용으로 구성된다. 최근 여성의 노동시장 참여가 용이하게 되었는데, 이는 과학기술과 의료부문이 발달하면서 남성에게 적합했던 육체노동을 기계로 대체하고 출산시기를 조절할 수 있게 되었기 때문이다. 그 결과 여성의 육아로 인한 기회비용, 즉 임금이 상승하면서 출산율은 하락하게 되었다.[13]

그러나 일·가정 양립정책은 여성의 경제활동과 관련된 출산의 기회비용을 낮춤으로써, 여성경제활동과 출산간의 관련성을 완화하고 여성 경제활동 증진과 출산율 제고를 함께 도모하는 제도라고 할 수 있다. 예를 들어 출산휴가와 육아휴직제도는 자녀 출산에 따른 일시적 소득 상실을 보전해주고 노동시장 이탈을 방지해 줄 수 있다. 노동시간 단축제도와 같은 유연근로제도는 육아에 필요한 시간을 확보할 수 있도록 근로시간을 줄여줌으로써 육아기 여성의 노동시장 잔류를 도와준다. 또한 남성의 가사 및 육아 참여는 근로시간 단축이나 근로 생산성 저하 등에 따른 소득 저하를 동반하지 않는다면 여성의 가사 및 육아 부담을 현저하게 낮춰 줌으로써 여성의 출산과 육아, 경제활동에 긍정적인 영향을 줄 수 있다.

결국 여성의 경제활동과 출산은 여성의 인적 역량과 출산·양육에 대한 가족 및 사회제도적 지원에 의해 결정됨을 알 수 있다.

1) 출산휴가 및 육아휴직의 효과

Ruhm(1998)의 1969~1993년까지의 유럽 9개국 자료를 분석한 내용을 보면 여성 고용률이 출산휴가와 육아휴직의 제공으로 인해 제고됨을 보였다. Akgunduz & Plentenga(2013)의 연구에서도 휴가 및 휴직 기간이 제공되었을 때 여성 고용률이

13) 김인경, 일-가정 양립정책의 효과성과 정책적 시사점, 한국개발연구원, 2017, p. 17.

상승하였다. 미국의 출산휴가가 미치는 영향을 연구한 Berger & Waldfogel(2004)의 연구는 출산휴가가 제공되는 직장에 다닌 여성이 출산 후 경제활동을 더 빨리 재개함을 보였다. 우리나라 자료를 이용한 조동훈(2016)의 연구에서도 직장 내 출산휴가제도가 존재하거나 혹은 육아휴직제도가 존재할 경우 여성이 경력단절을 경험할 확률이 감소하는 것으로 나타났다.[14)]

즉, 출산 전 직장으로의 복귀가 보장된 채 휴직기간이 연장되면 기존의 짧은 육아휴직으로 노동시장에서 이탈하던 여성이 충분한 육아기간을 가진 후 경제활동을 재개할 수 있기 때문이다.

그러나 여성의 휴가와 휴직 기간이 늘어나면 대체인력 채용 및 인사개편 등 기업의 운영비용이 상승하고 휴가·휴직자의 인적자본이 감퇴되어 생산성이 하락할 수 있다. 따라서 휴가·휴직 기간이 장기화되면 여성 고용증대 효과가 약화되고, 여성의 임금 하락과 성별 직종 분리 등의 부정적인 효과가 강화된다는 연구결과와 고용 유연화를 통한 일자리 창출은 고용률을 증가시키지만 지속적으로 유지될 경우 근로자의 건강이 악화된다는 연구결과도 있다.

전체적으로 출산휴가와 육아휴직제도는 출산에 긍정적인 영향을 미치는 것으로 파악된다.

Rossin(2011)과 Cannonier(2014)에 의하면, 미국에서 12주의 무급 출산휴가를 보장하는 가족의료휴가법(Family and Medical Leave Act)이 도입된 이후 여성이 첫째 자녀를 낳을 확률이 증가하였다. Lalive and Zweimüller(2009)는 오스트리아에서 육아휴직이 1년에서 2년으로 늘어나며 둘째를 출산할 확률이 상승함을 보였다. 그리고 Rönsen(2004)은 핀란드와 노르웨이에서 출산휴가와 육아휴직 기간이 길수록 임신할 확률이 상승함을 보였다. OECD 국가 자료를 이용한 Olivetti and Petrongolo(2017)는 출산율은 전체 휴가·휴직 기간 대비 급여가 지급되는 기간과 양(+)의 관계가 있었고, Adema et al.(2014)은 여성의 총유급 휴가·휴직 기간과 출산율이 양(+)의 관계에 있었다. 박종서 외(2015)에서는 우리나라에서 출산전후휴가와 육아휴직을 이용한 집단이 그렇지 않은 집단보다 자녀를 추가로 출산할 확률이 높았다.[15)]

---

14) 김근주, 전게서, pp. 27-28.
15) 김인경, 전게서, p. 28.

〈표 12-10〉 OECD국가의 산전 · 후휴가 현황(2009년)

국 가	자격기준	최대 기간(주)	급 여	비 고
스웨덴	모든 부모	14주 -산전 7주, 산후 7주(의무) -작업환경 위험시 출산전 60일 부터 사용가능	80%	국가
노르웨이	유급휴직 -휴가 전 10개월 중 최소 6개월 근무(보험료 10개월 납부)	자녀가 1세가 될 때까지 54주간(산전 모만 3주간, 산후 부모 각 6주간, 나머지 29-39주간 부모공용)	54주 휴가시 80% 4주 휴가시 100%(연간 341,000NOK 제한)	국가
덴마크	근로자, 자영업자, 실업수당 수급자, 직업훈련을 받은 자	18주 -산전 4주, 산후 14주(최소 2주 의무포함)	100% -1일 최대 703KDK, 월 최대 3,515KDK	고용주
핀란드	모든 부모	17.5주 -산전 8주, 산전후 최소 2주 의무	최초 105일동안 고용상태 및 소득에 따라 60~100% -휴가동안 근무시, 최소 수당(22.04유로) -재정적 지원받는 학생 (15.20유로/일)	사회보험
프랑스	출산 전 최소 10개월간 보험료 지불 -휴가 사용 전 90일간(200시간 근무)	16주 -산전 6주, 산후 10주 -셋째아 이상 26주(산전 8, 산후 18) -쌍생아 32주(산전 10, 산후 22), 세쌍둥이이상 46주(산전 24, 산후 22) -의료문제 2주 연장	100%(최대 76.54유로)	지역질병보험기금
독일	건강보험 가입여성	14주간(산전 6주, 산후 8주) -조산, 다산아 출산, 제왕절개 등의 경우 산후 12주로 연장	최소 12주간 휴가사용, 3개월 혹은 13주의 평균임금 100%(1일 최고 13유로) -보험 미가입 경우 총 210유로(통상임금의 16일분)	사회보험, 건강보험 혹은 실업보험 +고용주
이탈리아	모든 거주여성	5개월 -산전 2개월, 산후 3개월	80% -INPS에 등록은 되어 있으나, 출산전후 실직상태/불규칙 근로자인 경우 월 283유로(고정급) -INPS미가입자 정부에서 보조금으로 1,747유로 일시금 지급	사회보장청(INPS)
미국	12개월 동안 최소 1,250시간 근무자	12주(50인 이상 사업장 한정)	무급	국가
오스트레일리아	거의 모든 근로자 -임시직도 12개월간 고용보장 받은 경우 사용가능	산전후휴가 없이 52주간 무급육아휴직 내 출산예정일 6주전부터 사용	-	-
영국	출산예정 주 15주까지 26주간 계속 근무	52주 -산전 26주, 산후 26주	초기 6주 통상임금의 90%. 이후 33주는 123.06￡ 또는 평균소득의 90% 중 적은 금액 -산전후휴가 급여 비수급자에게는 모성수당을 최대 39주간 지급. 주당 123.0606￡나 총평균 소득의 90% 중 적은 금액	사회보험, 건강보험 혹은 실업보험
한국	모든 고용여성	13주((0일)	100%	고용보험·고용주

2) 시간제 근로의 효과

시간제 근로의 효과가 발생하기 위해서는 전일제 근로와 급여, 사회적 지원 및 계약기간 측면에서 동등한 대우를 받을 때만 국한해서 나타나고 있다.

Del Boca(2002)의 연구에서는 시간제 근로자 비율이 높은 이탈리아 지역에서 여성의 경제활동 참여 확률이 높은 것을 발견하였다. 하지만 Del Boca et al(2005)의 연구에서는 프랑스와 영국의 지역별 시간제 근로자 비율과 여성의 경제활동 참여 간에 유의미한 관계가 나타나지 않았다. 이러한 이유로 연구자는 이탈리아의 경우 일자리 보호와 사회적 지원 측면에서 전일제와 시간제가 유사한 대우를 받고 계약기간의 정함이 없는 시간제 근로가 많은 반면, 프랑스와 영국의 시간제 일자리는 저학력자가 주로 종사하는 임시직이 많기 때문인 것으로 보았다.[16)]

시간제 근로가 임신 및 출산에 미치는 영향은 국가에 따라 상이하게 나타난다. 이는 국가별로 보육과 보육기관의 운영시간 및 질적 만족도, 직장의 통상적인 근로시간, 시간제 일자리의 급여 등 질적 수준 등이 상이하기 때문인 것으로 판단된다.

남성의 돌봄 역할보다 생계부양자 역할을 지지하는 가족정책을 시행하는 국가에서는 시간제 근로 여성이 전일제 근로 여성보다 자녀를 출산할 확률이 더 높은 것으로 나타난다. 이러한 사실은 시간제 근로자 비율과 출산 간 관련성이 나타나지 않음을 알 수 있다.

3) 남성의 가사 · 양육 참여 효과

여성의 출산으로 인한 기회비용은 일 · 가정 양립정책을 통해 완화될 수 있지만, 출산 후 증가한 가사와 육아부담을 배우자와 양분할 때 낮아질 수 있다. 국가별 여성 고용률과 출산율은 여성의 노동시장 참여와 양육이 병행되기 어렵다는 사실을 시사하고 있다.

관련 연구를 정리해 보면, 남성이 가사와 양육에 참여하는 경향이 높을수록 여성의

16) 김근주, 전게서, p. 29.

경제활동 참여와 출산에 긍정적인 영향을 미치는 것으로 판단된다. 남성이 가사와 양육에 참여하는 경향이 높을수록 여성의 경제활동 참여와 출산에 긍정적인 영향을 미치는 것으로 판단이다. 또한 남성이 여성과 비교하여 가사에 참여하는 비중이 높은 국가에서 여성이 자녀를 갖고 경제활동을 할 확률이 증가함을 보였다. 그러나 남편이 주거지와 다른 지방에 근무하거나, 주40시간 이상 근무할 때 부인이 직장을 그만둘 확률도 증가함을 보였다. 즉, 아내의 가사노동시간 대비 남편의 가사노동시간이 증가할 때 아내가 신규로 취업하거나 경제활동을 지속할 확률이 높아짐을 보였다.

〈표 12-10〉 남성 육아휴직제도 변천 내용

구 분	내 용
1차 (2006~2010)	▪ 배우자 출산간호휴가제 3일 도입(2008년 시행)
2차 (2011~2015)	▪ 배우자 출산휴가 무급 → 유급 3일(필요시 5일까지 연장, 추가기간 무급) ▪ 현역병 목무 중 배우자가 자녀 출산 시 상근예비역 편입 (기존: 입영대상자만 상근예비역 편입 가능)
3차 (2016~2020)	▪ 남성육아휴직 사용을 공공기관 평가에 반영 ▪ 아빠의 달 인센티브(2016년 시행) - 1개월 → 3개월 지원 - 통상임금의 40%(한도 100만원) → 100%(한도 150만원) ▪ 중소기업 육아휴직지원금: 월 20만원 → 30만원(2017년 시행)
보완	▪ 아빠의 달 인센티브 급여한도: 150만원 → 200만원(2017년 7월 출생아부터 적용)

또한 남편이 육아에 참여하는 시간이 장시간일수록 근로 여성이 둘째를 출산할 확률이 높아졌고, 부부가 성 역할에 있어 평등한 시각을 갖고 실제 부부 간 가사분담이 대등하게 이루어질 때 둘째 자녀를 가질 확률이 증가한 사실을 볼 때 우리나라에 시사하는 바가 크다. 향후 저출산 문제를 해소하기 위해서는 남성의 가사분담률을 일정 수준을 넘길 수 있도록 인식 개선과 기업의 직장 및 노동문화가 선결되어야 할 것이다.

정부는 '제3차 저출산·고령사회 기본계획(2016~2020년)' 보완대책의 일환으로 맞벌이 가구의 출산장려를 위해 남성육아휴직제도의 인센티브 강화정책을 발표하였다. 〈표 12-10〉에서 보는 바와 같이 정부의 지속적인 노력에도 불구하고 전체 육아휴직자 중 남성이 차지하는 비율은 미미한 수준이며, 남성이 육아휴직을 자유롭게 사용할 수 있는 환경이 조성되어 있지 않은 상황에서 제도개선의 효과는 기대하기 어렵다.

육아휴직자 중 남성이 차지하는 비율은 7.4%에 불과하여 제도개선의 효과는 미미하며, 주무부처인 고용노동부와 여성가족부조차 남성육아휴직 사용률이 각각 3.5%, 8.8%에 불과하다. '저출산 · 고령화 현상에 대한 국민인식조사'에 따르면 "육아휴직의 사용에 있어 직장상사, 동료의 눈치를 본다"는 응답이 80% 이상인 것으로 나타나 보수적인 기업문화가 육아휴직 사용의 큰 걸림돌로 작용하는 것으로 나타났다. 또한 고용노동부의 조사에 따르면 남성육아휴직의 활용이 낮은 주된 이유로 "육아휴직으로 인해 승진 등 직장 내 경쟁력에서 뒤쳐질 염려"가 36.8%로 가장 높았으며, "휴직기간 중 소득감소"가 34.8%로 그 뒤를 이었다.[17)]

정책의 효과성을 높이고 남성육아휴직제도의 개선이 이루어지기 위해서는 육아휴직 기간 및 수당 확대보다는 실질적으로 육아휴직을 사용할 수 있는 분위기가 조성되도록 강력한 유인책이 필요하다. "아빠의 달 인센티브"와 같은 프로그램은 육아휴직을 자유롭게 사용할 수 없는 환경 속에서 급여 인상을 통한 제도개선이 실효성이 현저하게 떨어지기 때문이다.

따라서 남성육아휴직할당제도를 도입하여 일정 기간 남성이 육아휴직을 사용하도록 의무화하고, 사용하지 않을 경우 여성이 대신 사용할 수 있도록 하는 방안도 고려해볼만 하다. 노르웨이는 최초로 남성육아휴직할당제도를 도입하여 1993년 4주간 제공하던 할당기간을 점차 늘려 현재 10주간의 할당기간을 제공하고 있다. 스웨덴은 총 480일의 육아휴직기간 중 남성 90일, 여성 90일을 의무적으로 사용하도록 할당하고 나머지 300일은 부부가 자발적으로 사용할 수 있게 하여 남성육아휴직 사용에 대한 강력한 유인책을 두고 있다.

우리나라 정부는 지난 2007년부터 여성뿐 아니라 남성도 최대 1년의 육아휴직을 쓸 수 있도록 제도를 마련했다. 하지만 직장 내 불편한 시선 등으로 확산 속도가 미미한 상황이다. 특히 정부, 공공기관 등과 비교해 민간 기업의 활용도는 가장 저조하다. 2016년 육아휴직 사용자 8만 9,795명 가운데 남성은 7,616명으로 8.5% 수준에 불과하여 독일(32%), 노르웨이(21%) 등 선진국보다 크게 떨어지는 수치다.

이러한 문제를 해결하기 위하여 '한국여성변호사회'에서는 근로기준법 개정안을 제시하며, "사업주는 남성 근로자에게 최소 60일의 육아휴직을 반드시 쓰게 하고, 정부의 이행 명령을 따르지 않은 업체는 1년에 2번, 매회 1억 원의 범위에서 이행강제금

17) 김유미, "남성육아휴직할당제도의 도입 필요성, 고령화 리뷰 제2호, 보험연구원, 2016, p. 25.

을 부과"하도록 제안하기도 하였다.

〈사례〉
노르웨이 복지부장관이 4개월, 법무부장관이 3개월의 육아휴직을 받은 사례는 남성들의 육아휴직 사용을 확산시켰으며, 실제 9%에 불과하던 남성육아휴직비율이 2008년 90%까지 높아지는 성과를 거두었다.

5. 선진국의 일 · 가정 양립 지원정책

1) 독일의 일 · 가정 양립 지원정책 및 효과[18)]

독일은 가정 내 전통적인 성 역할이 뚜렷하고 아버지의 장시간 근로 및 어머니의 일자리 포기, 근로시간 단축 등으로 일 · 가정 양립에 어려움을 겪고 있으며, 이는 출산 기회비용을 높여 저출산으로 이어지고 있다. 여성들은 보육서비스 및 방과후돌봄서비스의 부족으로 출산 후 일자리를 포기하는 경우가 많으며, 맞벌이의 경우에도 남성과 여성의 근로시간 차이가 주당 25시간으로 OECD 평균보다 높은 편이다. 일 · 가정 양립의 불균형은 출산 기회비용을 높여 저출산으로 이어지게 하고 장기적으로 가족의 웰빙(well-being)뿐만 아니라 생산성 측면에도 경제적 손실을 주고 있다.

프랑스는 독일의 여성고용률과 비슷한 수준이나, 정부의 적극적인 일 · 가정 양립 지원정책을 받아 독일보다 높은 출산율[19)]을 보이고 있다. 프랑스의 워킹맘들은 보육시설, 방과후돌봄서비스 등의 정부 지원을 받으며 출산 후에도 노동시장에 적극적으로 참여하고 있다. 3~5세 자녀는 100% 정부 지원으로 운영되는 유치원(E'cole maternelle)에 다닐 수 있으며, 생후 3개월부터 3세 미만 자녀는 취업 여성 자녀를 중심으로 보육원(Cre'che) 또는 개인 보육사를 이용할 수 있다.

여성의 교육수준, 소득수준, 노동시간 등의 요인들도 출산율에 영향을 줄 수 있는

---

18) 김유미, 독일의 일 · 가정 양립 지원정책 및 효과, KiRi고령화리뷰 제10호, 보험연구원, 2017, pp. 25-27.

19) 2015년 기준 25~54세 여성 고용률(employment rate): 독일 72.9, 프랑스 75.9, 노동시장참여율(Labour force participation rate): 독일 82.5, 프랑스 83, 합계출산율(total fertility rate): 독일 1.5명, 프랑스 1.9명

데 독일의 워킹맘들은 근로시간 제약, 보육서비스의 부족으로 출산을 보류하는 경향이 크고 여전히 남성생계부양자모델, 전통적인 성 역할에 대한 인식이 강하게 자리 잡고 있다.

독일은 2007년과 2015년 가족정책 개혁을 통해 일 · 가정 양립 문제를 개선해 나가고 있으며, 최근에는 가족근로시간모델(Familienarbeitszeit)을 통해 자녀와 부모의 유대감을 강화하기 위한 정책을 추진하고 있다. 2007년에는 부모수당(Elterngeld)[20], 2015년에는 부모수당플러스(ElterngeldPlus)[21]를 도입하여 근로와 육아휴직을 병행할 수 있도록 하여 출산으로 인해 경력단절이 길어지지 않도록 하고 있다. 2007년 개혁의 효과로 아버지가 부모수당을 이용하는 비율이 2006년 3.5%에서 2008년 20.8%, 2014년 34.2%로 증가하였고, 최근에는 자녀의 유년기를 함께 보내고자 하는 부모[22]들을 위해 특정기간 근로시간을 단축하고 자녀가 성장해 나가면서 근로시간을 풀타임까지 늘려갈 수 있는 '가족근로시간모델'을 도입하였다.

가족정책 개혁을 통해 일 · 가정 양립에 대한 인식과 태도가 변화하였고 출산율도 2010년을 기점으로 점차 상승하고 있다. 가족근로시간모델은 자녀보육과 커리어를 병행할 수 있도록 근로시간을 감소시켜주고 임금 및 연금의 성별격차를 해소하는데도 긍정적인 효과를 주고 있는 것으로 평가받고 있다.

〈표 12-11〉 출산율에 미치는 영향 비교(독일 vs 프랑스)

구 분	여성 교육수준 (필수교육 vs 고등교육)	여성 근로시간 (풀타임 vs 파트타임)	가계소득
독 일	교육수준이 낮을수록 출산율이 2배 높은	근로시간과 상관없음	아내소득 낮을수록, 남편소득 높을수록, 부부소득차이 클수록 높음
프랑스	교육수준이 낮을수록 출산율이 30% 높음	풀타임일수록 출산율이 낮음	소득수준에 따라 영향 미미(정책적 지원 활용), 부부소득차이 영향 미미

자료: OECD(2017), Dare to Share: Germany's Experience Promoting Equal Partnership in Families

출산은 곧 일자리 포기로 인식하고 자녀 취학 전에는 일을 하지 않겠다던 여성의

20) 자녀 출생 전 수입에 따라 월 300유로에서 1,800유로(월 순소득의 67%)까지 지원하며, 아버지도 육아휴직에 참여할 경우 부부에게 2개월을 추가하여 14개월까지 육아휴직기간을 줌(파트타임의 경우 24+4).

21) 부모 모두 주당 25~30시간 근무하면서 부모수당플어스를 신청한 경우 4개월의 파트너십 보너스기간을 추가적으로 제공함.

22) 독일 사회민주당(SPD)에 따르면 아버지 중 79%가 가족들과 더 많은 시간을 보내길 원하며, 2/3는 현재 가족과 보내는 시간이 충분치 않다고 느낌.

비율이 2002년 46.6%에서 2012년 21.8%로 감소하였으며, 자녀가 등교한 후에도 집에 머물러 있어야 한다고 생각하는 비율이 같은 기간 14.3%에서 6.8%로 감소하였다. 지속적으로 낮아지던 출산율도 2010년 1.39명으로 상승세로 전환하였으며, 2015년에는 1.5명으로 1982년 1.51명을 기록한 이후 최고의 출산율을 보여주고 있다.

2) 스웨덴의 일 · 가정 양립 지원정책

저출산과 영유아 가정의 일 · 가정 양립의 어려움을 시급한 당면과제로 해결해야 할 우리나라의 입장에서 육아친화적인 스웨덴의 철학과 제도적 기반은 중요한 모델이 되고 있다. 일 · 가정양립정책(가정친화적인 정책)은 육아휴직과 같은 휴직제도(leave policy), 탄력근무제도(flextime policy), 보육제도(childcare policy)가 유기적으로 작동될 때 그 실효성을 거둘 수 있다. 그러나 국가마다 문화, 경제, 사회시스템이 다르므로 그 강조점에 차이가 있다.

스웨덴의 보육 · 양육정책은 보육정책, 양육지원정책 및 일 · 가정양립정책이 생애주기에 따라 유기적으로 연계되어 있다. 즉, 보육시설 이용시 보육료 지원, 부모휴가(parent leave) 후 보육시설 미이용 1~3세 아동에 가정양육수당 지급, 보육 지원과 무관하게 모든 아동은 16세가 되는 첫 분기까지 아동수당 지원(비과세), 2자녀 이상 가구에는 대가족보충수당 추가 지원, 16세 이상인 아동에 대해서는 교육수당을 지급하고 있다. 즉, 아동의 연령에 따라 가정보육이 중요시 되는 시기에는 육아휴직급여(육아휴직)와 가정양육수당이 강화되어 있으며, 시설보육이 중요시 되는 시기에는 보육료 지원이 강화되어 있다. 가정보육이든 시설보육이든 보육과 관련한 지원을 받는 과정에서도 보육 이외 소요되는 비용에 대해서는 아동수당과 대가족보충수당을 지원받고 있다. 또한 아동이 성장하여 고등교육이 중요시 되는 시기에는 교육수당을 지원받는 것이다. 이와 같은 보육, 양육, 일 · 가정양립 지원정책을 위한 예산은 현금지원(양육수당 또는 아동수당, 유아휴직급여 등), 시설서비스 지원(부모를 통한 보육료, 시설보조금 등), 조세혜택 지원 등을 포괄하는 개념이다.

스웨덴의 경우 만12개월 미만 영아의 경우 부모의 휴직 사용을 기본으로 하고, 그 이후에는 어린이집과 시간제근무 등을 통해 일 · 가정 양립을 지원하고 있다. 따라서 원칙적으로 만 12개월 미만의 영아는 보육의 대상에서 제외되고 있다. 또한 영유아기의 부모가 시간제 근무를 활용하는 것이 일반적이기 때문에, 아동의 보육시간은 일일 평균 6시간 이며, 최대 주당 40시간을 넘지 않도록 하고 있다.

전반적으로 스웨덴과 우리나라는 일 · 가정 양립 정책에서 보육대상의 범주, 보육시간 등에 있어서 차이가 있다. 그러나 스웨덴의 보육정책은 양질의 교사수급 및 처우, 어린이집과 학부모간의 신뢰관계 구축, 국가의 어린이집 재정지원방법 등에 있어서 우리나라의 보육정책과 차이를 보이고 있다.

스웨덴의 보육정책은 일하는 부모에게 최대한 도움이 되는 방향으로 보육서비스를 설계하고 있다. 대부분의 어린이집에서 아침식사를 제공하는 점은 맞벌이 부모를 위한 빈틈없는 보육을 실현하는 한 예라고 할 수 있겠다. 이에 반하여 한국은 취업모에게 반쪽자리 보육정책인데, 부모의 근무시간을 커버하지 못하는 어린이집의 실제 운영시간으로 이중보육 부담이 발생한다는 점이다.

스웨덴의 보육정책이 부모의 신뢰를 받는 이유는 부모참여가 제도화 되어있고, 부모와의 활발한 직접적인 의사소통이 기본이기 때문이다. 어린이집 통합차량을 이용하지 않고 부모와 교사가 어린이집 등 · 하원시 면대면으로 상호작용하기 때문에 교사가 반드시 보육일지를 쓰지 않아도 된다.

위와 같은 정책적 발달은 현실적으로 출산율 제고와 동시에 여성의 경제활동참가율을 동시에 제고할 수 있는 해법이 될 수 있다.

3) 핀란드의 일 · 가정 양립 지원정책

핀란드는 여성고용률이 높아 맞벌이 부부가 대부분이지만 평일과 주말 구별 없이 부모가 낮시간에 아이들과 나들이와 쇼핑을 즐기는 모습을 흔하게 볼 수 있다. 2017년 경제협력개발기구(OECD)가 발표한 '일 · 가정 양립 지수'에 따르면 우리나라는 10점 만점에 5점을 받아 터키와 멕시코에 이어 가장 낮은 점수를 기록한 반면, 핀란드의 일 · 가정 양립 지수는 8.1점으로 상위권에 랭크되어 있다.[23)]

핀란드에서 가장 파격적인 육아지원제도는 아동이 만 13세가 될 때까지 근로시간을 단축할 수 있는 '육아기 유연 근로제(flexible-workingtime period)'다. 이 기간

---

23) 김보영, "10시 출근 4시 퇴근…'워라벨'일군 핀란드 유연근로제", 지구촌 육아전쟁 탐방기 핀란드편, 이데일리, 2018. 1. 8.

동안에는 근무시간의 80%만 일하며, 나머지 20%를 어떻게 단축할 것인지 사업주와 협상을 통해 정할 수 있도록 하고 있다. 근로시간은 1일 6시간씩 주 5일 근무 또는 1일 8시간씩 4일을 근무하게 된다. 부(父)의 60%, 모(母)의 70%가 근로시간을 단축하여 근로하고 있으며, 근로시간이 감소한 만큼 급여도 감소한다.

핀란드에서 '유연근로제'는 근로자의 권리이자 기업의 의무이다. 사업주가 '유연근로제'를 사용할 수 없게 제한하면 형사처벌과 함께 공공사업 입찰 금지 등 강력한 제재를 받게 되며, 국민들로부터 비난을 받게 되는데, 핀란드인의 정서상 법적 제재보다 중요한 것이 대외적 이미지 손상이라는 점이다.

〈표 12-12〉 OECD 주요국의 일 · 가정 양립지수

국 가	지 수	국 가	지 수
네덜란드	9.4	캐나다	7.2
덴마크	9.1	폴란드	6.7
프랑스	9.0	영국	6.6
벨기에	8.7	미국	6.2
독일	8.4	일본	5.4
핀란드	8.1	한국	5.0
스위스	7.6	멕시코	2.1

주) 2017년 4월 기준.

〈사례〉 "10시 출근 4시 퇴근"…일 · 가정 양립 일군 유연근로제

국제회계법인에서 일하며 5세 딸 엘렌(Ellen)과 3세 딸 일리스(Ilis)를 키우는 워킹맘 한나 테스키넨(Hanna Taskinen)씨 부부. 결혼 7년차인 한나씨는 회계컨설턴트, 남편 듀하씨는 의료기기 회사 프로젝트 매니저다. 육아휴직을 모두 쓴 한나씨 부부는 지난해 '육아기 유연근로제'를 신청했다.

핀란드의 육아기 유연근로제는 일주일 기준으로 정해진 근로시간의 80%만 일하는 게 핵심이다. 핀란드는 주당 40시간 근로여서 6시간씩 5일간 일하거나, 8시간씩 4일간 일하는 방식을 택하는 경우가 많다. 핀란드에선 워킹대디의 60%, 워킹맘의 70%가 이 제도를 이용한다.

한나씨는 8시간씩 주4일, 듀하씨는 하루 6시간씩 주 5일을 선택했다. 한나씨 부부는 유연근로제 덕에 아이들은 물론 부부의 삶의 만족도도 크게 높아졌다고 입을 모았다. 한나씨는 "일주일 중 4일은 회사일에 3일은 아이들에게 집중한다. 여가와 문화생활을 즐길 여유도 생겼다"며 "충분히 휴식을 즐기고 육아에도 집중할 수 있으니 직장에서도 일의 능률이 자연스럽게 올랐다"고 말했다. 6시간 5일제를 택한 듀하씨는 10시에 출근해 4시에

퇴근한다. 그는 "아이들 어린이집 등하원을 여유롭게 챙길 수 있어 가장 좋다. 아이들과 함께 하는 시간이 길어진 만큼 직장에서는 아이들 걱정 대신 업무에 집중할 수 있게 됐다"고 말했다. 급여가 줄어들기는 했지만 부부 중 한 명이 회사를 쉬는 것보다는 경제적 부담이 덜하다는 점도 강조한다.

한나씨는 "한 명이 사회생활을 희생하고 육아에 전념해도 가정이 유지되겠지만 자아실현을 반강제적으로 좌절당한 행복하지 않은 부모 밑에서 어떤 아이가 행복할 수 있겠냐"고 반문했다.

실제로 20년 전인 1998년 50% 후반였던 핀란드 여성경제활동 참가율은 2000년대부터 서서히 증가해 지난해 78%까지 상승했다. 우리나라 여성경제활동참가율은 58%로 OECD 최하위 수준이다.

우리나라 역시 2011년에 육아기근로시간단축제를 도입하기는 했지만 아직 이용률은 미미하다. 우선 육아기근로시간단축제를 도입한 회사 자체가 많지 않다. 2016년 기준 37.8%에 불과하고 그나마 적극적으로 직원들에게 사용을 권장하는 회사는 찾아보기 힘들다.

핀란드 역시 처음부터 육아기근로유연제가 안착한 것은 아니다. 처음 도입할 때만해도 기업들의 반발이 만만치 않았고 이로 인한 사회적 갈등이 컸다. 엘리자베스 미노텐(elizabeth minoten) 핀란드사회건강부 홍보관은 "핀란드의 부모가 일과 가정을 양립할 수 있는 건 정부가 양성평등정책위원회를 꾸리고 오랜 연구를 거쳐 관련 법과 정책을 계속 손봐왔기 때문"이라고 설명했다. 그는 "기업과 사업주들을 설득하는 과정도 어렵고 힘들었다. 제도가 제대로 정착하려면 정부의 노력 못지않게 시민과 기업의 인식개선이 필요하다"고 강조했다

〈표 12-13〉 국내 여성경제활동인구 및 참가율

구 분	2015	2016	2017	2018	2019
15세 이상 여성인구(명)	2,202만	2,221만	2,236만	2,248만	2,258만
여성경제 활동인구(명)	1,143만	1,158만	1,177만	1,189만	1,192만
여성경제 활동참가율(%)	51.9	52.2	52.7	52.9	52.8

자료: 통계청 경제활동인구조사 각 년도.

핀란드 기업들은 유연근로제 뿐만 아니라 일·가정 양립을 지원하기 위한 다양한 복지제도를 운영할 뿐 아니라 적극적으로 직원들에게 이용을 장려하고 있다. 핀란드가 2000년대 초반 도입한 근로시간은행(time bank)[24] 제도는 핀란드 국민들이 일과

[24] 유휴 노동력을 조절해 비수기에는 생산량을 줄이고 성수기에는 높이는 방식으로 근로자의 삶의 질을 향상하고 전일제 근로자들의 일시적인 구조 조정과 해고를 피할 수 있도록 하기 위한 제도.

가정 사이에서 균형을 잡는 데 기여한 중요한 정책으로, 정해진 근로시간 내에서 일이 많을 때 장시간 근로하는 대신 일이 없을 때 근로시간을 단축하는 제도이다. 이 제도를 통하여 기업 입장에서 인건비를 최소화할 수 있고, 근로자들도 외압 없이 주도적으로 노동과 여가 시간을 조절할 수 있어 기업의 생산성과 근로자의 삶의 질을 동시에 개선할 수 있었다. 제도와 기업이 변화하면서 시민의식도 바뀌어 지금까지의 남성부양자생계모델에서 가정 내 양성평등 의식이 싹트게 되어, 부부간 서로 분담할 가사노동 계획을 수립하고 각자 취미와 여가생활을 즐기는 풍토가 형성되었다.

그러나 변화하고 있는 핀란드 내에서도 도시와 지방간 양성평등의 인식에 있어서 격차가 있고, 다자녀 가정의 독박유아 등의 문제가 상존하는 것이 사실이다. 또한 세금 부담을 완화하고 복지혜택을 저소득층으로 국한해야 한다는 주장도 있어 핀란드 복지제도의 한계점을 보여주고 있다.

참고문헌

권미경, 유럽 국가의 보육정책 현황과 시사점, 한국경제연구원, 2016.

김근주, 일·가정 양립지원제도의 유형과 체계, 월간 노동리뷰 2017년 2월호, 한국노동연구원.

김보영, "10시 출근 4시 퇴근…'워라벨'일군 핀란드 유연근로제", 지구촌 육아전쟁 탐방기 핀란드편, 이데일리, 2018. 1. 8.

김유미, "남성육아휴직할당제도의 도입 필요성", 고령화 리뷰 제2호, 보험연구원, 2016.

김인경, 일-가정 양립정책의 효과성과 정책적 시사점, 한국개발연구원, 2017.

독일의 일·가정 양립 지원정책 및 효과, 고령화리뷰 제10호, 보험연구원, 2017.

박종서, "일·가정 양립 정책 추진 현황과 개선 방향", 보건복지포럼 2017년 7월호, 한국보건사회연구원

양정선, 가족친화 및 일가정 양립정책 선진국 연수 결과보고서, (재)경기도가족여성연구원, 2012.

한국여성정책연구원, 일·가정 양립 실태조사(2017년), 고용노동부, 2017.

제 13 장

지방자치와 보육정책

1. 지방자치의 개념과 특징

1) 지방자치의 개념

지방자치란 "일정한 지역을 기초로 하는 지방자치단체가 중앙정부로부터 상대적인 자율성을 가지고 그 지방의 행정사무를 자치기관을 통하여 자율적으로 처리하는 활동과정"으로, 지방지치법에 지방사무의 내용을 규정하고 있다.

보육 관련 사무내용은 '지방자치법' 제9조 제2항 2호 가목 "주민복지에 관한 사업", 나목 "사회복지시설의 설치 · 운영 및 관리", 라목 "노인 · 아동 · 심신장애인 · 청소년 및 여성의 보호와 복지증진", 5호 가목에 "유아원 · 유치원 · 초등학교 · 중학교 · 고등학교 및 이에 준하는 각종 학교의 설치 · 운영 · 지도"로 명시되어 있다.

현재 우리나라의 지방자치단위는 서울특별시를 비롯하여 광역시 · 특별자치시 · 특별자치도 등 광역자치단체와 시 · 군 · 구 등의 기초자치단체로 구분하고 있다.

2) 지방자치의 특징

지방자치는 특정 지역단위를 중심으로 개별적 · 다원적 성격을 지닌 포괄적 상황을 고려한 지역의 문제를 주민 스스로 결정하고 처리하는 것으로 지역주민의 의사에 기초하여 중앙정부(국가)로부터 행·재정적 독립성을 인정받은 법인격 조직체 특성을 지니고 자율적으로 행정을 추구하는 분권적 체제이다.

(1) 주민참여의 의의

기존의 지방자치에서 주민을 관료제적 방식의 객체로 이해하던 방식에서 이제는 보다 효과적인 결과를 얻기 위한 파트너십(partnership)의 관계로 주민들을 이해하고, 해당 지역주민이 공적 권한이 부여된 사람들의 행위에 영향력을 미칠 의도로 정책 결정이나 집행과정에 참여하는 것이다.

(2) 주민참여의 개념

효과적인 지방자치가 정착하기 위해서는 첫째, 주민을 주체적으로 이해하고, 주민의 지지를 확보하여 효과적인 행정을 수행해야 한다.

둘째, 주민을 참여의 객체로 이해하여 주민참여를 정책결정~과정 전반에 걸쳐 확산시켜야 한다.

셋째, 주민참여가 목적적 가치인가 또는 수단적 가치인가에 대한 논쟁에서 지방자치단체의 행정기관과 주민이 참여라는 수단을 통해 상호간에 이해와 협력(수단적)이 이루어지는 가운데 지방자치가 활성화되고 주민들의 의견을 존중하는 방향(목적적)으로 나아가야 한다.

(3) 주민참여의 필요성

지방자치에서 주민의 참여가 필요한 이유는 정책의 경제적 관점으로의 편향성을 방지하여 한정된 자원의 효율적 배분과 운영이라는 현실적 제약을 극복하기 위함이다. 또한 사회적 형평성을 확보하기 위하여 지역 내 소수계층의 의도에 따른 의견이나 방향의 조작가능성을 방지할 수 있다. 그리고 정책결정의 책임성을 제고하기 위하여 효율성을 강조하는 일방적인 정책결정을 방지하며, 더불어 주민의 협조를 이끌어내는 계기가 됨으로써 정책의 긍정적 결과를 기대할 수 있다.

(4) 주민참여의 유형

주민참여의 유형은 첫째, 주민들을 지방자치단체의 정책과정에 참여시켜 정책의 정당성을 확보하거나 또는 정책을 지지하는 근거로 활용하는 경우, 둘째, 주민을 형식적 참여단계의 시각으로 이해하는 경우, 셋째, 주민을 실질적 파트너로 인정하는 경우이다.

〈표 13-1〉 아른슈타인의 주민참여 8단계

참여단계	참여내용	참여형태
시민통제(citizen control)	정책입안, 관리, 협상, 권한 소유	실질적 참여
권한위임(delegated power)	일정한 정책결정권 이양	
공동협력(partnership)	협상을 통한 정책 결정	
회유(placation)	계획단계에만 참여, 결정은 행정기관	형식적 참여
자문(consulting)	주민의 의견과 아이디어 수렴	
정보제공(information)	일방적 정보제공	
치료(therapy)	임상적 치료의 대상	비참여
조작(manipulation)	정책지지 유도를 위한 참여	

출처: 안용식 외, 지방행정론, p.139 재인용.

지방자치단체의 설치가 주민자치의 기본이 되기 위해서는 '선출직공무원'들과 지역주민들의 공감, 이해, 관심, 협력이 기본전제가 되어야 한다.

3) 지방자치단체의 재정자립도

(1) 문제점 및 현 상황

각 지방의 인구구성 및 주민들의 욕구에 맞춰 특색 있는 보육정책을 시행하기 위해서는 독자적인 행정이 이루어져야 하나, 중앙정부로부터 위임받은 위임사무를 수행하는 수준으로 중앙정부의 영향력이 지속되면서 독자적인 행정추진의 한계가 있다.

또한 지방자치단체의 낮은 재정자립으로 예산부족에 따른 중앙정부의 교부금에 의존하고 있다.

재정자립은 지방행정의 독자적 정책운영과 방향을 같이하며, 현재 지방자치가 활성화되지 못하는 근본 원인 중 하나는 재정문제라는 점이다. 지방자치단체들은 재정자립도를 높이기 위해서 지방세를 통한 비중을 높이거나 또는 세외수입을 늘리려고 노력(지방세를 높이는 부분이 가장 안정적인 부분이지만, 이는 조세법률주의와 국세 중심의 조세정책 때문에 지방자치단체 입장에서는 운영의 한계를 지님)하고 있으나 여의치 못한 상황이다.

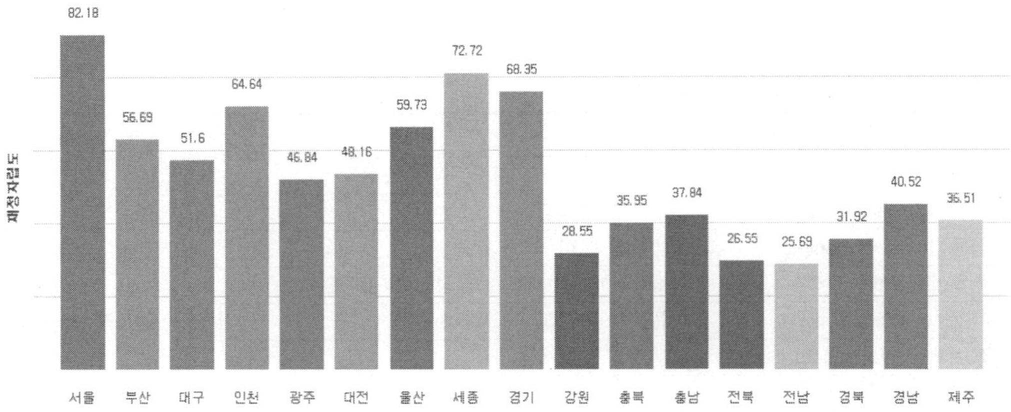

자료: 지방재정 365.

〈그림 13-1〉 지방자치단체의 재정자립도(2019)

낮은 재정자립도는 지역간 재정 불균형을 유도하여 실제 지역간, 도시와 농·어촌 간의 심각한 재정불균형 상황을 초래하고 있다. 또한 지역간 재정 불균형은 지역불균형을 유발하는 원인이 되어, 주민들의 정주의식을 약화시키고 도시로 이주하는 현상을 유도하게 됨으로써 지방이나 농·어촌의 경우 보육정책을 비롯한 다양한 유형의 복지행정을 수행할 기반의 붕괴를 초래하게 된다.

(2) 대응방안

① 효율적 배분을 위한 기준 논의

효율적 자원배분(resource allocation)의 의미는 "주어진 제약 하에서 사회구성원의 효용(만족감)을 극대화시키는 배분방법을 찾는 과정"으로 여러 가지 접근방법이 있다.

첫째, 소비자 선호의 접근방법으로, 공공부문에서 어떤 재화나 용역을 얼마만큼 생산할 것인가에 대한 결정은 납세자(소비자)의 선호도에 따라야 한다는 것이다. 자원배분을 위한 결정은 정책을 담당하는 행정기관이 하는 것이 아니라 소비자인 지역주민이 원하는 방향과 강도에 따라 결정되어야 한다는 취지이다. 세금을 납부하는 소비자인 지역주민의 의견을 수용한다는 취지에서는 가장 민주적이고 개방적이며 이상적이지만 공공재가 지닌 외부경제성, 소비자 선호의 타당성 여부, 예산의 정책적 기능 고려 등을 이유로 적용에는 한계가 존재한다.

둘째, 정치적 접근방법으로, 이해당사자들이 지닌 자신의 가치나 이익을 달성하기 위하여 상대적인 가치를 지닌 집단과 협상과 타협을 통해 정치적 합리성(political rationality)을 달성하여 배분 기준과 원칙을 정하게 됨으로써, 자원 낭비를 유도할 가능성이 높고, 고위층의 의사가 미약하게 반영되며, 조직화가 되지 않는 집단의 이익이 반영되는데 한계가 있다. 즉, 선심성 예산의 집행으로 효율적이지 못한 정책결과를 가져올 수 있다는 것이다.

셋째, 경제적 접근방법으로, 투입된 비용과 노력한 결과의 한계적 비교를 통해서 효용의 극대화를 가져올 수 있도록 자원배분에 대한 기회요소들을 분석해서 자원배분을 시도하자는 입장이며, 바람직한 결과를 성취하는데 가장 비용효과적인 방법이 무엇인가를 분석하는데 초점을 두고 있다. 전체적인 시각(holistic view)을 강조하여 공동목표를 성취하는 데 초점을 두고 있고 특히 미래적 관점을 중시한다는 특성을 갖고 있어, 향후 출산율 저하와 인구 감소로 '지방 붕괴'를 방지하기 위해서 필요한 접근 방법이다.

넷째, 여론의 통합적 이해로, 소비자인 지역주민 선호의 경우 국민이 원하는 방향으로 자원배분이 이루어져야 한다는 명제가 준수되는 데는 이견이 없으나, 정치적 접근의 경우 가치적 대립 문제로 결국 협상과 타협을 통해 해결해야 하는 수단적 대안을 제시하는 입장이 되어 경제적 결과(통계 및 수치)를 통한 객관적 기준 제시와 합리적 결정을 유도하는데 도움을 줄 수 있다.

② 보육재원의 확보

서울연구원은 정책리포트에서 정부의 복지정책 확대가 지방자치단체들의 재정 위기를 초래하고 지방자치를 위축시키므로, 정부와 지방자치단체간 복지사업 분담에 대해 재조정이 필요하다고 주장했다. 그 내용을 보면 '지방분권시대 중앙·지방간 복지사업 역할분담 재정립 방안'에 따르면, 지난 6년간 지방자치단체의 총세입은 연평균 5.3% 늘어난 데 비해 사회복지 지출은 10.2%씩 증가했다. 또 2016년 지방자치단체의 사회복지 지출 비중은 32.2%로 중앙정부의 31.9%보다 높아졌고, 이 결과 복지 확대가 지방자치단체의 재정 여력을 축소하는 방향으로 작용하고 있다고 하였다.[1)]

향후 사회복지예산을 비롯하여 지방자치단체에서 보육관련 예산을 증액하거나 우선적으로 배정하기 위해서는 무엇보다 재원확보가 우선되어야 하나, 향후 노령인구의 급속한 증가, 가족형태의 변화, 그리고 이러한 인구학적 변화에 수반되는 다양한 사회적 욕구에 대응하는 사회정책을 수행하기 위해 안정적인 재원확보가 무엇보다 선행되어야 한다. 해결책은 지방자치단체가 자체수입을 강화하는 방향으로 재정확보를 시도하는 것이다. 그러나 현재 중앙정부가 지방자치단체에 국고보조금이나 기타 지원금을 통해 보육을 포함한 사회복지예산을 재정적으로 지원하고 있으나 이는 매칭 펀드(matching fund) 성격이 강하여 중앙정부의 재정 통제를 받을 확률이 높다. 지방자치단체의 재정을 강화하는 방법은 의존수입의 비중을 낮추면서 반대로 자체수입의 비중을 높이는 것이 가장 이상적인 방법이나 여의치 못한 상황이고, 스웨덴의 사례처럼 중앙정부가 지방자치단체에 세원(稅源)을 이전하는 방식이 가장 효과적인 방안이라고 할 수 있다.

③ 자원배분과 합리적 운영

현재 보육 인프라가 취약하고 서비스의 수준이 낮은 입장에서는 정부와 민간부분의 파트너 십이 필요한데, 어린이집 이용료에 대한 징수 서비스(fee-for-service)의 증가는 민간부문에서 보육 서비스의 공급이 활성화되면서 국가부문이 갖는 내재적인 비효율성을 극복하고, 제도적으로 감당할 수 없는 다양한 잔여적 보육 욕구에 대하여 민간부문이 동원되는 경향이 증가하여 공공성을 포기하는 결과를 가져올 수 있다. 그러나 유럽 선진국들의 사례처럼 일정 부분에 대한 이용요금을 수요자인 영유아의 부모들에게 부담시킨다면 양육비용의 부담이라는 문제를 가져올 수 있으므로 어린이집 전체 운영비용은 지방자치단체에서, 일부 이용요금은 부모가 부담하는 양자방식을 채택하는 것이 필요하다.

민간 및 가정어린이집 등 민간부문의 이용료를 통한 보육서비스 효과는 첫째, 시장경제원리 경쟁을 통해 보육수요자들에게 질 좋은 보육서비스를 제공할 수 있고, 둘째, 보육수요자가 비용을 부담한다는 것은 자신이 원하는 서비스를 선택하기 때문에 질적으로 가치 있는 서비스를 받을 수 있는 조건을 조성하며, 셋째, 어린이집 이용료를 지불하고 서비스를 이용하기 때문에 심리적으로 부담감이 감소하고, 자아 존중감 및

1) 국민일보, "정부 복지정책 확대, 지자체 재정 위기·지방자치 위축 초래", 2019년 3월 19일.

사회적 책임감이 증가할 수 있다.

보육 재정을 확충하기 위해 민간부문의 역할을 인정하고 수용하는 방식은 보육서비스 공급을 민영화(privatize)하거나 상업화(commercialize)하고자 하는 시도로써 정치적 의도와 관계를 지니게 되는데, 저출산·고령화 사회에서 "여성의 결혼 및 출산 포기"라는 사회문제에 대해 국가 및 지방자치단체의 기본적인 책임이 일정 수준 이상으로 이행되고 있는가를 판단한 후에 전개되어야 할 것이다.

"어떠한 국가부문도 전적으로 공적(not entirely public)이지 않으며", 또한 어떠한 민간부문도 "전적으로 사적(not entirely private)이지 않다"

(Gilbert and Terrell 교수).

2. 지방자치단체의 보육 행정

각 지방자치단체는 다음과 같은 보육 관련 행정 업무를 수행하고 있다.

① 인구 규모와 영유아의 수 등 어린이집 수요에 맞춘 어린이집의 설치

② 지방보육위원회 및 지방육아종합지원센터 설치·운영

③ 영유아의 보호자에게 영유아의 성장·양육방법, 보호자의 역할, 영유아의 인권 등에 대한 교육 실시·비용 보조

〈사례〉 "어린이집에서 발생한 질식사고로 뇌손상을 입은 사례에서 보육교사와 어린이집 운영주체인 지방자치단체에 80%의 손배책임을 인정한 사례"

생후 20개월 무렵인 아동이 어린이집에서 식사를 하던 중 콩을 손으로 집어 먹다가 목에 걸려 기도가 막혔고, 그후 병원 응급실로 옮겨져 치료를 받았으나 산소부족으로 인한 허혈성뇌병증을 입게 되어 보육교사와 어린이집을 대상으로 소송을 전개하였다. 이에 원고인 아동의 부모는 서울시를 상대로 "실질적인 어린이집 운영사업의 중요 사항과 업무수행방법에 관하여 구체적인 지휘·감독권을 보유하고 있으므로 실질적인 사용자로서 사용자 책임을 지거나 그렇지 않다 하더라도 상법상 명의 대여자로서 책임을 져야 한다"고 주장하였고, 이에 피고인 서울시는 "서울시에서 정한 만 1세부터 만 5세까지 어린이를 위

한 식단에 따른 것으로 문제가 된 콩은 이틀동안 물에 불린 후 조리하였기 때문에 어린이들이 섭취하는데 별 다른 문제가 없었고, 다른 어린이들의 경우 이무런 이상도 없었으며, 사고 발생 후 바로 응급조치를 취하면서 가장 가까운 병원으로 후송하는 등 신속하고 적절한 조치를 취하였으므로 과실이 없다"고 주장하였다.

재판부인 서울중앙지방법원 민사25부는 "원고의 부모가 당시 불과 20개월에 불과한 원고의 보육을 이사건 어린이집에 맡김에 있어 그 치아 발달정도나 식습관 등에 대한 충분한 정보를 제공하여 피고에게 하여금 적합한 내용의 식사를 제공할 수 있도록 사전에 필요한 조치를 취하였어야 함에도 불구하고 이를 게을리한 과실이 있어 피고들이 배상하여야 할 손해액을 산정함에 있어서 참작하기로 하는데 앞서 인정한 사실관계에 비추어 볼 때 그 과실 비율은 20%로 봄이 상당"하기 때문에 재판부는 보육교사와 어린이집 운영주체인 지방자치단체의 80%의 손해배상책임을 인정하였다.

④ 보육계획 수립
⑤ 어린이집의 용지확보와 공립 어린이집의 설치
⑥ 놀이터 설치기준 완화 · 변경인가
⑦ 비상재해대피시설 심의
⑧ 폐쇄회로 텔레비전의 설치 점검
⑨ 보육교직원 관리
⑩ 공립어린이집 위탁제 선정관리 기준 심의
⑪ 부모모니터링단 위촉
⑫ 취약보육 활성화 시책 수립 · 시행
⑬ 일시보육서비스 지원
⑭ 보육의 우선 제공
⑮ 예방접종 여부 확인
⑯ 무상보육, 양육수당, 보육서비스이용권 지원
⑰ 무상보육과 양육수당 신청자 및 지원이 확정된 자에 대하여 비용 지원대상 자격확인을 위하여 조사 및 질문
⑱ 금융기관 등에 무상보육 및 양육수당 지원신청자의 금융정보 등 제공 요청
⑲ 영유아의 보호자에게 무상보육 및 양육수당에 따른 비용 지원 신청 관련 정보의 고지
⑳ 비용의 보조, 비용 및 보조금의 반환명령, 환수

㉑ 지도와 명령
㉒ 보고와 검사
㉓ 어린이집의 폐지 · 휴지 및 재개 등의 신고
㉔ 어린이집에 대한 휴원명령 및 시정 또는 변경 명령, 폐쇄
㉕ 직장어린이집 설치의무 미이행 사업장에 대한 이행명령 및 이행강제금 징수
㉖ 과징금 처분
㉗ 청문 및 위반사실의 공표
㉘ 업무의 위탁 및 관계 기관 간 업무협조 요청
㉙ 도서 · 벽지 · 농어촌지역 등의 어린이집에 대한 특례 적용

'영유아보육법'에 명시된 위와 같은 많은 업무를 수행하기 위해서는 담당 부서의 전문화와 담당 공무원의 보육 관련 종사경력이나 각종 연수 및 자격증 등의 구비 등 보육 행정업무를 수행하기 위한 전문적인 지식과 기술이 필요하다.

향후 육아종합지원센터의 입지도 주민 편의를 고려하여 역세권이나 교통이 편리한 곳에 설치하여 언제든지 이용할 수 있는 공간으로 변화해야 한다.

3. 선진국의 지방자치

1) 스웨덴의 분권형 지방자치

(1) 스웨덴의 지방자치제도 현황

1982년 스웨덴은 헌법 개정을 통해 좀더 강력한 지방분권을 실현시켰다. 당시 스웨덴의 경제적 상황은 악화되어 있었으며 국제 경쟁에서 살아남기 위해서는 신자유주의적 개혁이 요구되었으며 그 방편이 지방분권의 강화였다. 그리고 지방분권은 신공공관리(New Public Management; NPM) 개혁을 수행할 수 있는 조건을 마련하였다. NPM은 유럽 복지국가의 비효율성과 재정위기에 대한 대안으로 공공영역에 기업이나 민간관리 기법을 도입하는 것으로 성과중심, 효율성, 민영화와 작은 정부 등

의 신자유주의 개념을 내포하고 있다. NPM은 스웨덴의 사민주의 사상과 대립됨에도 불구하고 희소한 공공자금을 보다 효율적으로 사용할 수 있다는 데에 호소력이 있었고, 개혁의 결과 지방자치단체의 결정권을 강화시켜 주는 결과와 서비스 제공기관들의 민영화를 가져오게 되었다.

스웨덴은 헌법에 해당하는 '스웨덴기본법' 중 하나인 '정부조직법' 제1조에 민주주의를 실현하는 수단으로 대의제와 지방자치를 명시하고 있다. 그 결과 독립적이지만 자치의 자유에 있어 일정한 한계를 가진 코뮨의 자치행위는 지방자치단체에 대한 중앙정부의 요구사항과 종종 마찰을 일으키곤 한다. 그러나 '코뮨법'의 전문에는 지방자치단체의 권한과 책임을 규정하는 것은 국회(Riksfag)라고 적시되어 있으며, 기초자치단체인 코뮨, 광역자치단체인 란스팅의 의결권은 보통선거에 의해 선출된 의원으로 구성된 지방의회가 행사하고 있다.

(2) 스웨덴의 행정구조

헌법에 근거할 때 스웨덴은 단방국가(United state)이며, 정치적으로 크게 중앙정부와 지방자치단체로 2차원으로 분류한다. 행정적으로는 중앙, 지방(Regional), 지역(Local)을 기준으로 3차원적으로 나누어진다. 지방의 행정관할 구역을 랜(län)이라고 하며, 우리나라의 도(道)에 해당한다.

지역정부는 한국의 기초자치단체 수준으로 코뮨(Kommuner)이라 하며, 지방자치단체를 공식적으로 자치정부(self-government)라고 헌법에 명시되어 있다. 다른 국가와 비교할 때 행정시스템은 위계적이나 독립적이며 행정체계적인 면에서 중앙정부와 지방자치단체 사이는 평등하다.

중앙정부, 지방정부, 지역정부는 각각 의회와 행정기관을 갖고 있으며, 서로 역할과 책임이 다른데, 각 기관은 높은 자율성과 책임성, 민주성을 바탕으로 운영되고 있다. 기초자치단체인 코뮨은 고용을 통한 교육과 복지에 책임, 인프라 개발, 문화 등을 책임지고, 광역자치단체인 란스팅은 보건의료서비스, 운송, 재활 등을 담당하고 있다.

(3) 스웨덴 지방자치제도의 특징

스웨덴 지방자치단체의 존립은 헌법에 근거하여 보장받지만 헌법에서 지방자치단체를 규정하는 상세한 규정은 없다. 스웨덴의 정치체제가 탈중앙화되어 권력이 분산되었다 하더라도 모든 권력과 분산은 의회의 승인 하에 이루어진다. 따라서 지방자치단체의 규정이나 조례는 법에 위반되지 않는 범위 내에서 제정되어야 한다.

우리나라와 비교할 때 우리 헌법 제117조와 제118조 단 2개의 조문만으로 지방자치를 규정한 제8장을 구성하고 있는데 반하여, 스웨덴의 경우 정부조직법 제1장 제7, 8조, 제7장 제2, 7조, 제8장 제1, 2, 9, 10, 19조, 제12장 제2, 4, 6, 8조, 제14장 제 1~6조, 제15장 제6, 12조 등 지방자치에 관한 규정이 산재되어 있다. 이와 같은 많은 규정을 통해 다양한 해석의 가능성을 줄이고 정치적 다수세력에 의한 지방자치제도의 변질 내지 왜곡을 막고 있다.

스웨덴 기본법 중의 하나인 '정부조직법' 제14장 제 4조에 의하면 "자치단체는 그 사무의 관리를 위하야 세금을 부과할 수 있다"고 규정하고 있다. 즉, 지방자치법에 해당하는 '코뮨법'에 의해 코뮨과 란스팅은 직무 수행과 관련해 세금을 부과할 수 있는 권한을 가진다고 규정되어 있다. 사실상 코뮨의 재정자립도는 거의 100%이며 국가의 보조금은 없다. 왜냐하면 스웨덴은 헌법적으로 지방자치단체가 세금을 징수할 수 있도록 보장하고 있기 때문이며, 이러한 점에서 중앙정부로부터 독립된 정치체계라고 볼 수 있다.

〈표 13-2〉 스웨덴 지방분권 구조

구 분	중앙정부	지방정부	
		광역단체(Län)	기초단체(Kommuner)
		21개	290개
세 금	부가가치세, 담배세 등 징수. 국세 비율 매우 낮음.	세금징수권을 가짐(재정자립도 100%)	
업 무	중앙의 권한을 집중시키는 것이 아니라 지방으로 분화	의료서비스, 대중교통 정책, 양성평등제도 등	초·중등학교 교육, 장애인·노인 돌봄서비스 등 사회복지서비스, 상하수도 관리
스웨덴 헌법 제1장 1절: 스웨덴 민주주의는 지방자치를 통해 실현 제14장 1절: 모든 자치단체 의사결정 권한은 선출된 의회로부터 시행 제14장 3절: 자치단체가 무언가를 이루기 위해 시행하는 조치를 넘어서는 제한이 있어서는 안됨. 제14장 4절: 모든 자치단체는 시정 운영을 위한 세금 징수를 할 수 있음			

자료: 파이낸셜 뉴스, 2019년 4월 6일.

스웨덴의 각 지역마다 지방의회(Fullmäktige)를 가지고 있으며 코뮨과 란스팅 그리고 예산과 세율에 관련된 모든 중요한 결정을 한다.

스웨덴은 헌법에 근거한 지방 행정과 재정 자립의 조화를 구현하고 있다. 우리나라 기초자치단체인 시·군·구의 재정자립도가 2019년 현재 51.35%에 불과하나, 스웨덴의 기초자치단체인 코뮨의 재정자립도는 100%에 이르고 있다.

(4) 기초자치단체 코뮨의 행정사무

기초자치단체인 코뮨은 스웨덴 지역정부로 총 290개로 구성되어 있다. 코뮨은 자신의 주민들에게 지역세를 거두어 들여 사용하고 있으며 이를 '코뮨의 자치권'이라고 한다. 코뮨의 재정자립도는 다른 국가에 비해 상대적으로 높은 편인데, 스웨덴 헌법에서 지방정부가 세금을 징수할 수 있도록 보장하고 있기 때문이다. 이런 점에서 중앙정부로부터 독립된 정치체계로 볼 수 있으며, 스웨덴의 코뮨은 지역마다 규모가 다르지만 이들은 공통적인 책임을 가지고 있다. 이는 지역정부법, 사회서비스법, 학교법, 기획과 건축법에 근거 하에 다양한 역할을 책임지고 있다.

스웨덴 '사회서비스법'은 코뮨이 자신의 주민들에게 현금 지원에서부터 다양한 사회서비스를 제공해야 할 것을 법적으로 명시하면서 코뮨의 사회비스는 의무이다. 사회서비스의 대상자는 코뮨에 거주하고 있는 아동과 청소년, 약물 및 알코올 중독자, 노인, 장애인, 친척을 돌보는 사람, 범죄 희생자들은 특히 서비스가 전문적으로 필요한 사람들로 규정하고 있다. '사회서비스법' 하에 제공되는 모든 서비스는 자유선택과 자율성에 기반을 두고 있는데, 이는 주민들이 자신들의 개별적인 환경에 적합하고 원하는 서비스를 제공하는 것을 요구하는 것이다. 또한 서비스를 제공하는 제공인력들은 여기에 적합한 훈련과 경험을 갖춘 전문 인력으로 양질의 서비스를 받도록 하고 있다. 서비스를 받은 주민들이 만족하지 않을 경우 불만을 제기할 수 있다.

(5) 지방자치단체 보육관련 업무

아동보육은 아동들을 위한 다양한 교육적 활동들의 집합적 명칭으로, 유치원, 가족탁아, 방과 후 교실 등이 여기에 해당된다. 맞벌이거나 학업중인 부모는 아동을 자신이 거주하고 있는 지역의 유치원에 맡길 권리가 주어지며, 이용대상 연령은 유치원의 경우 1살에서 5살이다.

어린이집 운영에 필요한 예산도 모두 코뮨에서 제공하며, 영유아의 보호자는 소액의 이용료만 지불하고 있다. 공립어린이집과 사립어린이집 간 교육내용 등에 편차가 없으므로 교육방식에 따라 선호하는 어린이집을 선택하게 된다. 아동학대는 법적으로 금지하고 학대가 발생할 경우 어린이집을 운영할 수 있는 자격을 박탈하는 등 엄격하게 관리하고 있다.

(6) 우리나라에 주는 시사점

스웨덴 지방자치단체인 코뮨의 '지역돌봄' 정책은 성공적으로 정착된 것으로 평가받고 있는데, 그 이유는 풍부한 재정에서 비롯된다. 스웨덴에서는 월수입이 37,000크로나(약 400만원) 이상인 경우에만 국세를 부담하여, 그 이하의 주민은 26~31% 정도(지역별로 상이)의 지방세만을 부담한다. 지방세의 70%는 코뮨에 귀속되며, 30%는 광역자치단체(란스팅)에 귀속된다. 시민들에 대한 대민 행정으로서 보육 등 복지 관련 업무는 전적으로 코뮨 재정에서 100% 운영비를 지원받고, 주민들은 주인의식을 가지고 자신이 납부한 세금에 의한 혜택을 직접적으로 경험할 수 있게 된다.[2)]

우리나라의 지방자치제도에 주는 특이한 시사점은 첫째, 도시로 인구가 집중되는 등 농·어촌 지방자치단체는 출산율 저하와 아동인구의 감소로 몇 십년내로 수십 개의 지방자치단체가 소멸할 것이라는 진단이 나올 정도로 도시와 농·어촌지역 간 불균형이 심화되면서 더욱 중앙정부의 교부금에 의존하는 상황이 되었다. 그러나 스웨덴에는 '이퀄라이제이션 펀드'라는 제도가 있으며, 이 제도는 지방세 수입이 풍부한 코뮨의 재정 중 일부를 기금으로 갹출하여 재정이 열악한 코뮨에게 "격차해소금"으로 지원하는 방식이다. 예를 들면 고소득자가 많고 실업률이 낮은 지역의 코뮨은 '이퀄라이제이션 펀드'에 많이 갹출하고, 난민이 많고 실업률이 높은 코뮨은 이 기금으로부터 더 많은 갹출금을 받는 방식이다. 이 기금이 코뮨의 독립성을 저해할 것이라는 우려도 있지만 코뮨 간 평가가 이루어지고 예산을 차등 지원하는 등의 후속조치가 없기에 각 코뮨은 재정의 효율적 운영을 도모하게 된다. 스웨덴의 이와 같은 자신감은 주민들이 뽑은 선출직 공무원들에 대한 깊은 신뢰가 밑바탕에 내재되어 있으나, 우리나라는 민선 지방자치제도가 실시되고 있으나 지역주민들의 행정에 대한 관심을 "간섭"이라고 생각하는 경향과 각종 선심성 행정에 민감해 할 뿐 적극적인 소통에 입각한 공개행정을 못하고 있다.

둘째, 스웨덴헌법에 민주주의 실현 수단으로서의 지방자치제도를 명시적으로 보여주고 있는데, 헌법에 해당하는 스웨덴기본법 중 하나인 '정부조직법' 제1조에 민주주

---

2) 김아름, 지방분권이 살 길이다(下), "풍부한 지방재원, 높은 복지서비스 제공", 파이낸셜 뉴스, 2019년 4월 20일.

의를 실현하는 수단으로 대의제와 지방자치를 명시하고 있다. "스웨덴의 모든 공권력은 국민으로부터 나온다. 스웨덴 민주주의는 자유로운 의견 형성과 보통 평등 선거에 기초한다. 이것은 대의적이고 의회형식의 정부와 지방자치정부(local self-government)를 통해 실현되며, 공권력은 법률에 의해 행사된다".

셋째, 스웨덴헌법에는 지방자치에 관한 규정을 상세히 규정하고 있다.

넷째, 스웨덴에는 사실상 '조세법률주의'가 아닌 '지방세조례주의'가 도입되어 있다. 스웨덴은 헌법에 해당하는 스웨덴기본법 중 하나인 '정부조직법' 제14장 제4조에 의하면 "자치단체는 그 사무의 관리를 위하여 세금을 부과할 수 있다"고 규정하고 있다. 이 점에서 우리나라 지방자치제도와 많은 차이를 보여준다.

다섯째, 스웨덴에서는 복지관련 사무를 명시적으로 지방자치단체에게 위임하고 있다.

여섯째, 스웨덴은 시대적 상황에 맞춰서 점차 지방분권을 강화시켜 나갔다.

오늘날 스웨덴의 지방분권은 효과성과 효율성이 우수하다고 평가되면서 세계적으로 많은 관심을 받고 있고 실제로 스웨덴은 지방분권화로 인해, 재정과 운영의 효율성을 달성했고, 시민들에게 공공서비스에 대한 선택권을 확대했으며, 그들이 필요로 하는 전문화되고 개별화된 서비스를 제공함으로써, 재정의 효율성, 수준 높은 공공서비스, 지역 발전 등을 동시에 달성하고 있다고 평가받고 있다. 여기에서 지방분권의 핵심은 바로 통치 권한의 중앙정부에서 지방자치단체로의 대폭 분산이동임을 알 수 있다.

2) 독일의 지방자치

(1) 독일의 지방자치제도 현황

독일의 지방자치제도가 본격적으로 발전한 것은 바이마르공화국에서 부터이며, 세계경제공황과 국가사회주의의 등장으로 중대한 위기에 처하였으나, 그 후 제2차 세계대전을 거치면서 주둔하던 승전국의 다양한 지방자치제도가 유입되어 비약적인 발전을 하게 되었다.

독일의 지방자치제도는 '독일기본법' 제28조 제2항에 헌법적 근거를 두고 있으며,

지방자치단체는 간접적 국가행정으로 지방분권의 이념에 기초하고 있다. 또한 독일의 지방자치제도는 Carl Schmitt의 영향으로 제도적 보장으로 이해되고 있으나, 근래에는 지방자치단체의 주관적 지위가 부각되고 있다.

지방자치단체의 법적 지위로, '독일기본법'상 게마인데(Gemeinde)는 독립된 행정주체이며, 지역단체(우리나라의 시 · 군 · 구와 같은 기초자치단체)에 속한다.

(2) 독일의 행정구조

독일의 행정체제는 연방정부, 주정부, 지방자치단체로 이루어진다. 독일의 지방 행정 구역을 보면 모든 주가 다 똑같은 형식으로 이루어져 있지 않지만 계층구조를 크게 주, 중역 및 기초 자치단체로 구분 지어 보면 16개의 주(federal states, land)와 439개의 Landkreis(또는 Kreis) 및 Kreisfreie Stadt 그리고 12,320개의 Gemeinde로 구분할 수 있으며, 각 주와 지방자치단체는 각자 고유의 의회와 집행부를 두고 있지만, 일부 주는 의회는 없고 집행부만 있는 경우도 있다

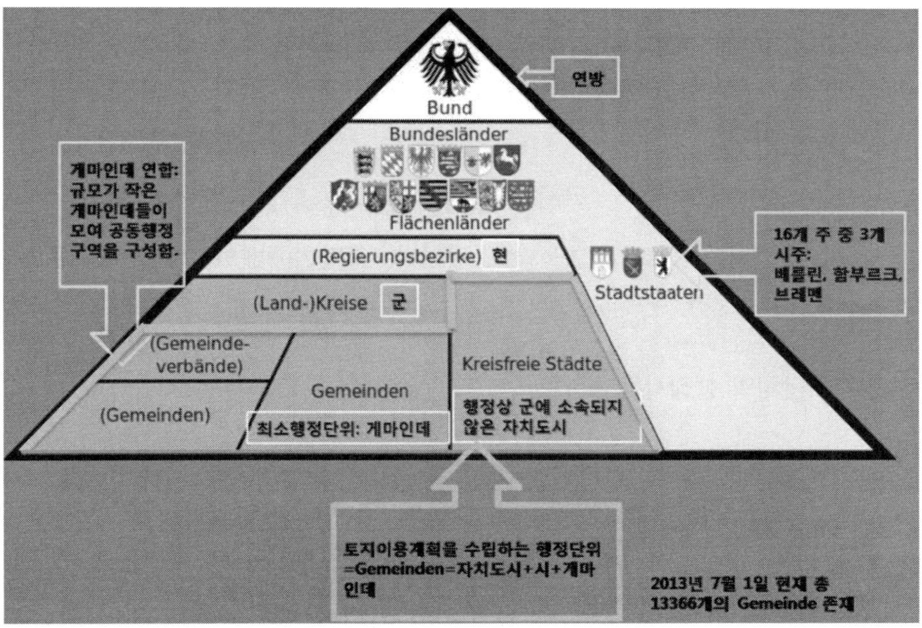

출처: https://thirdspace-berlin.com/thirdspace-archive/germany/administrative-system/

〈그림 13-2〉 독일의 행정체계

(3) 독일 지방자치제도의 특징

독일 지방분권개혁의 주요한 쟁점 중의 하나는 연방과 주의 입법권 분배였고, 사무구분과 더불어 연방주의 개혁이 핵심이었다. 지방행정의 현대화를 위한 신공공관리(NPM)가 도입되었으며, 근래에는 보장행정이 강조되고 있다. 독일의 지방자치는 유럽법의 영향으로 유럽화, 자유화 및 민영화를 특징으로 하고 있다.

독일에서는 한국의 행정구역의 시, 군이나 읍에 해당하는 '게마인데'라는 기초자치단체가 전통적 · 지연적 행정단위로서 대단히 중요하며, 결합력과 통솔력이 강하여 제2차 세계대전 직후의 혼란기에는 커다란 역할을 하였다. 기본법과 각 연방주법에서 바로 이 기초지역행정단위인 게마인데(Gemeinde)의 자치를 보장하고 있다. 자치권은 행정뿐 아니라 입법에도 해당해서 각 게마인데 별로 '헌법(Verfassung)'을 제정하여 스스로 성격을 규정할 수 있다.

그러나 급격한 시대적 상황의 변화에 따라 독일의 지방자치제도도 다양한 위기에 노출되어 있는데, 위임사무의 증가로 인해 지방재정의 부담이 늘어나고 있으며, 인구감소와 노령화로 인해 지방자치단체의 존립기반이 위태롭게 되고 있고, 특히 최근에는 난민과 이주민의 증가로 인해 독일의 지방자치단체는 사회통합이라는 새로운 도전에 직면하고 있다.

뿐만 아니라 주민(공민)들의 정치적 무관심으로 인해 지방선거의 참여율이 낮아지고 있어 직접 민주제의 강화가 요구되고 있지만, 직접민주제의 리스크에 대한 문제점도 부각되고 있다.

(4) 지방자치단체의 행정사무

독일에서 주(Land)의 기능은 매우 큰데, 독일 연방헌법 제30조는 주의 기능(Funktionder Länder)을 "국가권한의 행사와 국가적 과업의 수행은 이 법에서 달리 규정하지 않는 한, 주의 권한"이라고 규정하고 있다. 이 규정에 따르면 연방헌법이 직접 연방정부의 권한이라고 규정하였거나, 아니면 연방헌법의 위임에 따라 제정된 연방 법률이 연방정부의 권한이라고 규정하지 않는 한 모든 국가권한의 행사와 국가의 임무수행이 독일에서는 주정부에 의하여 이루어져야 한다는 것이다. 독일에서는 대학을 포함한 모든 교육과정에 대한 예산지원과 책임귀속, 병원· · 도로 등의 건설, 경제활동지원, 사회보장제도의 실시, 경찰과 사법기능의 수행을 포함하여 대부분의 행정기능이 연방이 아니라 원칙적으로 주에 귀속되어 있다. 연방정부의 위탁 사항과 주 정부 자신의 책임에 대해서는 연방정부의 법이 시행되며, 그 외에 교육, 연구 및 안전 그리고 경제 계획에 관련된 사항에 대해서는 연방정부의 법률 제정 및 행정에 간섭을 한다.

광역자치단체인 군(郡, Landkreis 또는 Kreis)은 주의 관할지역에 있는 광역자치단체로서, 관할지역에 여러 개의 게마인데를 두고 이들 게마인데의 사무를 지원한다. 또한 광역 행정 체제를 구축하고, 대규모 사회시설의 건설과 같은 게마인데가 단독으로 추진하기 어려운 대형 사무를 지원하며, 경제/문화/사회 발전을 지원하고 후원한다. 군은 게마인데와 달리 조세권을 직접 행사하는 것이 불가능하며, 대신 각종 공공시설 사용료, 수수료, 분담금 등의 수입과 연방 및 주 정부로부터의 지원을 통해 재정을 충당한다.

게마인데(Gemeinde)는 일차적으로 지방자치단체를 총칭하는 개념으로, 주민들의 생활과 직접 연관이 있는 사무를 담당하며 주민들에게 직접 조세권을 행사한다. 게마인데의 규모는 제각각으로, 인구 수백명의 소규모 게마인데와 인구 20만에 육박하는 거대 게마인데가 존재한다. 통일 직후에는 인구가 적은 소규모 게마인데가 많았으나, 이후 행정개혁의 일환으로 인구가 적은 게마인데의 통폐합을 추친하였기 때문에 결과적으로 독일 전체 게마인데의 수는 이전에 비해 감소하였다. 게마인데는 기본적으로 독일 행정에서의 기초자치단체를 의미하지만, 다른 한편으로는 독일의 모든 지방자치단체를 총칭하는 대표 개념으로 사용되기도 한다.

주정부는 "연방정부가 입법권을, 주가 행정권을 각각 우선적으로 갖는다"는 권한배분 원칙에 따라 헌법에 명시된 연방정부 사무를 제외한 모든 사무를 관장하도록 하고 있다

중역자치단체는 국가위임사무에 대한 관할권을 가지고 있으며, 교육, 도로, 복지, 의료, 교통 등 기초자치단체가 감당하기에는 행·재정적으로 어려운 사무를 담당한다. 특히, 주정부와 작은 기초자치단체 사이에 존재하는 Landkreis(또는 Kreis)는 국가의 지방행정단위로서의 성격과 기초 지방지자체의 상급 단체로서의 법적 지위를 동시에 갖는다.

〈표 13-3〉 연도별 게마인데 수의 변화

1991년	2000년	2010년	2013년	2014년	2015년
16,127개	13,854개	11,993개	11,197개	11,136개	11,091개

자료: 대통령 소속 지방자치발전위원회, 독일 지방자치와 분권제도, 2015.

Gemeinde는 기초자치단체로 원칙적으로 지역공동체의 모든 영역에서의 사무를 처리한다. 다만 규모와 역량에 따라서 사무범위를 탄력적으로 운용하고 있다.

기초자치단체의 재정은 재정지원금과 자체수입, 차용금(Schuld)으로 나눌 수 있는데, 재정지원금(Finanzzuweisung)은 공동세 등 재정수입의 33% 정도를 차지하고, 자체수입은 재정수입의 45% 정도 차지하고 있으며, 지방세(Steuern), 사용료, 수수료(Gebühren), 분담금(Beiträge)으로 구성되어 있다.

(5) 지방자치단체 보육관련 업무

독일은 연방국가로서 중앙 집중적인 정부체제의 특성을 지닌 우리나라와는 달리 강력한 지방자치제가 실시되고 있어 각 주는 자율적인 결정을 내리고 수행할 수 있다.

보육에 대한 지원과 수행에 있어서 연방(Bund), 지방(Land), 군(Kreis), 당사자(부모)의 역할이 뚜렷하게 구분되어, 서로의 결함을 채워줄 수 있는 시스템을 운영하고 있다.

방과 후 보육과 만 1~3세 미만의 영유아를 위한 보육시설은 '청소년가정여성보건부'에서 관장하고 있으며, 만 3~6세까지의 보육시설인 유치원은 교육과학부에서 관할한다.

(6) 우리나라에 주는 시사점

지방분권의 정책을 올바르게 추진하기 위해 지방행정의 구조개혁, 자치입법의 확대와 이에 대한 사법적 통제수단의 정비 등에 관한 논의의 단초를 제공할 수 있으며, 지방분권의 입법정책에 있어서 이론적 기초를 제공하고, 자치입법과 의회의 법률과의 관계를 올바르게 정립할 수 있도록 한다. 향후 국가와 지방자치단체, 지방자치단체간의 갈등이 더욱 증가할 것으로 기대되며, 이에 대한 효과적인 사법적 통제수단을 정립하는데 기여할 수 있다.

3) 프랑스의 지방분권형 지방자치

(1) 프랑스의 지방자치제도 현황

프랑스에서는 지방자치라는 용어보다는 지방분권(la décnetralisation territoriale) 혹은 '지방자치단체의 자유로운 행정(libre administration des collectivités territoriales)'이라는 표현이 일반적으로 사용된다.

프랑스와 미테랑(F. Mitterrand) 대통령의 사회당 정권하에서 '지방자치단체의 자유와 권리에 관한 법률(1982)', '국가와 지방자치단체 그리고 지방자치단체간의 권한배분에 관한 법률(1983)'을 통해 국가와 지방간의 권한의 이양과 배분이 본격적으로 이루어졌다

지방자치단체의 규모에 부합하고 가장 그 기능을 가장 효율적으로 수행할 수 있는 권한의 배분과 각각의 영역에 대한 포괄적인 권한이양은 현실적으로 일정한 한계를 가질 수밖에 없다. 왜냐하면 지역과 주민의 민주주의 정당성을 담보로 하는 지방자치단체의 자유로운 의사결정이 지역이익(l'intérêt local)에 관한 사항이라면 일반권한조항에 따라 그 지역의 자율적 결정(자치)은 권한 블럭에 한정되어 오히려 법률상의 권한 블럭 밖의 사항에 대하여는 지방자치단체의 권한의 행사가 제약되기 때문이다

〈표 13-4〉 중앙과 지방의 권한배분

구 분	중앙정부	레지옹	데파트망	코뮌
교육	-대학교 -학생증, 교육행정 -투자의 연차계획 -인력관리 -새로운 교육비용	-고등학교 -특수학교	-중학교	-유치원, 초등학교 -학생의 등·하교시간 조정
사회복지와 보건	▪ 사회보장적 급여 -전국적인 연대성 급여(무주택 구호 및 장애대상자) -최저생계비 지급여부 결정, 급여부담(80%) -정신건강 보호 -마약 및 알코올중독자의 적응 비용 -국가 권한의 사회보건 기관 감독	-	-의료보호 -아동·가족·장애인 및 노인의 사회부조 -전염예방(전염성 성병 결핵, 암, 에이즈) -최저생걔비 지급 및 대상자 지원, 급여부담(20%) -데파트망 관할의 사회복지기관 감독	-데파트망 비용의 경우 협약을 통한 코뮌의 재정참여 -사회부조에 대한 승인

2010년 지방자치 개혁법의 핵심은 아직 지방자치단체로 보기는 어려우나 새로운 주요한 당사자로 등장한 공공단체인 '메트로뽈'이다. 메트로뽈은 우리의 수도권 지역에 해당하는 "일 드프랑스(Île de France)"지역을 제외한 인구 50만 이상 규모의 대단위 공동 지역 공공서비스를 담당한다. 주로 경제개발, 지역의 공공주택, 상·하수도망 등과 같은 일정 규모의 공공서비스와 묘지, 도축 등에 관한 사무처리 권한을 가진다. 그리고 이전에 데파뜨망이 가졌던 중학교 통학버스 운행사업, 도로관리 등에 사무에 대한 권한이 이전되었다. 뿐만 아니라 데파뜨망과 레지옹과 협약을 통해 사회부조(종래 데파뜨망 중심)나 중등교육기관의 관리(중학교는 데파뜨망, 고등학교는 레지옹의 권한이), 경제개발에 관한 권한도 이양되었다

(2) 프랑스의 행정구조

현행 '프랑스 헌법'은 제12장에 "지방자치단체의 자유로운 행정"의 이름으로 분권화된 지방자치단체의 자치를 보장한다. 지방자치단체는 널리 알려진 꼬뮌-데파뜨망-레지옹과 특별한 지위가 인정된 꼬르스(Corse), 해외영토(Les collectivités d'outre-mer), 마르띠니크(Martinique)와 기이얀(Guyanne) 등이 있다.

① 꼬뮌

2018년 1월 1일 현재 35,357개의 꼬뮌이 있는데, 이 가운데 200인 미만의 주민으로 구성된 가장 소규모 꼬뮌이 전체 25.2.%인 8,894개(전체 주민의 1.6%)인데 비해 주민 수 10만 명이 넘는 꼬뮌은 전체 꼬뮌의 0.1%인 42개(전체 주민의 15.2%)에 불과하다. 가장 흔하게 찾아볼 수 있는 꼬뮌의 규모는 이들 꼬뮌 가운데 32%를 차지하는 주민수 500명에서 2,000명 미만이며 전체 주민의 16.7%를 차지한다.

그리고 꼬뮌은 일반적으로 인구 숫자 2,000명을 기준으로 도시형(commune urbaine)과 농촌형(commune rurale)으로 구분되어 진다. 기초자치단체로서의 꼬뮌은 우리나라의 경우와 유사하게 가장 주민의 기초적인 사무와 기능을 수행하며, 주민 수 2,000명 미만의 꼬뮌이 차지하는 비중은 전체 꼬뮌의 85%를 차지하고 있다.

꼬뮌은 주민들의 필수적이고 기초적인 공공서비스를 담당한다. 우리와 마찬가지로 생활폐기물의 수거와 처리, 상수도공급, 도시계획, 도심교통, 초등학교 청사와 각종 시설관리와 운영, 호적사무(신분에 관한 사무는 국가사무이지만 혼인절차에서 중요한

꼬뮌 청사에서의 의식과 신분관계증명서 접수 및 발급사무를 담당)에 관한 사무를 처리한다. 우리나라의 동(洞)주민센터와 구청이 제공하는 공공서비스의 상당부분을 꼬뮌과 꼬뮌간협력체를 통해 제공하고 있다.

프랑스에서는 꼬뮌의 수가 지나치게 많기 때문에 이를 합병해야 한다는 논의가 이전부터 시도되고 있으나, 성공적인 성과는 나타나지 않고 있다.

② 데파뜨망

데파뜨망(Département)은 우리나라의 기초자치단체인 시(도시)나 군(농촌)에 해당되는 지방분권의 기본적 요건인 분권화된 자치단체이기도 하지만 중앙행정의 지역단위인 동시에 선거구(깡통, canton)의 기본단위라는 점에서 국가의 지방행정을 대표하는 일종의 이중적 의미를 가지고 있다.

2018년 1월 1일 현재 96개의 데파뜨망이 있는데, 이 가운데 유럽대륙 본토에 94개가 있고 해외영토에 2개가 있다. 데파뜨망은 꼬뮌을 포함하고 있기 때문에 농촌지역과 상공업지역에 따라 규모의 차이가 있지만 구성비율은 대체로 대동소이하다고 할 수 있는데, 가장 작은 규모는 주민수 30만 미만인 경우가 26개이고 반면에 주민수가 80만명이 넘은 데파뜨망도 27곳으로 전체 26.7%를 차지한다.

주요 기능은 도로행정, 수송, 전기공급 등과 같은 큼직한 공공업무를 수행함은 물론 부분적으로는 교육, 노동 및 사회보장업무, 보건, 농업, 토목, 우편・전신・전화, 재정에 관한 사무를 처리하고 있다.

③ 레지옹(Région)

2003년 헌법 개정이전까지는 레지옹은 법률상의 지방자치단체였으나, 2003년 개헌이후 지방자치단체의 헌법적 지위를 인정받았을 뿐만 아니라 지역경쟁력의 핵심 단위로 인정되고 있을 뿐만 아니라 레지옹의 정치력 영향력도 강화되었다.

레지옹의 관할구역은 복수의 데파뜨망을 포함하며, 경제, 사회, 보건, 문화, 고용정책과 과학기술 개발 및 국토개발에 관한 사항의 권한을 행사한다.

(3) 프랑스 지방자치제도의 특징

지방분권은 단일국가에서 국가의 권한을 지역적으로 그 지배력의 범위가 법률로 획정된 공법인(지방자치단체)에게 이전하는 것을 뜻한다. 따라서 지리적으로 수도

(capitale)나 중앙행정조직의 지역이전(Délocalisation)과는 구별된다.

프랑스의 지방분권은 지방자치(프랑스에선 지방자치단체의 자유로운 행정)의 내용인 자치행정권의 전제로서 자치분권의 의미와 가깝다. 프랑스 지방분권(Décentralisation)의 특징은 단일국가라는 국가형태에서 중앙과 지방의 행정조직의 원칙으로 지방분권에 입각한 국가와 지방 그리고 지방간의 권력의 행사를 배분하는 것을 뜻한다.

우리나라를 비롯하여 여타의 국가에서도 보듯이 프랑스에서도 지역불균형에 의한 지역 간 재정격차의 시정은 지방자치의 가장 어려운 과제이다. 이를 해결하기 위해서 국가마다 다양한 형태의 정부 간 재정이전 제도가 운용되고 있다. 프랑스에서는 1979년에 중앙부처 사업별 특정교부금을 대부분 포괄교부금으로 통합하였고, 그 후에도 계속적으로 이에 관한 개혁조치를 통해 지방분권화일반교부금(DGD) 등을 신설하여 지원하고 있다.

국가의 지방자치단체 재정지원은 다음 3가지 주요 목적을 가지고 있다: 첫째, 지방의 경상운영비 지출뿐만 아니라 투자지출을 동시에 포괄적으로 지원한다는 점과 둘째 헌법 제72조 제2항에서 정한 권한이양에 수반되는 재원의 이전원칙에 따라 법률에서 재원의 이양을 담보해야 하고 셋째, 법률에 정한 지방세의 감경과 면제에 대한 보상을 해야 한다는 것으로 우리나라에게 주는 시사점이 크다고 할 수 있다.

(4) 지방자치단체의 행정사무

지방자치단체의 자유로운 행정과 관련해 프랑스 헌법 제72조 제3항은 "지방의 대표자들은 지방자치단체의 자유로운 행정을 수행한다"고 규정한다. 헌법이 보장하는 지방자치단체의 자유로운 행정(지방자치) 원칙은 법적 주체로서 지방자치단체가 보통선거에 의한 대표자의 결정으로 자치권을 행사한다는 점에서 지방민주주의 요청에 부합한다는 것과 이들 지방자치단체가 수행하는 기능을 위한 충분하고 유용한 법적 수단을 보유하고 있어야 한다는 점이다.

지방자치단체의 자치권이 헌법적 보장을 받는 점은 분명하지만 프랑스 헌법 제34조 제3항은 의회가 법률로 지방자치단체의 자유로운 행정의 기본원칙을 정하도록 하고 있어 자유로운 행정의 입법형성의 한계가 되고 있다.

지방자치단체의 명령제정이 인정된다고 하더라도 명령제정권에 관한 프랑스 헌법

제21조115)와 제13조116)에 따라 총리(Premier minister)와 대통령이 제정하는 행정입법에 위반할 수 없다는 부분이 앞서 기술된 스웨덴과 독일의 행정체계와 차이가 크며, 지방의 자유로운 행정에 역행하는 결과를 가져올 수 있다.

(5) 지방자치단체 보육관련 업무

프랑스의 보육시설은 지방자치단체가 관할하는데, 국·공립 및 사립시설의 인가는 데파뜨망(Département)에서 담당하고 있다.

데파뜨망의 기본적인 기능은 의료지원과 아동, 가족, 노인, 장애인 대상 사회지원 업무를 맡고 있으며, 일정 수당을 주고, 관련 기관을 설립하는 데에 개입한다. 또한 보건 사회 분야에서 예방 의학 관련 활동, 보건 교육, 장애 진단 등 지역 사회의 보건위생을 책임지고 있다. 이런 업무는 각 시마다 분포되어 있는 모자보건국(PMI-protection maternelle et infantile)에서 담당하고 있으며, PMI는 역시 인근의 보육시설 감독 및 관리에 주된 역할을 맡고 있다. 모자보건국은 의사를 중심으로 결혼 전과 출산 전의 예비 부모들을 대상으로 의료 자문 역할을 수행하며, 동시에 0세에서 6세 유아의 건강 체크도 실시한다.

〈표 13-5〉 프랑스의 보육행정 체계

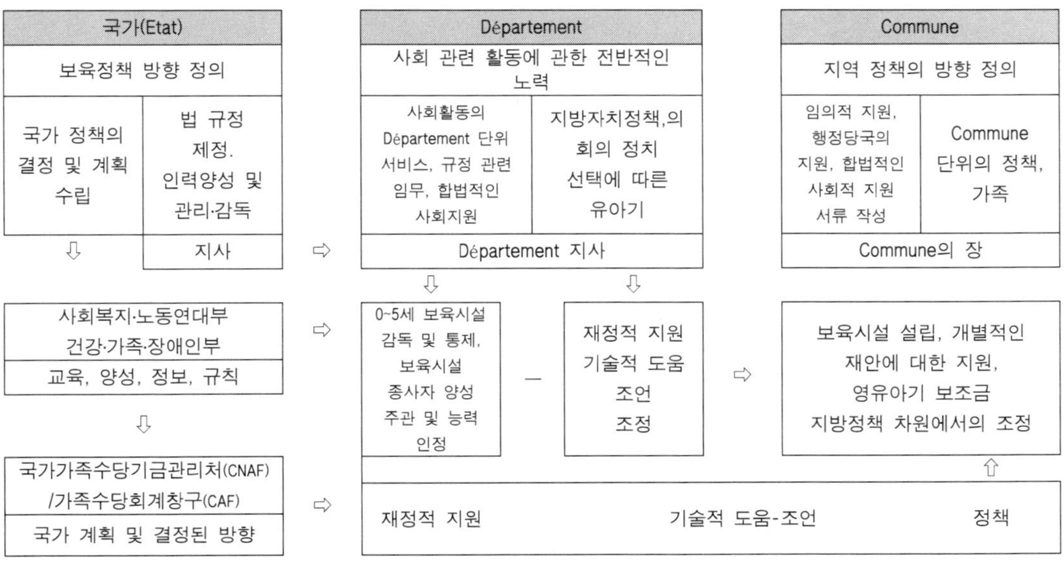

보육시설과 관련하여 데파뜨망은 자치단체장을 중심으로 집단보육이나 개인보육에

상관 없이 설립 및 시설 인가 및 개축 등을 심사한다. 동시에 보육시설의 관리 및 감독도 보장하고 있으며, 이런 임무를 실행하는 기관이 바로 모자보건국(PMI)이다.

지방자치단체 중심으로 보육시설이 운영되지만 국가는 보육 관련 법령 공포나 법령 조정을 통해 보육 정책의 방향을 제시한다. 각 지역자치단체의 보육 정책을 활성화할 수 있도록 격려하는 중앙 지휘자로서의 역할을 수행하고 있다. 국가 수준의 관련 단체로는 국가 해당 부처인 사회복지·노동연대부와 건강·가족·장애인부가 있어 데파뜨망 전체에 대한 시설 설립, 정보, 재정 지원 정도를 결정한다.

국가 가족수당 기금관리처(CNAF)는 가족수당회계창구(CAF)가 지역의 Commune 단위 소속 보육시설에 재정 지원을 실행하도록 관여한다. 이상에서 보면, 보육시설의 실제 관련 업무 기관은 해당 지역에 가까운 행정 당국이며, CNAF가 제시한 보육 정책 플랜은 지역의 관할 당국(municipalité)이 구체적으로 실행한다고 볼 수 있다.[3)]

(6) 우리나라에 주는 시사점

프레페(Préfet)라 불리는 국가의 대표기관은 데파트망 또는 레지용 단위로 임명된 국가직 공무원이며, 데파뜨망청 혹은 레지옹청은 지방자치단체와는 달리 국가의 이익을 대표하면서 행정감독(Contrôle administratif)기능을 수행한다는 점에서 우리나라의 지방자치단체와 차이가 있다.

프랑스 지방행정제도의 특징 중 하나로 기초공동체의 수가 너무 많다는 점과 꼬뮌의 주민들의 행정수요와 공공서비스 제공을 위한 협력방식이 지방분권과 지방자치의 발전에 따라 1980년대 이후 가장 숫자도 많고 종류도 다양한 '꼬뮌간협력체'는 도시와 농촌에 따라 다양한 다른 방식으로 제도화되었다.

따라서 "지방소멸론"이 제기되고 있는 우리나라의 현실을 고려할 때 특히 농·어촌을 포함하고 있는 인구규모가 적은 기초자치단체간의 협력을 지방행정계층의 변경을 통하여 적정 수준의 재원과 인구 규모를 갖춘 지방자치단체로 통·폐합하여 서비스의 효과성을 높여야 한다.

---

3) 조정신·황성원, "프랑스의 영유아 보육체계가 주는 한국의 보육정책에 주는 시사점", 한국영유아보육학 제36집, 한국영유아보육학회, 2004, pp. 48-49.

4) 영국의 지방자치

(1) 영국의 지방자치단체 현황

영국의 지방정부 시스템과 관련된 법률은 잉글랜드, 웨일즈, 스코틀랜드, 북아일랜드 각각의 정부마다 상이하고, 영국(UK) 각 지역의 지방정부 시스템은 비슷한 시기에 지역별로 다르게 발전했다. 각 지방정부(Local government)로의 권한 이양은 '지방정부별 법률'에 따라 그 법적 기초가 마련되었다.

(2) 영국의 행정구조

1972년 '지방정부법'에 근거하여 런던시를 제외한 잉글랜드와 웨일즈는 1974년 4월 1일부터 2계층 구조(two-tier structure)로 재편되었다.

영국 지방자치단체는 크게 단층제(Single Tier)와 다계층제(Multi Tier)의 혼성체제로 구성되어 있는데, 런던광역시의 경우는 '광역런던시(Greater London Authority) - 버로우(Boroughs)'의 2계층 구조로, 잉글랜드 비도시지역은 '카운티(County) - 디스트릭트(District)'의 2계층 구조로 되어 있다. 이 때, 잉글랜드 비도시지역의 패리쉬(Parish), 타운, 커뮤니티 등을 포함할 경우 3계층 구조로 볼 수 있다. 1972년에 있었던 지방정부 개혁 이후에 일부 지역에서는 통합기관(unitary authority)이 설립되었다.

(3) 영국 지방자치제도의 특징

'지방정부연합'은 중앙정부에 지방정부의 의견 개진, 지방정부 지원, 개선 및 발전을 위해 지방위원회와 협력하는 4개의 정치정당(보수당, 노동당, 자유민주당, 독립당) 연합체로, '지방정부연합'의 목적은 정치적 중립성을 지향하면서 각 지역의회의 중요한 문제에 대한 영향력을 강화하고 정책적 안건을 제시하는 등 각 지역에 맞는 해결방안을 제공하는데 있다. 2018년 현재, 415개 지방자치단체로 구성되어 있다.

지방에 대한 권한이양과 관련된 국민투표(referendum)을 통해 영국지방자치제도 발전에 독특한 기여를 하고 있다.

(4) 지방자치단체의 행정사무

영국에서 지방정부(Local government)는 관할 구역 안의 주민과 사업을 위한 다양한 범위의 업무-주민복지, 교육, 주거, 도시계획, 폐기물(쓰레기) 관리부터 인허가, 기업지원, 등록업무, 방충 등 일정한 지역에 거주하는 주민들의 생활과 직·간접적으로 관련이 있는 업무-들을 담당하고 있다.

다수의 공공서비스는 지방정부에 소속되지 않은 국가기관이 담당하고, 지방행정서비스는 필수서비스(need service), 보호서비스(protective service), 편의서비스(amenity service), 시설서비스(facility service)의 4가지의 범주로 구분되는데, 필수서비스에는 교육, 개인적 사회복지서비스, 주택편의 등, 보호서비스에는 경찰, 지역안전, 소방/구급, 긴급 계획 등, 편의서비스에는 도로, 거리청소, 계획, 주차장, 환경보건, 쓰레기 처리, 소비자 보호, 경제발전 등, 시설서비스에는 주택, 도서관, 박물관, 예술 갤러리, 레크리에이션 센터, 장묘, 쓰레기 수거 등이 있다.

(5) 지방자치단체 보육관련 업무

영국의 교육행정 체계는 중앙의 교육고용부와 지방교육당국 그리고 각급 학교의 학교운영위원회로 이루어져 철저한 자율성과 독립성을 존중하면서 협력해 나가는 것이 특징이다. 중앙정부의 행정조직은 1995년부터 교육고용부로 명칭이 변경되었는데 교육의 기능을 강화한다는 취지에서 국가가 인정하는 자격증 제도와 연계하려는 의도로 이해할 수 있고, 유아교육을 포함한 모든 교육을 총괄하고 책임을 진다. 지방교육당국은 해당 지역의 특성 및 지역주민의 요구에 따른 교육행정을 시행하고 중앙정부의 재정지원을 받으며, 현재 지방교육당국은 3~4세 유아를 위한 유아학교와 유아학급을 관장하고 있다. 학교운영위원회는 학부모 대표, 교장, 교사, 학교 관련 인사 등 다양한 인사로 구성되며, 유아학교에 관한 정책이 실행될 수 있도록 조언을 하거나 실제적인 지원을 제공하고 있다. 보건부는 공립보육시설을 관장하며, 사립유아원, 놀이집단, 보육교사의 등록과 통제를 담당하고 있다.

(6) 우리나라에 주는 시사점

영국에서 지방정부의 자치권 확대의 큰 걸림돌로 지적되는 부분은 지방재정과 관련한 부분이다. 정치·문화적으로 지역의 "풀뿌리민주주의"가 정착되어 있는 영국이

지만, 결국 큰 틀에서 중앙의회의 통제 하에 있는 근본 원인은 재정 종속에 있고, 우리나라는 중앙정부의 행·재정적 종속에 있다는 점이다. 지방행정의 선심성 예산 배분과 효과적인 검증 없는 집행으로 지방자치제도에 대한 불신도 팽배해 있다는 점을 고려하여 향후 저출산·고령화에서 오는 인구구조의 변화에 따라 소요되는 재정문제를 어떻게 해결해 나갈 것인가가 관건이다. 인구가 감소하면 자연스럽게 보육관련시설의 규모도 감소할 것이고, 남는 유휴 보육관련시설에 대한 처분 문제도 새로운 문제로 대두될 수 있다는 점을 고려하여 차기 선거를 감안한 '선심성 예산 편성'이 아닌 지방의회의 통제 속에서 주요 사안에 대한 '주민투표제'를 도입하여 효율적인 재정 운용이 가능하도록 하는 것이 지역주민 및 지방자치단체에도 유효할 것으로 판단된다.

참고문헌

대한민국시도지사협의회, 독일 지방자치제도와 지방재정, 2017.

윤선영, "독일의 보육제도", 독일유아교육의 제도와 교육과정에 관한 연구, 한국영유아보육학 제41집, 한국영유아보육학회, 2009.,

조정신·황성원, "프랑스의 영유아 보육체계가 주는 한국의 보육정책에 주는 시사점", 한국영유아보육학 제36집, 한국영유아보육학회, 2004

찾아보기

(ㄱ)

가정 자원 249
가정보육(Tagesmutter) 94
가정보육모(childminders) 75
가정양육수당 66, 70
가정어린이집 118
가족근로시간모델(Familienarbeitszeit) 271
가족돌봄휴직제도 259
가족수당 84
가족수당금고 84
가치(價値) 35
개방유아학교 65
게마인데(Gemeinde) 292
결격사유 210
경성고아원 42
고용·노동·건강부 85
고용보험제도 252
공공형 어린이집 60
공공형어린이집 103, 105, 141
공동주택 115
공립유치원 81
공생탁아소 43
공화주의적인 철학 83
교사실 123
교사지침서 76
교육 자격증(PGGE) 77
국가 자격 및 교육과정관리국 76
국공립어린이집 115
군(郡, Landkreis 또는 Kreis) 293
근로맞춤형 보육서비스 87
근로연계 복지사업 54
급배수시설 124
긴급보육 83

(ㄴ)

남녀고용평등법 49
남성생계부양자 모델 71
놀이·공부방 89
놀이·공부방(Betreuungschule, Hort, Schulhort) 91
놀이그룹(playgroups) 75
놀이터 123
누리과정 87

(ㄷ)

다문화가족 106
대가족 보충수당 65
데파뜨망(Départment) 297
독일기본법 290

(ㄹ), (ㅁ)

레지옹 297
맞춤반 161
모성휴가(maternity leave) 253
목욕실 123
무상보육 136
미니 어린이집 82
미니멀리즘 22

미인가 탁아시설 임시조치령 45

(ㅂ)

바우처(voucher) 114
방과 후 아동보육기관 81
배우자 출산휴가제도 254
범죄경력 조회 210
보수적 조합주의 87
보육 87
보육교사 193, 195
보육교사교육원 57, 216
보육교사 양성교육과정 219
보육교직원 189, 202
보육발전위원회 기획단 55
보육법 72
보육사업 중·장기 종합발전계획 55
보육사업 활성화 방안 55
보육서비스 이용권 137
보육시설 표준보육료 58
보육시설 확충 3개년 계획 52, 53
보육전자바우처(아이사랑카드) 60
보육정책 26, 31
보육지원금(Betreuungsgeld) 92
보편적 가족수당 66
보편적 아동수당 65
보편주의 97
보편주의적 보육 56
부모 모니터링단 165
부모수당 93
부모수당플러스(ElterngeldPlus) 271
부모협동어린이집 82
부모휴가(parent leave) 253
부성휴가(paternity leave) 253
비상재해대비시설 124

(ㅅ)

사교육비 26
사회복지법인어린이집, 법인·단체 등 어린이집, 민간어린이집 설치 116
사회부 67
사회연대계약(PACS) 80
삶의 질(QOL) 33
상담전문요원 154
새마을 유아원 48
새싹플랜 58
선별주의 97
소득재분배 정책 36
소확행 22
슈어스타트(Sure Start) 센터 73
스웨덴기본법 286
시간제 근로 267
시간제 어린이집 82
시간제보육 130
신자유주의 59

(ㅇ)

아동기의 집 82
아동보호소 81
아동복리법 44
아동복리시설설치기준령 44
아동복지법 47
아동수당제도 36
아동학교가족부 75
아동학대관련 범죄 전력 조회 205
아버지 할당제 68
아이사랑플랜 59
양육수당 36, 135
어린이방(Kindertagesbetreuung) 90
어린이집 101, 154

어린이집 원장 190
어린이집 특수교사 198
어린이집 평가인증제도 227
어린이집(children`s house) 45
어린이집안전공제회 162
어린이집운영위원회 164
어린이집협회 46
여가활동센터 65
역사 39
영·유아 탁아소(Krippe) 90
영아보육수당(PAJE) 85
영유아 기초단계 교육과정 75
영유아 혼합반 157
영유아보육법 50
영유아의 돌봄권(right to care) 253
우선보육 128
유기아(遺棄兒) 42
유니세프(UNICEF) 61
유아교육 진흥 5개년 계획 49
유아교육진흥법 46, 47
유아학교 65
유아학교법 63
유아학급 65
유연근로제도 260
유연근무제 253
유치원(Kindergarten) 91
육아기 근로시간 단축제도 258
육아기 유연 근로제 273
육아수당제 67
육아종합지원센터 151
육아휴직제도 66, 256
인간의 존엄성 35
인간존중사상 35
인구 오너스(demographic onus) 39
인구감소 24
인구절벽 100
일·가정 양립(work-family reconciliation) 249, 253
일·가정 양립 지원 정책 249
일시보육 131
임시휴원 160, 161
임신기 근로시간 단축제도 255

(ㅈ)

자녀지원금(Kindergeld) 92
자휼전칙(字恤典則) 41
잔여적 복지모델 52
장래인구특별추계 99
장애아 통합 어린이집 127
장애아전문 어린이집 126
재정자립도 280
재평가관리 242
저출산·고령사회 기본계획 251
전매국 탁아소 43
전일제 어린이집 89
전일제 탁아소 89
정책 31
제1차 육아지원 정책방안 57
제2차 육아지원 정책방안 57
제3차 저출산·고령사회 기본계획(2016~2020년) 268
제생원(濟生院) 42
조리실 122
종일반 161
종일제 영아학교(Infant school) 62
종합평가 235
주(Land) 292
중앙보육정책위원회 57, 148
중앙유치원 42
중앙육아종합지원센터 153
지방보육정책위원회 57, 148

지방정부법 301
지역돌봄 289
지원적 가정주의(supported familialism) 250
직장보육시설 259
직장어린이집 117
집단어린이집 82

(ㅊ)

초과근로 262
출산전후휴가 254
취약보육 129
치료사 201

(ㅋ), (ㅌ)

코뮨(Kommuner) 286
탁아소 45
탈가정주의(defamilialism) 250
태화사회관 43
통계청 '2018 사회조사 보고서' 19
통합반 158
특별활동프로그램 184
특수교육법 109

(ㅍ)

평가인증 어린이집 사후관리 243
평등기회 263
폐쇄회로 텔레비전(CCTV 125
표준보육과정 169

(ㅎ)

학교중심양성과정(SCITT) 77
한국보육진흥원 150
합계출산율 142
해아도감(孩兒都監) 41
행걸아(行乞兒) 42
현금급여 113
현물급여 113
현장평가 233
협동어린이집 119
화장실 123
확인방문 247
확인점검 244
환과고독(鰥寡孤獨) 40
후생시설 44
후생시설요강 44
휴원명령 160

〈기 타〉

0~1세 보육과정 176
2세 보육과정 178
3~5세 누리과정 179
DINK족 20
Sure Start 아동센터 71
The Young Women`s Trust 79

[저자 소개]

• 강용규
삼육보건대학교 노인복지과 교수

보육정책론

2021년 2월 10일 초판인쇄
2021년 2월 15일 초판발행

저 자 강 용 규
발행인 유 성 열
발행처 **청 목 출 판 사**
서울특별시 영등포구 신길로 40길 20
전화 (02) 849-6157/833-6091
FAX (02) 849-0817
등록 제318-2005-000030호

파본은 바꾸어 드립니다. 값 20,000원

http://www.chongmok.co.kr

ISBN 979-11-5908-048-7(93370)